RODOLPHE
ET
MAYERLING

DU MÊME AUTEUR

François-Joseph, Fayard, 1987.
Les Fondements du conservatisme autrichien (1859-1879, Publications de la Sorbonne, 1988.

Jean-Paul BLED

RODOLPHE
ET
MAYERLING

Fayard

Le 5 février 1889, Vienne, drapée dans le deuil, déploie le faste des grandes funérailles. La capitale de la monarchie austro-hongroise pleure l'héritier de la Couronne, l'archiduc Rodolphe qui, six jours plus tôt, s'est donné la mort dans son pavillon de chasse de Mayerling, au cœur de la forêt viennoise.

Dans un premier communiqué, la Cour a avancé une attaque d'apoplexie comme cause de la mort. Mais, deux jours plus tard, revenant sur cette version, elle s'est appuyée sur les conclusions des médecins pour faire savoir que le prince héritier s'est suicidé dans un moment d'égarement mental.

La nuit précédente, le cadavre d'une jeune femme, la baronne Mary Vetsera, découvert aux côtés de Rodolphe, a été transporté, dans le plus grand secret, de Mayerling à Heiligenkreuz, à quelques kilomètres de là, où, après une courte cérémonie religieuse, il a été inhumé, à la dérobée, dans le cimetière paroissial.

Jusqu'à la fin de la Monarchie, la Cour gardera un silence total sur la présence de Mary Vetsera à Mayerling. L'admettre serait revenu à reconnaître l'adultère et à accréditer la thèse qui faisait de Rodolphe l'assassin de sa maîtresse.

Conséquence du souci que la dynastie ne soit pas compromise dans un scandale, ces flottements et ces silences l'atteignent pourtant par un effet de boomerang. Ils nourrissent le soupçon que la Cour cherche à cacher des secrets plus terribles. Avant même la célébration des obsèques, des rumeurs commencent de circuler à Vienne, reprises par les milieux diplomatiques, colportées par la presse étrangère.

Ainsi, lorsque les lourdes portes de la crypte des Capucins, l'ultime demeure des Habsbourg, s'ouvrent sur la dépouille de Rodolphe, le mythe s'est déjà emparé de l'histoire.

CHAPITRE PREMIER

Les années de formation

La tragédie de Mayerling vient de loin. Pour la comprendre, il est indispensable de replacer Rodolphe dans son milieu familial, de le suivre dans ses années de formation, d'examiner ses choix culturels, de cerner ses conceptions politiques, d'étudier ses rapports avec la société de son temps, de considérer ses amitiés et ses liaisons. C'est dans ces relations, dans ces confrontations, dans ces oppositions que plongent les racines du drame.

L'Autriche en 1858

Lorsque Rodolphe voit le jour, le 21 août 1858, au château de Laxenburg, une résidence impériale proche de Vienne, la Monarchie des Habsbourg dont il devient l'héritier n'a pas seulement pour elle l'onction de l'histoire – la dynastie est la plus ancienne d'Europe – elle compte aussi parmi les premières puissances du continent. Pourtant elle a été frappée de plein fouet par la tourmente révolutionnaire de 1848. Durant quelques mois de l'« année folle », elle a même paru à la dérive. Elle a pu redouter un moment d'être exclue d'Allemagne et d'Italie, ses deux sphères d'influence traditionnelles. Pis encore, victime, à l'intérieur de ses frontières, de multiples assauts de mouvements nationaux, elle a semblé, pareille à un bateau ivre, menacée de dislocation. Sur différents fronts, à Vienne certes, mais aussi en Lombardie-Vénétie, en

Bohême, en Hongrie, la Monarchie a dû longtemps subir les événements.

Cependant l'absence de coordination de ces mouvements l'a préservée du pire. Appuyée sur l'armée, son dernier soutien, la dynastie a fini par reprendre peu à peu le dessus. L'accession de François-Joseph au trône, le 2 décembre 1848, a illustré cette entreprise de restauration du pouvoir monarchique. A un souverain égrotant et débile succédait un monarque seulement âgé de dix-huit ans qui avait été préparé à cette échéance et auquel la prudence de sa mère, l'archiduchesse Sophie, avait évité de se compromettre avec la Révolution.

Selon les apparences, la Monarchie habsbourgeoise est sortie indemne de la crise. L'Autriche n'a subi aucune amputation territoriale et l'ordre règne de nouveau dans l'Empire. L'Empereur a retrouvé sa capitale. Radetzky est rentré dans Milan et les ambitions du Piémont ont été brisées. Principal pôle d'opposition, la sécession hongroise a été vaincue. A l'extérieur, l'Autriche a pratiquement recouvré son ancienne influence dans la péninsule italienne. En Allemagne, sans doute, le prince Schwarzenberg n'est-il pas parvenu à réaliser son objectif d'une Mitteleuropa à direction autrichienne, mais il a su empêcher la Prusse de rassembler autour d'elle une Allemagne dont l'Autriche aurait été éliminée. D'autre part la Confédération germanique a été restaurée et l'Empereur d'Autriche en assume de nouveau la présidence.

Sous l'impulsion de Schwarzenberg et d'un certain nombre de ministres, comme Bach à l'Intérieur, le comte Leo Thun à l'Instruction, le baron von Bruck au Commerce et aux Finances, l'Autriche est aussi entrée dans un processus de rénovation. Car la période qui s'ouvre au lendemain de l'écrasement des mouvements révolutionnaires ne voit pas une simple restauration de l'absolutisme. De la crise de 1848, les nouveaux responsables ont tiré la leçon que seule une modernisation de la Monarchie lui permettrait d'éviter le retour d'événements auxquels elle risquerait, cette fois, de ne pouvoir faire face. Sur les ruines du régime féodal, Bach construit un État moderne. Thun réforme le système éducatif et entreprend de hisser l'université autrichienne au niveau de ses homologues en Europe occidentale. La philosophie du néo-absolutisme veut qu'il repose sur une assise sociologique élargie. Les classes possédantes, rurales et urbaines, doivent trouver dans la satisfaction de leurs intérêts matériels une compensation à la privation de libertés. La liquidation du système seigneurial dans les campagnes va donc de pair avec le rétablissement de l'absolutisme.

Par la suppression des barrières douanières entre l'Autriche et la Hongrie, Bruck unifie l'espace économique habsbourgeois. Comme la France du Second Empire, l'Autriche des premières années du règne de François-Joseph connaît un fort essor du capitalisme bancaire et industriel. L'accélération de la construction ferroviaire commence à raccourcir les distances entre les parties de l'Empire et à faciliter le développement des échanges. La modification des paysages urbains s'amorce. Quelques mois avant la naissance de Rodolphe, la décision est prise d'araser les remparts de Vienne et de libérer ainsi la capitale du carcan qui s'opposait à sa transformation en une grande métropole européenne.

L'édifice n'est pourtant pas sans présenter des fissures. Ignorant les particularismes provinciaux et nationaux, l'État unitaire construit par Schwarzenberg et Bach, dans la tradition de Joseph II, soulève des oppositions qui, si elles ne peuvent s'exprimer librement, n'en sont pas moins très fortes. Même extrême, le cas de la Hongrie est à cet égard exemplaire. Subjuguée, ravalée au rang d'une simple province autrichienne, elle reste cependant indomptée. Le concordat du 18 août 1855 qui abolit la législation religieuse de Joseph II et replace de larges secteurs de la société, dont l'école, sous le contrôle de l'Église, réjouit les catholiques, mais soulève la colère des libéraux qui l'accusent d'aller à rebours du sens de l'histoire.

Sur le terrain de la politique extérieure, les motifs d'inquiétude ne manquent pas non plus. La guerre de Crimée, qui l'a brouillée avec la Russie sans lui assurer en échange l'amitié de l'Angleterre et de la France, a laissé l'Autriche dans un état d'isolement diplomatique dont déjà les conséquences se dessinent. C'est ainsi qu'en Italie les échéances décisives se rapprochent. L'entente conclue juste deux mois plus tôt entre Napoléon III et Cavour menace la présence habsbourgeoise en Lombardie-Vénétie et, au-delà, l'ensemble du système autrichien dans la péninsule. En Allemagne, Schwarzenberg a certes porté, en novembre

1850, à Olmütz, un coup d'arrêt brutal aux visées hégémoniques de la Prusse. Mais cette victoire est fragile. A preuve, depuis le début de la décennie, la Prusse a marqué des points dans l'ordre économique. De même elle a su tirer avantage des embarras diplomatiques de sa rivale. Demain elle pourrait exploiter d'éventuels revers de l'Autriche sur un autre front pour lancer une nouvelle offensive politique en Allemagne.

L'HÉRITIER DU TRÔNE

Mais, pour l'heure, ces soucis s'effacent devant la joie que l'Empire ait un héritier. Deux enfants – mais deux filles – l'ont précédé : Sophie qui, née en 1855, est morte en 1857, d'une fièvre contractée lors d'un voyage en Hongrie, et Gisèle, de deux ans l'aînée de Rodolphe. Cette naissance parfait l'aura qui entoure l'union de François-Joseph et d'Élisabeth. Depuis qu'une célèbre série cinématographique l'a popularisé dans les chaumières les plus reculées, nul n'est censé ignorer le roman d'amour par lequel a commencé l'histoire de ce couple. Pour une fois, la réalité n'a pas été déformée par la légende.

François-Joseph est effectivement tombé éperdument amoureux de sa cousine, la princesse Élisabeth en Bavière, lors de leur rencontre en août 1853, à Ischl, et ce coup de foudre a perturbé le scénario mis au point par l'archiduchesse Sophie. Pour la première fois, en décidant d'épouser l'élue de son cœur, François-Joseph se montre un fils indocile. Le dommage peut, il est vrai, paraître minime puisque son choix se porte sur la sœur cadette de la princesse Hélène qui lui avait été désignée pour épouse. Ce n'est que plus tard que certains se demanderont s'il n'aurait pas été préférable, pour lui-même comme pour la Monarchie, que François-Joseph en restât au plan imaginé par sa mère. Mais, durant ces premières années, que ce soit dans ses apparitions à Vienne ou lors de déplacements dans diverses provinces de la Monarchie, le jeune couple donne l'image d'un bonheur radieux. S'ils existent, les signes annonciateurs des crises ultérieures ne sont pas perceptibles de l'extérieur.

Dans son berceau, Rodolphe trouve un héritage génétique où la part des Wittelsbach est dominante. Sans compter les très nombreuses unions entre les Habsbourg et les Wittelsbach dans le passé, Rodolphe reçoit ce legs directement de sa mère bien sûr, mais aussi de son père, l'archiduchesse Sophie étant une fille du roi Maximilien-Joseph de Bavière. Du côté maternel, les grands-parents du nouveau-né sont l'un et l'autre des Wittelsbach. La duchesse Marie-Ludovica, épouse du duc Max, n'est autre que l'une des sœurs de Sophie.

Sans doute ne faut-il pas majorer à l'excès l'importance de ces facteurs dans la formation des personnalités. L'appartenance à une même famille n'exclut pas des différences, voire des oppositions radicales. Quoi de commun notamment entre le conservatisme contre-révolutionnaire ou le catholicisme militant de l'archiduchesse Sophie et le libéralisme de sa nièce et bru, l'Impératrice Élisabeth, ou les options politiques de son petit-fils? Il n'empêche que plusieurs des traits de la personnalité de Rodolphe se retrouvent chez certains de ses ascendants. Bien que leurs relations aient été fort lointaines, on pense par exemple à son grand-père maternel, le duc Max. Comme plus tard son petit-fils, celui-ci supporte mal les contraintes de la vie de Cour, a le goût des voyages et prend plaisir à les raconter dans des récits qu'il livre ensuite au public. Certaines excentricités de cet original demeureront assurément étrangères à Rodolphe. Il ne lui serait pas venu à l'esprit de jouer de la cithare au sommet de la pyramide de Chéops! Mais, lorsque, sur la fin de sa vie, il se plaira en la compagnie de gens du peuple, aimera à écouter son cocher Bratfisch chanter des mélodies populaires viennoises, il renouera, peut-être sans le savoir, avec des habitudes de ce grand-père paternel.

Ce rapprochement s'impose d'autant plus qu'Élisabeth a été fortement marquée par l'influence de son père. Or, les tendances profondes de la personnalité de l'Impératrice se retrouvent chez Rodolphe. Comment ne pas noter en effet de frappantes similitudes entre les ressorts psychologiques et les systèmes de pensée de l'un et de l'autre? Une même aversion pour les contraintes, le rejet des valeurs du milieu de Cour, une égale attirance pour les idées libérales, une causticité mordante, l'alternance de phases d'exaltation et de moments de dépression. Pourtant le paradoxe veut que, malgré leurs ressemblances, la mère et le fils ne se soient jamais vraiment rencontrés. C'est justement l'une des clefs du drame de Rodolphe qu'il soit resté une sorte d'étranger pour l'être dont, au sein de sa famille, il était le plus proche et auprès duquel il aurait pu trouver le soutien affectif et moral qui lui a manqué.

Mais il n'y a pas, à la Cour de Vienne, de Cassandre pour prévoir de tels malheurs. Au contraire, de hautes destinées sont promises à Rodolphe. Déjà le prénom qui lui est donné a la valeur d'un programme. Il renvoie au fondateur de la dynastie qui, après le grand interrègne, fut le premier des Habsbourg à ceindre la couronne du Saint-Empire, et proclame aussi très haut la mission allemande de la Monarchie. Cette affirmation prend un relief particulier à un moment où la prééminence de l'Autriche est menacée par les ambitions de la Prusse.

A sa naissance, Rodolphe reçoit de son père des cadeaux dont le sens politique est évident. Intronisé dans l'ordre de chevalerie le plus prestigieux d'Europe, il est fait chevalier de la Toison d'or. Plus significatif encore, il reçoit, avec le grade de colonel, la propriété d'un régiment d'infanterie, le 19e de ligne « qui à compter de ce jour portera le nom de Kronprinz [1] ». C'est là un fait sans précédent dans l'histoire de la famille. François-Joseph lui-même n'était entré en possession d'un régiment qu'à l'âge de treize ans. Cette décision rappelle que ce bébé vagissant est appelé à devenir le futur chef de l'armée impériale. Mais surtout elle vise à souligner le lien privilégié qui unit l'armée à la dynastie. François-Joseph n'oublie pas qu'il doit à l'armée d'avoir pu terrasser les mouvements révolutionnaires de 1848, comme en témoigne la place occupée par l'institution militaire dans l'État néo-absolutiste. Au fond, il n'est pas loin de penser, comme l'un de ses aides de camp, le baron Hugo von Weckbecker, que « les baïonnettes sont le plus ferme appui du trône [2] ».

L'intention d'honorer l'armée explique encore le choix de la baronne Henriette von Welden comme gouvernante de Rodolphe. N'ayant pas eu d'enfant à élever dans le passé, celle-ci ne doit pas sa nomination à la reconnaissance de compétences particulières. François-Joseph a d'abord souhaité rendre hommage, à travers son épouse, au général von Welden, une des figures de proue de la contre-révolution à

Vienne et en Hongrie. Mais, quelles qu'en aient été les motivations, ce choix se révèle heureux. La baronne sait créer autour de l'enfant une atmosphère de chaude affection, et Rodolphe lui restera attaché, même après qu'il aura été retiré à sa responsabilité, un sentiment sans doute renforcé par les nombreuses absences de l'Impératrice durant ces années. Encore, dans les dernières heures de sa vie, il n'oubliera pas de lui adresser un ultime salut.

La petite enfance

Lorsqu'il atteint l'âge de six ans, Rodolphe, conformément à l'usage, est retiré à sa gouvernante. Sur les photos de ces années, bien pris dans son costume, il a la grâce d'un jeune page. L'ovale de son visage, la délicatesse de ses traits, le dessin de ses yeux en amande, la douceur un peu craintive de son regard concourent à donner cette impression. On ne s'étonnera pas qu'il ait déjà conquis le cœur des dames de la Cour.

Rodolphe est alors confié à l'autorité d'un précepteur qui, sous le contrôle de ses parents, organisera ses études et le suivra jusqu'à sa majorité. Pour cette fonction de première importance, le choix de François-Joseph se porte sur un officier général d'origine lorraine, le comte Léopold de Gondrecourt qui, au sortir de Saint-Cyr, est entré, en 1838, au service de l'Autriche. Son comportement dans la récente guerre des Duchés, où il s'est illustré à la bataille d'Oberselk, l'a recommandé à l'attention de François-Joseph, d'autant plus sensible à ce succès que, depuis l'écrasement des mouvements révolutionnaires de 1848-1849, la fortune des armes semblait l'avoir abandonné. Cinq ans plus tôt, la guerre d'Italie n'a été pour lui qu'une succession d'amères désillusions. Nul doute encore que cette nomination, comme précédemment celle de la baronne von Welden, ne réponde au souci de marquer la place éminente de l'armée dans l'État habsbourgeois. Au surplus, avec cet officier supérieur aux opinions parfaitement orthodoxes, il n'y a pas à redouter que le jeune prince ne soit contaminé par des idées délétères.

Si l'influence de l'archiduchesse Sophie se reconnaît dans

ce choix, l'Impératrice n'y intervient en rien. Il faut dire que les relations des deux époux se sont détériorées. Après avoir cherché un moment à entrer dans le personnage auquel sa fonction la destinait, Élisabeth, rebelle au système et à la vie de cour, y a maintenant renoncé. Vaincue par un complexe de culpabilité après la mort de la petite Sophie, elle a cessé de disputer ses enfants à sa belle-mère. Las de ces conflits, François-Joseph s'est peut-être accordé des consolations extraconjugales. Privée, du moins le croit-elle, de cet appui, Élisabeth réagit par la suite. Atteinte d'un mal étrange sur la nature duquel les autorités médicales se partagent, mais qui a d'abord des origines psychologiques, elle cherche la guérison le plus loin possible de Vienne, à Madère ou à Corfou. Encore après son retour à Vienne, elle se tient à l'écart, cultive son goût de la solitude et cède à son penchant pour le narcissisme.

Si ses titres militaires parlaient en sa faveur, le sens pédagogique de Gondrecourt n'est pas à la hauteur de sa bravoure. Sans doute a-t-il reçu pour instruction de privilégier la formation militaire du jeune archiduc, de le préparer à devenir un soldat et, à cette fin, d'endurcir son corps et son caractère. Mais ses méthodes sont pour le moins frustes. Gondrecourt ne se borne pas à imposer à Rodolphe un style de vie spartiate, il le soumet à des épreuves qui vont au-delà d'exercices physiques pénibles. On cite toujours en exemple cette scène où, enfermé dans le parc de Lainz, l'enfant s'entend annoncer l'arrivée d'un sanglier, ce qui a pour immanquable effet de provoquer chez lui une réaction de terreur. On rappelle aussi qu'il serait arrivé à Gondrecourt de sortir brutalement Rodolphe de son sommeil, en tirant des coups de pistolet dans sa chambre. Dès lors faut-il s'étonner que ce régime obtienne des résultats inverses de ceux qui avaient été escomptés? Déjà, avant d'être confié à Gondrecourt, Rodolphe était un enfant frêle. Loin de tremper son corps et son esprit, ces méthodes compromettent sa santé, ébranlent ses nerfs et le rendent sujet à des crises d'angoisse.

Rodolphe supporte cependant ce traitement sans protester. Probablement François-Joseph ignore-t-il comment Gondrecourt outrepasse ses directives. Le salut vient de l'Impératrice qui a été alertée par le colonel Latour, un adjoint de Gondrecourt. Élisabeth ne se contente pas toutefois de réclamer le renvoi de ce mauvais précepteur, elle profite également de l'occasion pour soulever, sous forme d'ultimatum, le contentieux qui l'oppose aux règles de la Cour :

> « Je souhaite que les pleins pouvoirs me soient reconnus pour tout ce qui concerne les enfants, le choix de leur entourage, le lieu de leur séjour, la direction complète de leur éducation, en un mot, il me revient de tout décider seule jusqu'au jour de leur majorité. De plus, je souhaite qu'il me soit reconnu de décider seule de tout ce qui touche à mes affaires personnelles, entre autres, le choix de mon entourage, le lieu de mon séjour, les dispositions relatives à la maison.
>
> « Élisabeth, Ischl, 27 août 1865[3]. »

Ce texte d'un ton à tout le moins cassant atteint son objectif. Élisabeth n'est plus la jeune fille sauvageonne et timide qui avait charmé François-Joseph à Ischl. Maintenant dans l'éclat de sa beauté, comme en témoignent les photos qui nous sont restées d'elle ou les célèbres portraits peints par Winterhalter, elle a pris conscience de la force de son pouvoir de séduction et ne dédaigne pas de se servir de cette arme. Son intuition lui dit d'autre part que François-Joseph finira par s'incliner pour éviter le scandale d'un nouveau départ que ne pourraient expliquer, cette fois, des raisons de santé. La justesse de ce calcul se vérifie puisque François-Joseph se résout à satisfaire à toutes les conditions qui lui ont été posées.

Avec le renvoi de Gondrecourt, un terme est donc mis au calvaire de Rodolphe qui gardera toujours une profonde reconnaissance à sa mère pour être intervenue en sa faveur, en ce moment critique. Il est vrai que, des concessions de François-Joseph, Élisabeth ne retient très vite que celles qui la concernent directement et qu'elle ne tarde pas à se désintéresser de nouveau de ses enfants. Mais, quel que soit son comportement ultérieur, l'essentiel demeure que son initiative a sauvé Rodolphe d'un désastre. Pourtant le dommage reste grand. Le traitement qui lui a été infligé par Gondrecourt laissera chez l'enfant des traces profondes : son équilibre nerveux a été gravement perturbé, son émotivité fortement accrue. S'il existait déjà chez Rodolphe une tendance à la peur, loin de la corriger, ce régime l'accentue au point de la fixer comme l'un des traits de sa personnalité.

LES ANNÉES DE FORMATION

L'influence d'Élisabeth se lit dans le choix de Latour comme successeur de Gondrecourt. Fidèle à la parole donnée, François-Joseph ne le remettra jamais en cause. Ce soutien n'est pas de pure forme, car Latour ne compte pas que des amis à la Cour. D'ailleurs sa nomination ne devient officielle qu'en 1870. Cet officier présente un profil différent de celui de Gondrecourt. Sans être au préalable passé par une académie militaire, il n'a choisi la carrière des armes qu'à l'âge de vingt-huit ans, en 1848, lorsqu'il a réagi aux menaces qui pesaient sur la Monarchie. Après avoir fait des études de droit à l'Université de Vienne, il a servi huit ans dans l'administration. Il s'est donc frotté au monde civil et ne professe pas pour ses valeurs le mépris de beaucoup d'officiers. Latour entre en 1860 dans l'entourage de l'Empereur comme l'un de ses aides de camp. Dans cette fonction, il est chargé de missions de caractère privé par François-Joseph qui, à plusieurs reprises, l'envoie auprès d'Élisabeth lors de ses absences de Vienne. S'en étant acquitté avec discrétion, il s'y est gagné la confiance de l'Empereur et l'estime de l'Impératrice. Enfin il est choisi en 1864 pour seconder Gondrecourt dans sa tâche.

Le libéralisme de Latour n'a rien de militant ni d'agressif. Il lui arrivera d'ailleurs de s'inquiéter de certaines des idées avancées par Rodolphe. Mais son ouverture d'esprit tranche avec la rigidité de pensée de certains de ses camarades. Rien d'étonnant dès lors à ce qu'il comprenne sa mission autrement que son prédécesseur. Là où Gondrecourt avait cherché à instituer un rapport de forces, il veut fonder sur la confiance sa relation avec l'enfant confié à sa responsabilité. Sur ce plan, ses efforts sont couronnés de succès. Pendant douze ans, Rodolphe vivra, pour ainsi dire, quotidiennement avec Latour. Il sera d'autant plus sensible à la chaleur de cette présence que, dans le même temps, ses rencontres avec ses parents, souvent espacées, gardent généralement un ton formel.

Ces années voient aussi une série d'événements décisifs pour la Monarchie. Sans compter l'abandon de la Vénétie qui fait suite à la perte de la Lombardie et au démantèlement du système autrichien en Italie, conséquences du conflit de 1859 avec la France de Napoléon III et le Piémont de Victor-Emmanuel, c'est d'abord la guerre austro-prussienne qui met fin, à Sadowa, en juillet 1866, à la mission multiséculaire de la Maison des Habsbourg en Allemagne et y laisse désormais le champ libre aux Hohenzollern.

Rodolphe n'est alors que dans sa huitième année. Pourtant, rempli d'une juvénile fureur contre la Prusse, il suit la marche des opérations avec un intérêt passionné et prend part à la douleur de ses parents. Une fois rendu le verdict des armes, son indignation ne retombe pas. De cette année cruelle pour la Monarchie, il garde un profond ressentiment envers la Prusse. Il est alors de ceux, nombreux à la Cour, qui souhaitent que l'humiliation de Sadowa soit vengée. C'est pourquoi, en 1870, comme la plupart des membres de sa famille, il forme des vœux ardents pour la France. Son hostilité ne s'éteint pas avec le temps. Bien au contraire, elle demeurera l'un des ressorts de sa pensée. Sans doute pourra-t-elle se nuancer au gré de la conjoncture. Sans doute aussi la redéfinition de la politique extérieure de Vienne après 1871 et, surtout, à partir de 1879, obligera-t-elle le jeune prince à se composer souvent un visage. Son patriotisme n'en continuera pas moins à lui désigner dans l'Allemagne à direction prussienne une puissance dont les ambitions sont en contradiction avec les intérêts de l'Autriche.

Le désastre de Sadowa est également suivi d'une transformation profonde de l'organisation de la Monarchie. Déjà les défaites en Italie avaient porté un coup fatal au néo-absolutisme. Le souverain autocrate cède alors peu à peu la place au monarque constitutionnel. Mais cette mue ne s'accomplit ni sans à-coups ni sans tâtonnements. Dès le début de la décennie, François-Joseph s'est efforcé de trouver une formule qui répondrait à l'aspiration à un système représentatif sans mettre dangereusement en péril la toute-puissance de son pouvoir. Avant d'arriver au dualisme, il a tenté plusieurs expériences qui ont toutes avorté. A un essai de fédéralisme appuyé sur les pays historiques constitutifs de la Monarchie qui aurait avantagé la vieille noblesse a succédé, sous la conduite d'Anton von Schmerling, un retour au centralisme unitaire, cette fois dans un cadre constitutionnel.

Mais chacune de ces formules s'est heurtée à l'opposition quasi unanime de la classe politique hongroise qui posait comme préalable à un accord le rétablissement de la Constitution nationale d'avril 1848. Mis au point dans les derniers mois de 1866 et arrêté au début de 1867, le compromis établit un partage du pouvoir entre Vienne et Budapest qui, dans le respect de la reconnaissance de la souveraineté hongroise, circonscrit les affaires communes à l'Autriche et à la Hongrie. Par un renversement de perspectives, encore impensable quelques années plus tôt, les rebelles de 1848 sont devenus les partenaires privilégiés de la Couronne. A l'Empire d'Autriche-Hongrie succède l'Autriche-Hongrie. C'est certainement sans enthousiasme que François-Joseph s'est décidé à ce revirement, mais, fort de l'expérience du passé, il s'est convaincu que seul un accord avec la Hongrie assurera à la Monarchie la stabilité nécessaire à son équilibre intérieur et indispensable à son redressement extérieur.

Rodolphe vit cette période de mutation politique à Budapest où l'Impératrice s'est réfugiée avec les enfants au lendemain de Sadowa. Durant quelques mois, il est livré à l'influence de sa mère. Or, pasionaria de la cause hongroise, Élisabeth la plaide avec un zèle militant en contradiction avec ses devoirs envers les autres peuples de la Monarchie. Elle ne jure que par le comte Gyula Andrássy, l'étoile montante au firmament de la politique hongroise, le « beau pendu », surnom qui lui avait été donné après qu'il eut été pendu en effigie, en 1849, comme partisan de Kossuth. Il s'est depuis lors rallié à l'idée d'une entente avec l'Autriche, mais, comme Ferenc Deák, le sage de la nation, à la condition que soit reconnue la Constitution d'avril 1848. A ce titre, il peut paraître l'homme de la situation. Élisabeth presse son mari de le nommer ministre des Affaires étrangères. François-Joseph finit par entériner le compromis avec la Hongrie, mais Andrássy devra encore attendre quelques années avant de s'asseoir dans le fauteuil de Kaunitz et de Metternich. Pour l'heure, il devient le premier président du Conseil de la Hongrie du dualisme. A Budapest, Rodolphe respire un autre air qu'à Vienne. Sans doute cet enfant de huit ans n'est-il pas introduit dans les discussions qui agitent le cercle réuni autour de l'Impératrice, mais il en perçoit les échos. Auprès d'Andrássy, il a un premier contact avec le libéralisme et le nationalisme hongrois. Sans avoir jamais, à la différence de sa mère, pour la Hongrie un regard libre de toute critique, il gardera toujours pour Andrássy cette sympathie qui lui vient de son jeune âge. Nul doute en tout cas que cette expérience ne le marque et qu'il ne rentre à Vienne, sinon avec des idées déjà formées, du moins avec des questions hétérodoxes.

Ce ne sont là que des prémices, mais l'éducation donnée au prince héritier accuse cette tendance et, pour finir, le fixe dans un système de pensée libéral qui fait de lui un non-conformiste dans le milieu de la Cour. Si l'on s'en tient à l'ultimatum qu'elle avait adressé en août 1865 à son mari, Élisabeth aurait dû être le principal, sinon l'unique interlocuteur de Latour. Il est vrai que, dans les premiers temps, elle intervient dans la détermination des orientations directrices du programme éducatif, dans le choix des professeurs. Son influence s'exerce alors, à n'en point douter, dans le sens du libéralisme.

La pente de sa personnalité détourne cependant Élisabeth de persévérer longtemps dans ce rôle. De nouveau elle s'éloigne peu à peu de Rodolphe, cette fois pour concentrer son intérêt et son affection sur la petite Marie-Valérie qui, manifestation d'un regain de flamme dans les relations entre les époux, après la conclusion de l'accord avec la Hongrie et le couronnement à Buda en juin 1867, est née en avril de l'année suivante. L'éducation de Rodolphe cesse assez vite d'être une priorité pour l'Impératrice. Or cette phase de la vie du jeune archiduc ne s'achève qu'en juillet 1877, ce qui revient à dire que, si l'influence d'Élisabeth est incontestable dans les premières années, elle ne garde pas, et de loin, la même importance tout au long de la période.

A l'inverse, François-Joseph n'est à aucun moment tenu à l'écart des décisions concernant l'éducation de son fils. Un tel cas de figure était d'ailleurs proprement impensable. Soldat loyal, Latour n'a jamais imaginé qu'il pût oublier ses devoirs envers l'Empereur. Ainsi François-Joseph est régulièrement informé du déroulement du plan éducatif ou alerté lorsque des problèmes viennent à se poser. Il n'est pas rare que, de son côté, il annote les lettres de Latour ou les rapports qui lui sont remis. Au reste c'est lui qui a défini l'esprit dans lequel Rodolphe doit être éduqué : « Il ne doit pas être un libre penseur, mais il faut qu'il soit familiarisé avec les réalités et les exigences de son époque[4]. »

Programme balancé où se lit la volonté de concilier le nécessaire respect de la tradition, premier fondement de l'institution monarchique – dans le cas de l'Autriche, on pense notamment au rapport privilégié entre la dynastie et le catholicisme – et l'adaptation aux évolutions du temps. Bien que l'opinion en ait surtout retenu l'image d'un régime autocratique et clérical, ce souci n'était pas étranger au néo-absolutisme. Toutefois ces instructions reflètent d'abord les changements intervenus dans les années soixante et laissent entendre que François-Joseph n'a pas été sans en être influencé.

Amorcée dès le début de la décennie, une ère nouvelle, autre conséquence de Sadowa et du compromis avec la Hongrie, s'ouvre en 1867 dans la partie autrichienne de la Monarchie. Le pouvoir passe aux libéraux qui, forts d'une confortable majorité à la Chambre basse du Reichsrat, le garderont, en dehors du bref intermède, en 1871, du cabinet Hohenwart, jusqu'en 1879. Durant cette période, contemporaine des années de formation de Rodolphe, leurs ministères appliquent les points principaux de leur programme : instauration ou élargissement des grandes libertés, réforme du système scolaire, redéfinition des relations de l'Église et de l'État. Pour sa part, François-Joseph tient son rôle de monarque constitutionnel. La majorité nette dont les libéraux disposent au Parlement ne lui laisse d'autre choix que de leur confier la responsabilité du gouvernement. Cette attitude ne signifie pas qu'il ait pour eux de la sympathie ni qu'il ne marque en plusieurs occasions les limites au-delà desquelles il se refuserait à aller. Au reste, il s'emploie à atténuer la portée de certaines de ces réformes et cherche même à préparer l'émergence d'une nouvelle majorité. Mais il n'est plus sur les positions où il se tenait quelque dix ans plus tôt. Sans faire naturellement jamais sien l'anticléricalisme militant des libéraux, il rompt avec son intransigeance du début du règne. Après avoir commencé par admettre la nécessité d'un aménagement du concordat qui rendrait à l'État une partie des prérogatives dont il avait été dépossédé, il se résigne à son abrogation pure et simple lorsque le concile du Vatican proclame le dogme de l'infaillibilité pontificale.

François-Joseph n'est donc pas en contradiction avec sa propre évolution quand il prévoit pour son fils une éducation placée sous le signe d'un libéralisme prudent, c'est-à-dire bien différente de celle que lui-même avait reçue. Qu'il ne s'agisse pas d'une intention de façade, la preuve en est apportée par son acceptation des choix de précepteurs qui lui sont proposés par Latour. Mais, pour répondre à ses vœux, ce pôle libéral devait être équilibré par un autre pôle, celui de la tradition. Or, il apparaît que, loin de marquer l'équilibre entre ces deux tendances, le fléau de la balance penche nettement en faveur du libéralisme.

Ces options se devinent dans les origines des précepteurs qui auront la charge de l'éducation de Rodolphe. En dehors de quelques nobles parmi les militaires, la noblesse en est absente. Si certains seront anoblis pour leurs mérites, presque tous les maîtres du prince héritier sont donc des roturiers. Plusieurs d'entre eux viennent même de milieux modestes. Anton Gindely, l'un des professeurs d'histoire, est le fils d'un menuisier, Hermegild Jireček, le professeur de tchèque, celui d'un tailleur; Josef Krist, qui enseigne à Rodolphe les mathématiques, la physique et les sciences naturelles, a pour père un instituteur; Dyonysos Grün, qui l'initie à la géographie, a commencé par travailler la terre avant d'entreprendre des études. Certaines des personnalités retenues par Latour ont, en outre, un passé qui, en d'autres temps, aurait suffi pour les écarter de telles fonctions. Le cas le plus net est celui de Jacint Rónay qui est appelé, en 1871, à enseigner le hongrois à Rodolphe. Cet ecclésiastique a pris, en effet, le parti, en 1848, de la révolution hongroise qu'il a servie comme aumônier dans les *Honvèd*. Circonstance aggravante, il peut être rangé parmi les proches de Kossuth : il a été, un moment, le précepteur de ses enfants, en exil, en Angleterre.

Pour le choix de ces maîtres, Latour privilégie la compétence comme premier critère de sélection, ce qui explique qu'ils ne soient désignés qu'après de longues enquêtes. Aussi les personnalités retenues figurent-elles toujours parmi les meilleurs spécialistes dans leur domaine. Latour peut se féliciter d'avoir réuni autour de Rodolphe un brillant aéropage de savants et d'érudits. L'Université, autre nouveauté, est fortement sollicitée. La part de l'Université de Vienne est naturellement importante avec Adolf Exner, professeur de droit public, Dyonysos Grün, Ferdinand Hochstetter, professeur de géologie et de minéralogie à l'Institut polytechnique, Carl Menger, professeur d'économie politique. La vénérable Université caroline de Prague est également représentée en la personne d'Anton Gindely qui à son titre professoral ajoute celui d'archiviste en chef du royaume de Bohême. Ce dernier exemple montre enfin le souci qu'a Latour de prendre en compte le pluralisme national de la Monarchie. Si les Allemands sont les plus nombreux, Hongrois, Tchèques, Polonais, Slovènes sont aussi représentés parmi les précepteurs de l'héritier du trône.

La place occupée dans ce programme d'études par les plus importantes des langues parlées à l'intérieur de la Monarchie renvoie également au pluralisme national de l'ensemble habsbourgeois. En comparaison avec l'éducation reçue par les princes héritiers des autres monarchies européennes, c'est là une spécificité autrichienne. Avec l'allemand, sa langue maternelle, Rodolphe doit encore apprendre le hongrois, le tchèque et le polonais (c'est seulement plus tard, durant son séjour à Prague, qu'il se mettra au serbe). Ce faisant, il se prépare à son futur rôle de souverain qui doit pouvoir s'adresser directement à ses peuples dans leur langue. Auparavant il se sera perfectionné en correspondant dans ces langues avec ses parents, étant entendu que l'Impératrice privilégie le hongrois pour ces échanges épistolaires. Il faut encore ajouter l'apprentissage du français, seule langue extérieure à la Monarchie inscrite au programme du jeune prince. Ce statut particulier nous rappelle qu'il est toujours la *lingua franca* de l'aristocratie européenne. Mais son étude s'explique aussi par une autre raison. En ce dernier tiers du XIXe siècle, le français demeure par excellence la langue des relations diplomatiques. Il est donc indispensable que le futur Empereur le lise et le parle avec une parfaite maîtrise.

La part réservée aux langues accroît encore le volume du travail exigé de Rodolphe. Celui-ci est énorme. Comme autrefois son père, Rodolphe ploie sous le poids des matières qui lui sont enseignées. Durant le temps de sa scolarité, pour l'ensemble de ces disciplines, il n'a pas moins d'une cinquantaine de précepteurs. Dans ce vaste programme, une attention spéciale est accordée à l'enseignement de l'histoire, d'autant qu'il est également associé à celui des langues de la Monarchie. Gindely et Jireček d'une part, Rónay de l'autre introduisent aussi leur élève dans la connaissance du passé de la Bohême et de la Hongrie. C'est une tradition déjà ancienne que l'histoire occupe une place éminente dans l'éducation des princes. Après les Anciens, les humanistes ont posé pour règle que les leçons du passé éclairent le présent et guident les choix de l'avenir. Un conseiller des empereurs des siècles précédents n'aurait pas contredit ce postulat de Ludwig von Arneth, formulé à l'intention de Rodolphe : « Pour un prince, qui par sa naissance, est appelé à la tête de l'un des empires d'Europe les plus grands et les plus difficiles à gouverner, l'enseignement de l'histoire est sans conteste le plus important[5]. »

La nouveauté réside plutôt dans les principes dont cet enseignement s'inspire et dans les finalités qui lui sont assignées. Heinrich von Zeissberg les définit dans un mémoire rédigé en 1872. La mission du précepteur, y explique-t-il, ne peut se limiter à une simple narration des faits. Il lui faut aussi s'appliquer à dégager la logique des événements qu'il a décrits à son élève, notamment en mettant en évidence leurs causes et leurs conséquences dans une perspective de continuité historique. Poursuivant son analyse, il les rattachera au plan qui commande le déroulement du temps, non point d'après les desseins de la providence divine, mais selon l'ordre de la raison. Le développement historique répond à des lois dont la première est celle de l'évolution. Mais Zeissberg va plus loin. « Lutte permanente des idées dans laquelle la victoire revient toujours au principe moral le plus fort », l'histoire se définit pour lui comme une longue marche de l'humanité vers le progrès[6]. Autant dire qu'il est impossible de se tromper sur la signature idéologique de ce discours. Il est aisé d'y reconnaître plusieurs thèmes de la pensée libérale.

Cette orientation libérale inspire également l'enseignement des autres précepteurs. Mais chacun y apporte sa propre touche et ses centres d'intérêt personnels. Rónay dont le choix a été soufflé à Élisabeth par Latour, sensibilise Rodolphe aux luttes de la Hongrie pour la reconnaissance de sa souveraineté. Il lui présente notamment la révolution de 1848 sous un éclairage auquel la Cour ne l'a pas habitué. Avec Gindely, c'est naturellement la Bohême qui occupe le devant de la scène, mais, en raison de la place du royaume de saint Wenceslas dans l'histoire de la Maison d'Autriche, son enseignement en déborde les frontières. Ce spécialiste reconnu de l'histoire de la guerre de Trente Ans applique, quand il aborde cette période, la règle posée par Latour: « Le prince héritier doit apprendre son seulement les mérites et les grandes qualités des souverains, mais aussi leurs erreurs[7]. » L'image qu'il lui transmet de la Contre-Réforme n'est rien moins que négative. Ce faisant, il le met en garde contre les dangers d'un régime dans lequel l'Église s'assure une influence dominante sur le monarque. Ce chapitre de ses études laissera une forte impression sur Rodolphe. Les attaques contre les moines et les jésuites, la dénonciation de la camarilla ultramontaine qui reviendront par la suite régulièrement sous sa plume, renvoient, entre autres, à ces leçons.

L'importance de Gindely tient aussi à ce qu'il fait découvrir au jeune prince la Bohême, son passé, ses peuples et, au-delà, éveille sa sympathie pour les Slaves. A la différence de Rónay, son discours se refuse aux excès du nationalisme. De père allemand et de mère tchèque, Gindely défend, en cela proche d'une partie de l'aristocratie, un patriotisme bohême qui souhaite unir les deux composantes nationales du royaume. Publiée, à partir de 1864, son œuvre maîtresse, les *Monumenta Historica Bohemica*, se veut justement une contribution à cette cause. Lorsque le gouvernement du comte Taaffe décidera en 1882 de partager l'Université de Prague selon des critères nationaux, Gindely, fidèle à ses convictions, se prononcera contre cette mesure par crainte qu'elle n'entraîne un divorce irrémédiable entre Allemands et Tchèques, et refusera de rejoindre l'Université tchèque. Professeur de tolérance, il expose à Rodolphe l'idéal d'un État supranational protecteur des diverses nationalités de l'Empire. Il est vrai que son propre destin démontre aussi la difficulté de l'entreprise. Gindely n'est vraiment reconnu comme l'un des siens ni par l'un ni par l'autre des peuples du royaume. De même son programme politique reste sans écho. Les Allemands peuvent redouter qu'un État impartial ne réduise leur influence. Quant aux Tchèques, partisans d'un régime fédéraliste, ils rejettent le régime centraliste que Gindely estime nécessaire à la réalisation de la mission supranationale de l'Autriche.

Différence majeure avec l'éducation reçue une trentaine d'années plus tôt par François-Joseph, l'importance reconnue aux sciences est une autre caractéristique du plan d'études préparé pour Rodolphe. Leur renforcement s'accorde avec l'une des tendances de fond de l'époque. La seconde moitié du XIXe siècle est marquée par une accélération des progrès des sciences et des techniques. Découvertes et inventions se succèdent sans discontinuer, qui intéressent tous les champs d'activités, de la production aux échanges et à la communication. De telles réussites ne restent pas sans conséquences sur le mouvement des idées. Tandis qu'ils paraissent justifier la croyance dans un progrès indéfini, les triomphes de la science conduisent certains à lui demander l'explication des mystères de l'homme et de la vie. Expression de cette euphorie, le scientisme élève un culte à la science, divinité des temps nouveaux. En privilégiant la part faite aux sciences, le programme d'études du prince héritier s'inscrit dans le sens de la modernité.

Les maîtres de Rodolphe ne sont pas déçus, car il porte à ces matières un goût qui répond à leur attente, avec la réserve toutefois qu'il montre peu d'attirance pour la réflexion abstraite, ce que relève Josef Krist : « Son Altesse Impériale manifestait le plus grand intérêt pour les parties de la physique qui, pour l'essentiel, se traitent de manière expérimentale, tandis que, comme cela était apparu dans l'enseignement des mathématiques, des difficultés surgissaient dès qu'il s'agissait de questions abstraites [8]. » La préférence de Rodolphe va aux sciences qui prennent la nature pour champ d'études et instruisent l'homme sur ses rapports avec elle : sciences naturelles, géographie, botanique, zoologie. Les maîtres en charge de ces disciplines ont une haute conception de leur mission. Adeptes des idées nouvelles, ils font partager à leur élève leur foi en la science : celle-ci n'enseigne pas seulement les lois de la nature, elle livre aussi la clef des phénomènes politiques, sociaux, économiques. Appliquant sa réflexion aux sciences de la nature, le botaniste Matthias Wretschko n'hésite pas à écrire :

> « Leur étude nous apprend à nous connaître, à découvrir dans la terre notre patrie commune, à nous situer par rapport à la nature. Elle éclaire les faits sociaux de notre temps. Les courants les plus marquants de notre société, l'organisation étatique, telle qu'elle s'impose aujourd'hui chez presque tous les peuples, le principe de l'égalité devant la loi, la reconnaissance de la puissance des forces de l'esprit, la règle

de la division du travail qui régit l'industrie, etc., tout cela renvoie à une série d'observations et de principes qui dérivent de l'étude de la nature et qui sont peu à peu devenus le patrimoine commun de tous les êtres doués d'intelligence[9]. »

Arrivé à ce stade de l'analyse, il peut paraître légitime de demander à la science les principes d'organisation d'un État rationnel et d'une société juste. Mais le danger est alors grand de rejeter comme anachroniques les formes politiques et sociales qui ne satisfont pas aux normes de la science, sans vouloir considérer qu'il est d'autres fondements aux États et aux sociétés, notamment dans les systèmes monarchiques. Faute que d'autres influences l'aient contrebalancée, Rodolphe ne succombera que trop aisément à cette tentation.

La philosophie politique et l'économie constituent un autre volet important du programme d'études lorsque celui-ci entre dans sa phase ultime. Initiant Rodolphe à la pensée des philosophes français du XVIIIe siècle, Adolf Exner lui fait découvrir Montesquieu et Rousseau. C'est là une nouvelle note d'originalité, car il est aisé d'imaginer que, même un siècle après sa parution, le *Contrat social* sent encore le soufre à la Cour de Vienne. La place accordée à l'étude de l'économie est un autre signe de l'orientation progressiste de l'éducation donnée à Rodolphe. Alors que les connaissances des princes en ce domaine restaient généralement rudimentaires, elle prend en compte le rôle croissant de l'économie dans la vie des États et signifie qu'il est devenu indispensable pour un souverain d'être familiarisé avec ses mécanismes.

Pour cet enseignement, le choix de Latour s'est porté sur Carl Menger. Bien que le système de pensée de Rodolphe soit alors déjà formé, celui-ci est, parmi ses professeurs, l'un de ceux qui l'ont le plus marqué. Une fois encore, Latour a privilégié la compétence. Auteur d'un traité réputé, *Les fondements de la science économique* (« *Die Grundsätze der Volkswirtschaftslehre* »), vite devenu un ouvrage de référence, Menger est reconnu comme un des meilleurs spécialistes de sa discipline. Il est autre aspect de sa personnalité qui lui vaut la sympathie de Rodolphe. Il mène en effet de front sa carrière universitaire et une activité de journaliste. Lorsqu'il entre dans l'entourage du prince héritier, Menger a déjà collaboré pendant plusieurs années au *Neues Wiener*

Tagblatt, le journal dirigé par Moritz Szeps, avant d'écrire dans la *Neue Freie Presse*, le quotidien viennois que sa réputation place au niveau des plus grands titres européens.

Le libéralisme de Carl Menger a un ton résolument démocratique qui fait de lui une figure originale dans le paysage idéologique de l'Autriche des années soixante-dix. Défenseurs des intérêts de la bourgeoisie de la fortune et du savoir, les libéraux autrichiens conservent en effet généralement une conception élitiste du pouvoir. Sans doute ont-ils inscrit à leur programme les grandes libertés et il est à l'actif de leurs gouvernements de les avoir introduites ou renforcées. Mais, s'ils ont disputé le pouvoir à la vieille noblesse, il entre rarement dans leur intention d'étendre aux masses le bénéfice de la capacité politique. Hostiles au suffrage universel, ils restent acquis à un régime censitaire étroit. Dans l'ordre économique, ils professent un libéralisme d'une parfaite orthodoxie. Beaucoup d'entre eux vont jusqu'à contester la réalité de la question sociale. Lorsqu'ils ne l'ignorent pas, leur philosophie les empêche de la combattre par des interventions de l'État. Si l'on met à part un anticléricalisme nettement plus accusé, ils seraient au fond assez proches de nos orléanistes de la Monarchie de Juillet.

Carl Menger tient à Rodolphe un langage beaucoup plus progressiste. S'il épouse le combat des libéraux pour les libertés, s'il partage leurs options culturelles, son programme économique se distingue du leur. Insistant sur la gravité du problème du paupérisme, il rend Rodolphe sensible à la profondeur du fossé qui sépare les riches et les pauvres. De cette fracture sociale, il rend notamment responsables ceux que Saint-Simon appelait jadis « les frelons ». Sa cible privilégiée est la noblesse que ses gaspillages et sa frivolité détourneraient trop souvent d'investissements productifs, une accusation que son élève n'oubliera pas. Carl Menger s'écarte encore de la majorité des libéraux sur la thérapie à employer contre le paupérisme. L'ampleur du mal est telle que des actions individuelles ne peuvent suffire. Elle réclame au contraire une stratégie d'ensemble qui fait appel à l'intervention de l'État. Ce faisant Menger propose à Rodolphe le modèle d'une monarchie sociale, soucieuse d'une meilleure protection des humbles et d'une plus juste répartition du bien-être. La leçon a été entendue si l'on en juge par les divers cahiers que l'adolescent rédige alors sur ce thème.

Des pensées non-conformistes

Autant d'enseignements qui transmettent à Rodolphe des pensées hétérodoxes au regard de la tradition de la Cour. Il est vrai qu'il pourrait exister des points de contact. Pour se limiter à cet exemple, Menger n'a pas le monopole des préoccupations sociales. Il est aussi un courant du catholicisme, représenté dans l'entourage de Rodolphe par son grand-oncle, l'archiduc Albert, qui soumet à une critique sévère le système générateur du paupérisme. Mais l'analogie s'arrête là, car ces deux écoles de pensée reposent sur des présupposés philosophiques antinomiques. L'exaltation du progrès, le culte de la science, deux des ressorts de l'éducation donnée à Rodolphe, pourraient certes renvoyer à Joseph II, mais voici bien longtemps, au moins depuis la fin du XVIIIe siècle, que le souvenir de l'empereur philosophe est tenu en suspicion de la Cour de Vienne. L'archiduc Albert se charge d'ailleurs de mettre son neveu en garde contre cette partie de l'héritage familial.

Les conséquences de cette déviance auraient pu être atténuées si ces influences avaient été compensées par d'autres voix qui auraient aidé à trouver un point d'équilibre entre le mouvement et la tradition. Cette action aurait pu venir des précepteurs chargés de la formation religieuse du jeune prince. Mais force est de constater que leur enseignement a manqué son but. Très vite il apparaît que Rodolphe le ressent comme un pensum. Latour observe qu'il marmonne ses prières sans conviction. A mesure que progresse son plan d'études, la logique des enseignements qu'il reçoit le détache de la foi. C'est l'époque où le conflit entre l'Église et la science semble irréductible. Dans le *Syllabus*, Pie IX a récemment condamné la science moderne. A l'inverse, celle-ci est portée à tenir le catholicisme pour une force obscurantiste. Ainsi, lorsqu'il approche de sa majorité, Rodolphe en est venu à voir dans les gestes de la foi un simulacre auquel sa position l'oblige, mais dont il n'est pas dupe. Sa correspondance avec son cousin Louis II de

Bavière à qui, dans ces années, le lie une grande amitié, ne laisse aucun doute sur ses sentiments profonds :

« Pour l'homme cultivé qui atteint ce niveau de développement moral où il se libère de la vie quotidienne et commence à chercher et à régler sa pensée [...], je tiens la foi chrétienne dans les limites posées par notre Église pour tout à fait impossible. Il aura la religion ou, pour mieux dire, les lois morales qu'il se sera lui-même données et sur lesquelles il réglera sa vie morale, mais ce ne seront pas des limites telles que l'Église cherche à nous les imposer par l'aspiration au ciel ou la peur de l'enfer, mais seulement les chaînes grâce auxquelles, chez l'homme, le moral commande au physique [10]. »

Ses premiers écrits confirment l'impact des leçons de ses maîtres sur Rodolphe. Durant le temps de sa scolarité, nombreux sont en effet les devoirs et essais qui lui sont demandés. Il faut leur ajouter les carnets où il couche ses réflexions personnelles. Conservés aux Archives d'État de Vienne, ces notes et travaux ne remplissent pas moins de dix cartons. On y découvre une vision de l'histoire qui fait une large place à la notion de progrès. Témoin le jugement qu'il porte sur la Révolution française. Pour en apprécier la hardiesse, on se souviendra que celle-ci soulève toujours un sentiment d'horreur à la Cour de Vienne où on n'oublie pas le martyre de Marie-Antoinette. De manière plus générale, on veut y voir l'incarnation du mal et l'origine des forces qui, sous des formes et des dénominations diverses, libéralisme, nationalisme, démocratie, socialisme, s'emploient depuis 1789 à renverser l'ordre monarchique. Or l'image que Rodolphe s'en fait se démarque nettement de cette interprétation.

Pour commencer, il explique le mouvement des philosophes et des encyclopédistes comme une réaction aux tares de la France des Bourbons. Puis, sous sa plume, la Révolution de 1789 devient une étape dans la marche de l'humanité vers le progrès, rendue inéluctable par l'immobilisme de l'Ancien Régime : « La révolution intellectuelle avec la naissance de nouvelles idées et la révolution matérielle du peuple devaient se produire, peut-on lire dans un essai adressé en 1876 à l'archiduc Albert. Elles étaient une nécessité; à la fois fin d'un monde dépassé et début d'une ère nouvelle, elles étaient porteuses d'une signification morale [11]. » Quant aux violences qui ont ensanglanté la

Révolution, Rodolphe ne les excuse pas, mais c'est pour préciser aussitôt qu'elles ne peuvent se comprendre sans référence aux tensions au sein de la société française à la veille de 1789. Au reste ces victimes ne sont-elles pas la matrice d'où est sorti ce monde nouveau?

« De nouvelles idées et de nouveaux principes sont nés des monceaux de cadavres tombés sous la guillotine », va jusqu'à écrire Rodolphe dans un autre de ses essais, une remarque peut-être juste, mais néanmoins étonnante sous la plume de l'héritier de la plus vieille dynastie d'Europe, qu'il faut rapprocher d'un autre jugement tout aussi surprenant : « C'est seulement dans les luttes des cent dernières années que l'Homme est réellement devenu homme [12]. » Cette analyse n'en rehausse que davantage la figure de Joseph II dont Rodolphe, là encore un non-conformiste dans son propre milieu, dresse un vibrant éloge. Il revient à ce grand monarque d'avoir, en décidant à temps des réformes devenues indispensables, épargné à l'Autriche les épreuves qui allaient s'abattre sur la France.

Ce non-conformisme de Rodolphe se manifeste encore dans la sympathie qu'il marque pour Louis-Philippe. Les Trois Glorieuses avaient été accueillies à Vienne comme une catastrophe. Si on avait fini par s'accommoder du régime de la Monarchie de Juillet, le « roi des Français » n'y avait jamais été regardé comme un membre à part entière de la famille des monarques européens. Les mêmes raisons qui le font considérer avec suspicion lui valent l'estime de Rodolphe. Le portrait qu'il en brosse est celui du souverain idéal. Rodolphe voit dans Louis-Philippe le modèle du roi moderne, dépositaire des valeurs libérales de la bourgeoisie. La trame de son destin l'y a préparé. Déjà, aux côtés de La Fayette, le duc de Chartres s'était familiarisé avec les principes de la révolution américaine, l'autre grand foyer des idées modernes. Durant le temps de l'exil en Suisse, il n'a pas jugé indigne de ses origines d'enseigner les mathématiques. Plus tard, il ne croit pas au-dessous de sa condition de confier l'éducation de ses fils à des collèges d'enseignement public. Après la chute de l'Empire, la haine dont les Bourbons le poursuivent marque bien la distance qu'il prend par rapport au régime réactionnaire des Bourbons. Lorsqu'il parvient au trône en 1830, ce n'est pas par l'intrigue, mais parce que son choix est imposé par les circonstances. Dans son nouveau personnage, il fait la démonstration de ses qualités. Il s'affirme alors un vrai « roi-citoyen » comme le dit son attachement à la garde nationale, symbole par excellence d'un régime bourgeois. « La vieille noblesse des Bourbons le détestait, relève Rodolphe, mais la noblesse créée par Napoléon Ier étaient tous ses amis [sic]. Dans le même temps, il chassa tous les ecclésiastiques qui détenaient le pouvoir à la Cour des Bourbons[13]. » Autant de remarques révélatrices de l'orientation des cours d'histoire de Rodolphe, mais aussi des points auxquels il accorde le plus d'intérêt. Peu importe au fond que cette analyse reste muette sur d'autres aspects, moins positifs, de la personnalité et du règne de Louis-Philippe. Il est en revanche significatif des tendances de fond de Rodolphe qu'il retienne seulement du roi des Français les traits qui le rattachent au libéralisme.

On aura noté que Rodolphe inscrit au crédit de Louis-Philippe d'avoir écarté le clergé des centres de décision politique. Cet éloge illustre la vigueur de son anticléricalisme. Celui-ci procède directement de sa vision de l'histoire. Ennemi de l'absolutisme, Rodolphe accuse l'Église de s'en être fait l'auxiliaire. De même elle s'est régulièrement opposée au progrès pour mieux tenir les peuples sous sa sujétion : « Le mal causé par les prêtres, s'indigne Rodolphe dans un de ses carnets, en 1873, vient de ce qu'ils ont si bien su, par la superstition et une piété outrancière, abaisser le peuple et le préparer à la servitude, qu'il leur a été aisé, comme aux nobles, de faire ce qu'ils voulaient des pauvres gens[14]. »

Mais l'Église ne livre plus aujourd'hui qu'un combat d'arrière-garde. Elle est condamnée à s'effacer devant la science qui résout un à un les mystères sur lesquels la religion asseyait son pouvoir, et propose à l'homme une morale supérieure :

> « La science, se plaît à annoncer Rodolphe, est un facteur capital du processus d'anoblissement de l'humanité. Pour les générations futures, les sciences prendront, par leur morale sublime et leur glorification des lois immuables de la nature et de l'ordre du monde, la place des différents cultes qui, sous l'effet de leur casuistique et d'odieuses rivalités partisanes, se sont effondrés et seront bientôt périmés[15]. »

Rodolphe s'écarte déjà singulièrement des normes de sa famille quand il verse dans l'anticléricalisme et prophétise la mort des religions. Mais que penser lorsqu'il prédit le même destin au régime monarchique? Ce n'est pas que François-Joseph ne soit conscient de la fragilité de son Empire. Depuis le désastre de 1866, il range même sa disparition parmi les cas de figure possibles. Mais, quoi qu'il advienne, il est déterminé à remplir son devoir jusqu'à l'ultime limite de ses forces. En revanche, pour Rodolphe, la mort des monarchies est une fatalité inexorable inscrite dans le sens de l'histoire. Sans doute ne les met-il pas toutes sur le même plan. Il établit une distinction entre les monarchies enracinées dans l'histoire et celles qui doivent leur naissance à des circonstances exceptionnelles, le plus souvent à la volonté de puissance d'un homme, comme l'empire napoléonien en offre un exemple récent. Mais, pour toutes, à quelque moment qu'il doive intervenir, le terme du processus sera le même car, entre l'esprit du temps et l'institution monarchique, le divorce ne cesse de grandir. Rodolphe a ici des mots très durs qui laissent perplexe. Se référant à l'époque où la noblesse et l'Église exerçaient une influence dominante, il poursuit :

> « Le gouvernement a aujourd'hui complètement changé : il se rapproche pas à pas de la République. La royauté a perdu son ancien pouvoir. Une vieille dynastie peut encore se maintenir, car elle est étroitement liée aux anciennes traditions des gens, en revanche un parvenu ne peut conserver son pouvoir au-delà d'une courte période, car le concept de souverain appartient aujourd'hui au passé [...]. La royauté est une ruine imposante qui peut encore tenir quelque temps, mais qui finira par s'écrouler. Pendant des siècles, aussi longtemps que le peuple s'est laissé diriger aveuglément, elle a tenu, mais sa mission est maintenant à son terme. Tous les hommes sont libres et, avec la prochaine tempête, cette ruine s'effondrera [16]. »

Faut-il estimer que ce jugement sans nuances constitue le point ultime de la pensée de Rodolphe? Déjà son âge invite à la prudence, mais on peut aussi en douter, à considérer son impatience du pouvoir dans les années à venir. Comment celle-ci s'expliquerait-elle s'il admettait que la partie est irrémédiablement perdue? Après tout, le mouvement d'une pensée n'exclut pas des contradictions. Peut-être aussi Rodolphe sait-il, malgré son aversion pour les Jésuites, distinguer entre la thèse et l'hypothèse. En tout cas, il ne désespère pas de l'avenir de la Monarchie quand, dans un essai datant de 1875, *La position de Vienne et notre ave-*

nir (*« Die Lage Wiens und unsere Zukunft »*), il situe dans l'Europe du Sud-Est sa nouvelle mission.

En tenant ce langage, Rodolphe se montre à l'écoute des événements et en accord avec la politique de son père. Après le tournant de 1866, confirmé en 1871 par le dénouement de la guerre franco-allemande, il était rapidement apparu à François-Joseph et à ses conseillers que la Monarchie ne pourrait conserver son rang de grande puissance qu'à la condition de trouver dans les Balkans des compensations aux positions perdues en Allemagne et en Italie. Cette réorientation de sa politique ne serait pas, il est vrai, sans la confronter à de délicats problèmes. Depuis Metternich, ses responsables s'étaient fixé pour objectif le maintien de l'intégrité de l'Empire ottoman. S'ils y renonçaient, des états nationaux n'allaient-ils pas se former sur les ruines de la Turquie d'Europe, au risque de favoriser, par contagion, le développement de courants séparatistes chez les peuples habsbourgeois? De son côté, la Russie ne chercherait-elle pas à profiter des circonstances pour étendre son influence sur la région au nom de la solidarité slave? Ces menaces devaient inciter les dirigeants austro-hongrois à agir avec prudence, en veillant à ne pas ouvrir délibérément de crise, mais plutôt en tirant parti des difficultés de la Sublime Porte dans ses possessions européennes. Or, précisément, en 1875, le feu couvait en Bosnie-Herzégovine, deux provinces ottomanes voisines de la Croatie et de la Dalmatie. Leur soulèvement allait bientôt projeter la « question d'Orient » au premier plan des préoccupations des chancelleries européennes.

En même temps qu'elles le montrent déjà attentif à l'actualité, ces réflexions de Rodolphe sont donc en conformité avec les objectifs de la politique de son père. Il y ajoute cependant une touche personnelle. Le poids numérique des Slaves à l'intérieur et hors des limites de l'Empire commande à la Monarchie de prendre la tête du mouvement d'émancipation des Slaves encore sous la domination ottomane, sous peine qu'il ne se retourne contre elle : « L'avenir appartient aux Slaves, prédit Rodolphe, mais l'Autriche pourra se maintenir si elle comprend correctement sa mission et se place à la tête des Slaves du Sud pour devenir un grand empire danubien [17]. »

Allant plus loin, Rodolphe soutient encore que

l'accomplissement de cette mission mettrait l'Autriche en accord avec sa véritable nature qui n'est pas d'être un État allemand. Il reviendrait même à l'Autriche centrée sur le Danube de constituer un contrepoids à la puissance du Reich allemand et peut-être même d'en hâter la décadence, réflexion où se retrouve l'hostilité de Rodolphe à l'Allemagne à direction prussienne.

Au total, Rodolphe a reçu une éducation dont les mérites sont évidents. A côté des matières traditionnelles, une large place y a été faite à des disciplines nouvelles en prise étroite avec les évolutions du monde contemporain. Toujours confiées à des spécialistes reconnus, les unes et les autres ont été enseignées dans un esprit résolument moderne, tant pour les méthodes que pour le contenu. Ses résultats valent à Rodolphe les félicitations de ses maîtres. Leurs divers rapports sont remplis des mérites qu'ils reconnaissent à leur élève. Comme leurs rapports devaient remonter jusqu'à François-Joseph, on pourrait y soupçonner une part de flagornerie si Rodolphe n'avait effectivement laissé apparaître, au fil des années, de remarquables qualités, agilité de la pensée, rigueur du raisonnement, élégance de l'expression, mises au service d'une intelligence déjà affirmée.

Il n'est pourtant pas malaisé de découvrir que cette éducation comporte aussi des points faibles. Rodolphe est assurément animé d'un formidable appétit de savoir :

> « Je vois bien que je ne saurai jamais tout ce que je veux savoir. Mais une chose est sûre : il ne faut pas relâcher son effort. Il faut s'appliquer sans cesse à acquérir davantage, non pas de titres, de distinctions, de richesses. Qu'on laisse cette occupation à des familles vénales qui font remonter leurs ancêtres à la naissance du Christ. Non, je veux savoir [18]. »

Reste à se demander si cette masse de connaissances peut s'organiser en un ensemble ordonné. La question n'est pas superflue, si l'on en juge par cette confession de Rodolphe : « Des pensées de toutes sortes me traversent la tête. Dedans c'est une grande agitation et cela bouillonne et travaille toute la journée dans mon cerveau [19]. » Rodolphe est ici tout simplement victime des excès de son système d'éducation. Comment avoir pu en effet espérer qu'il assimilerait le volume impressionnant de connaissances que, durant le temps de sa scolarité, ses quelque cinquante précepteurs lui ont assenées au long de journées harassantes de travail?

Sans compter que ces éducateurs semblent parfois négliger des évidences pédagogiques, notamment lorsqu'ils oublient de respecter les rythmes du développement intellectuel de l'enfant. Ainsi, à la lecture d'un rapport de von Zeissberg, on apprend que, dès l'âge de quatorze ans, Rodolphe a atteint, en histoire, le niveau des classes terminales des gymnases autrichiens. Le risque inhérent à un tel régime est une certaine forme de superficialité. Rodolphe n'y échappe pas, comme le manifeste sa tendance à formuler des jugements hâtifs et facilement péremptoires. Celle-ci va de pair avec un penchant évident à la théorisation, une propension à pousser ses raisonnements jusqu'au terme de leur logique, sans souci des nuances qui pourraient en atténuer la raideur.

Dès ces années, ce système d'éducation ne fait d'ailleurs pas l'unanimité. Il suscite notamment des critiques dans les milieux conservateurs qui lui reprochent une orientation, selon eux, exagérément libérale, en contradiction avec la ligne directrice de l'histoire de la Monarchie. La réaction du général von Beck, le chef de la chancellerie militaire de l'Empereur, est sur ce point caractéristique :

> « La tendance de fond de ces études, observe-t-il, illustrée par l'initiation du prince héritier à toutes les branches du savoir et de la science politique, le choix de ses professeurs et de ses maîtres dans le courant le plus libéral, la décision malheureuse d'arrêter ses études dans sa vingtième année, conformément aux règles de la Cour, ne pouvaient rencontrer mon approbation. La juvénile exaltation du prince héritier, l'immaturité de sa pensée, l'extrême tension de son indéniable intelligence légitimaient la crainte qu'il ne fît siennes des idées et des options en désaccord avec le caractère d'un futur souverain[20]. »

Ces observations soulèvent un problème de fond qui n'est pas seulement celui de la comptabilité de ce système d'éducation avec la mission à laquelle Rodolphe est destiné. En lui transmettant des valeurs généralement étrangères à son milieu familial et à la Cour, ces enseignements tendent à l'en isoler. Faute d'un véritable contrepoids à leur influence, ce divorce risque de devenir définitif et de fragiliser Rodolphe au point de provoquer chez lui une crise d'identité. Ainsi, dès les années de son enfance et de son adolescence, sont posés les éléments des conflits qui vont jalonner sa route jusqu'à Mayerling.

Les relations familiales

Si l'enseignement de ses maîtres a pour Rodolphe une telle importance, au détriment d'autres influences, c'est aussi que ceux-ci pallient souvent les absences de ses parents. Comme Friedrich Heer le souligne, il souffre d'un déficit d'affection à un moment crucial de l'existence où l'enfant a besoin de sentir ses parents proches de lui[21]. De sa mère Rodolphe admire la beauté altière, la fine élégance, les idées progressistes dans lesquelles il se retrouve. Pour Rodolphe, Élisabeth prend les traits d'une fée lointaine, d'autant plus fascinante que ses présences sont rares. Aussi est-il sensible à tout signe d'affection qu'elle lui prodigue. Anecdote significative, la comtesse Festetics, l'une des dames de compagnie de l'Impératrice, rapporte dans son Journal comment le visage de Rodolphe s'illumine de bonheur quand, profitant d'une rencontre à l'improviste au Prater, sa mère l'invite à déjeuner dans un restaurant des alentours[22]. Mais ces signes sont rares. De toute évidence, Élisabeth réserve l'essentiel de son attention à sa dernière-née, la petite Marie-Valérie. Après avoir dû supporter que Gisèle et Rodolphe lui fussent retirés, elle prend avec elle une revanche sur le passé. Passant d'un extrême à l'autre, elle n'a d'yeux que pour cet enfant, le monopolise, le couve, avec la conséquence que Rodolphe se sent une nouvelle fois délaissé par sa mère.

Le rapport de Rodolphe avec son père est d'un autre ordre. Ici point de séparations aussi longues. Mais Rodolphe est accaparé par ses cours quelque douze ou treize heures par jour tandis que les affaires de l'État ne laissent à François-Joseph que de rares moments de liberté. La brièveté de leurs rencontres ne se prête pas à une grande intimité. Peut-être François-Joseph y est-il aussi gêné par une certaine maladresse à exprimer ses sentiments. La distance qui s'établit entre lui et ceux qui l'approchent, même quand il s'agit de membres de sa famille, ne l'y aide d'ailleurs pas. Il n'est pourtant pas insensible à la solitude de son fils, comme en témoignent les lettres qu'il s'applique régulièrement à lui écrire. Il s'y montre attentif à ses progrès et lui prodigue conseils et encouragements. Mais, malgré ses efforts, il ne parvient que rarement à leur donner le ton enjoué et détendu que Rodolphe espérait sans doute y trouver.

Il est pourtant des moments où tombe cette barrière invisible qui, peu à peu, s'est installée entre eux, où leurs relations prennent un tour de familiarité qui leur fait autrement défaut. A la chasse, François-Joseph n'est plus le souverain prisonnier de son personnage. Décrispé, il sait alors se départir de sa gravité et se montrer un compagnon jovial. Pour lui, la chasse ne fait pas seulement partie intégrante d'une culture aristocratique ou n'a pas que les attraits d'un sport. Sa pratique répond aussi à un besoin presque physique de se libérer périodiquement des contraintes auxquelles sa fonction l'oblige. Loin de Vienne, à Ischl notamment, dans les Alpes de Haute-Autriche, il aime à retrouver les bonheurs simples d'un contact direct avec la nature. Or, comme son père l'avait fait naguère avec lui, il a initié très tôt Rodolphe aux joies de la chasse. Une photo de 1863 nous les montre côte à côte. François-Joseph est vêtu, comme il se plaît à le dire, de ses « dépouilles styriennes », traduisons un chapeau orné de poils de blaireau, une veste de loden, une culotte de peau, de grosses chaussettes de laine, des chaussures de montagne, tandis que, portant la même tenue, Rodolphe a les allures d'un fier petit montagnard. Dans ce cadre informel, en dehors des astreintes de la vie officielle, au grand air des alpages, dans le calme des forêts, au bord des étangs, le père et le fils se rapprochent. Pendant ces heures volées au temps, François-Joseph cesse d'être cette autorité lointaine, presque impersonnelle, qui impressionne Rodolphe pour devenir un père attentif à son fils et qui sait partager avec lui de menus plaisirs.

Comme il connaît la passion de son père pour la chasse, Rodolphe cherche à y briller pour mériter son intérêt et ses louanges. Cet aspect de sa personnalité n'est pas le moins important. Délaissé par sa mère, éloigné de son père, Rodolphe s'interroge : si ses parents lui marquent de la froideur, n'en porte-t-il pas la responsabilité? N'est-ce pas une punition qu'ils lui font subir? Cette interrogation nourrit chez lui un complexe de culpabilité qui ne l'abandonnera plus. Elle explique aussi son attente de gestes concrets par lesquels ses parents lui manifesteraient leur intérêt et leur confiance. Cette quête se devine justement dans les nombreux dessins que le jeune garçon consacre à des scènes de chasse. On y voit en effet souvent un enfant tirant sur des oiseaux ou des perdrix sous le regard d'un adulte. Il n'est pas interdit, après John T. Salvendy, d'interpréter ce thème comme la projection d'un besoin de Rodolphe de paraître à son avantage devant son père dans l'espoir d'en obtenir la reconnaissance de ses mérites[23].

Le voyage en Angleterre

La scolarité de Rodolphe prend fin peu avant qu'il ne fête son dix-neuvième anniversaire. Sans doute souhaiterait-il la poursuivre dans une des universités de la Monarchie, mais, les règles de la Cour fixant ce terme à ses études, il doit y renoncer. Pourtant, ce qu'il retient d'abord de cette échéance, c'est qu'il lui faut se séparer de Latour. Pour François-Joseph, cette décision n'a pas la signification d'un désavœu. Il a seulement considéré que, pour cette nouvelle étape de son existence, le prince héritier devait être assisté d'une équipe nouvelle. Si ce parti ne manque pas de logique, Rodolphe n'en ressent pas moins un grand chagrin. Depuis sa nomination, en 1865, Latour ne l'a pas quitté et a tenu, auprès de lui, le rôle qui, dans les familles ordinaires, échoit naturellement aux parents.

Cependant la rupture n'est pas complète, comme en fait foi leur abondante correspondance durant les douze années à venir. Ces lettres attestent le climat de confiance qui s'est installé entre les deux hommes. Rodolphe s'y livre sans crainte, sachant qu'il sera toujours écouté avec bienveillance, même si Latour n'épouse pas toutes ses idées. Pour lui succéder, le choix de François-Joseph s'est porté sur le comte Karl Bombelles, un aristocrate d'ascendance française qui fut autrefois un de ses compagnons de jeux. Devenu par la suite officier de marine, il a accompagné l'Empereur Maximilien dans son odyssée mexicaine. Sa fidélité à la cause catholique a sûrement aussi parlé en sa faveur. Mais Bombelles est également un bon vivant, connu pour ses nombreuses aventures. Tolérant sur ce chapitre, il ne s'offusquera pas des frasques de Rodolphe.

Ses études terminées, Rodolphe doit encore attendre avant d'exercer ses premières fonctions. Une période de transition d'une année s'ouvre devant lui, qu'il occupe, pour partie, à voyager avec Bombelles comme nouveau mentor. Ce faisant, il suit une tradition aristocratique qui aime à compléter ainsi les années d'études des jeunes nobles dans le but d'accroître leurs connaissances et d'élargir leur horizon au contact de sociétés étrangères. Qu'il en soit de même pour Rodolphe, on n'en veut pour preuve que la présence de Carl Menger à ses côtés, durant son séjour en Angleterre. Remarquons encore que ces voyages n'ont pu être entrepris sans le consentement de François-Joseph. Le statut du 3 février 1839 prévoit en effet que tout déplacement à l'étranger d'un membre de la famille impériale doit être soumis au préalable à l'approbation de l'Empereur. Dans le cas de Rodolphe, cette règle a été respectée.

Pour son premier voyage, Rodolphe a choisi l'Angleterre qu'il visite en janvier et février 1878. S'il est parti avec l'Impératrice, leurs chemins ne tardent pas à se séparer. A Gödöllö, le domaine que la nation hongroise a offert en 1867 au couple royal, Élisabeth s'est découvert une nouvelle passion : la chasse à courre. Mais bientôt les vastes espaces plats de la Puszta n'ont plus suffi à l'intrépide amazone. Depuis 1874, elle se rend périodiquement en Angleterre ou en Irlande pour s'y mesurer à des obstacles autrement difficiles. Elle y réussit d'ailleurs si bien que ses prouesses lui ont valu le titre de « reine de la chasse ».

Les intérêts de Rodolphe sont ailleurs. Lorsqu'il débarque en Angleterre, alors au faîte de sa puissance, il vient d'abord y étudier la patrie du libéralisme et de la civilisation industrielle. Très chargé, son programme n'accorde que peu de place aux obligations mondaines. Il est cependant reçu, à Osborne, par la reine Victoria qui le trouve charmant : « La reine est tombée amoureuse du prince héritier, mais rassurez-vous, elle ne l'épousera pas », lance la princesse de Cambridge à l'ambassadeur austro-hongrois [24]. Ce séjour est aussi l'occasion pour Rodolphe d'approfondir ses relations avec le prince de Galles. Les deux princes héritiers se lient d'une amitié qui ne se démentira plus. D'une vingtaine d'années son aîné, le prince de Galles se prend de sympathie pour ce jeune homme aux idées libérales chez qui il devine un non-conformisme voisin du sien.

Durant huit semaines, il n'est guère d'aspect de la vie britannique qui échappe à la curiosité de Rodolphe. L'Angleterre des années soixante-dix est encore « l'atelier du monde » *(workshop of the world)* dont les produits ont, grâce à leurs qualités et aux vertus du libre-échange, conquis les marchés internationaux. Sans oublier de nombreux entretiens avec des chefs d'entreprise, Rodolphe sillonne le pays à la découverte des foyers de cette puissance, parmi lesquels sont naturellement privilégiés les secteurs clés de la révolution industrielle. Il visite ainsi des filatures à Manchester et à Birmingham, des mines de charbon au pays de Galles, des hauts fourneaux à Sheffield ou se promène sur les quais des ports de Londres et de Liverpool, d'où une partie de cette production est exportée dans le monde entier. Prolongement de ces visites, il est reçu à la Banque d'Angleterre, l'un des temples de la puissance financière sur laquelle le royaume appuie sa suprématie économique.

Le programme de Rodolphe fait aussi une large place à l'étude du système politique et social britannique. Des dîners officiels à l'ambassade lui donnent l'occasion de rencontrer Disraeli et Lord Derby, son ministre des Affaires étrangères. Accueilli à la Chambre des communes, Rodolphe y écoute Gladstone intervenir sur la question d'Orient à laquelle la victoire russe sur l'Empire ottoman vient brusquement de donner une nouvelle dimension. Il est également l'hôte des clubs de la capitale où se retrouvent des représentants de la noblesse et de la grande bourgeoisie, deux mondes qui, en Autriche, restent le plus souvent séparés l'un de l'autre (un clivage dont rendent compte les expressions de « première » et de « seconde » sociétés, en usage à Vienne).

Son analyse intègre cependant aussi les zones d'ombres que lui découvre son périple à travers les îles Britanniques. Il y a notamment été mis au contact du paupérisme, l'autre versant de la société industrielle sur lequel Carl Menger avait déjà attiré son attention. Mais il s'agit cette fois d'une expérience directe et concrète. Celle-ci est pourtant riche d'un autre enseignement. L'Angleterre offre l'exemple d'un pays où beaucoup ne veulent pas tenir ce fléau pour une fatalité. De nombreuses initiatives privées s'emploient à en adoucir les effets. Mais le fait le plus important est peut-être que le gouvernement ait entrepris de le combattre activement au moyen de mesures législatives. En fonction depuis

1874, le cabinet conservateur dirigé par Disraeli, le père du torysme démocratique, inscrit cette lutte parmi ses objectifs.

Le pamphlet contre la noblesse

Ce voyage ancre Rodolphe dans les convictions auxquelles ses années d'études l'avaient amené. Les succès de l'Angleterre, première puissance industrielle, commerciale, financière du monde, lui confirment la supériorité du système libéral. Il a également été impressionné par la qualité des élites. A cet égard, il ne manque pas de relever que, loin de se replier sur elle-même, l'aristocratie prend une part active à la vie politique et au développement économique. De même il est frappé par le profil réformiste du conservatisme britannique. Ces observations, qui, à ses yeux, ont valeur de comparaison avec la réalité des pays habsbourgeois, ne sont certainement pas étrangères au réquisitoire qu'il dresse contre la noblesse autrichienne dans une brochure « La noblesse autrichienne et sa mission constitutionnelle » *(Der österreichische Adel und sein constitutioneller Beruf)*, publiée peu après à Munich. Peut-être Carl Menger lui en a-t-il soufflé l'idée. Sans doute l'a-t-il assisté de sa collaboration. Mais le gros de l'œuvre est de la plume de Rodolphe.

Fort de l'exemple britannique, Rodolphe considère l'existence d'un parti conservateur comme nécessaire à la cohérence du débat politique : « Toute notre vie politique souffre de l'absence d'un parti conservateur compétent qui concilie le sens de l'importance de la tradition et des acquis de l'histoire avec l'ouverture aux exigences du présent et du progrès[25]. » En revanche il conteste à la noblesse autrichienne l'aptitude à le diriger, alors que la mission devrait pourtant lui en revenir : « La responsabilité de cet état de fait, ajoute-t-il, incombe, sinon totalement, du moins en premier lieu à la noblesse[26]. » Ce n'est pas qu'elle ne détienne de substantiels privilèges politiques. Déjà elle tire avantage du système curial qui régit l'organisation des assemblées. Avec la curie de la grande propriété foncière où elle occupe souvent de solides positions, sa représentation dans les diètes provinciales excède de beaucoup la part qui est la sienne dans la population. Ce système trouve ensuite son prolongement à la Chambre basse du Reichsrat. D'autre part, la noblesse contrôle la Chambre haute dont le nom officiel, « Chambre des seigneurs » *(Herrenhaus)*, indique bien le milieu où ses membres sont recrutés en majorité.

Or la noblesse n'exerce pas une influence à la mesure de ces atouts. La raison de cette défaillance, Rodolphe la voit d'abord dans le style de vie auquel elle reste fidèle. Par-dessus tout, il lui reproche son dilettantisme qui l'éloigne de ses devoirs envers l'État et la société. A ses responsabilités, elle préfère les délices de l'*otium*, les charmes de la vie mondaine. Partagée entre la chasse et les chevaux, passant, durant les mois d'été, de ses domaines à l'une des villes d'eaux de la Monarchie, accaparée, plus tard, à la ville, par les bals, les fêtes, les réceptions, les promenades au Prater, que lui reste-t-il pour se consacrer à des occupations plus sérieuses? Le recul de son influence, la noblesse la doit aussi à son inculture croissante. Lorsqu'ils ne sont pas élevés par des précepteurs, l'éducation de ses fils n'est que rarement confiée à des gymnases publics. Par la suite, il est tout aussi exceptionnel qu'ils continuent leurs études à l'université. De manière plus générale, la noblesse se tient à l'écart des grands mouvements contemporains de la science et de la culture. Autant de carences devant lesquelles Rodolphe ne craint pas de la comparer aux « ruines d'un édifice jadis grand ».

Écrit d'une plume ferme et incisive, ce réquisitoire fournit un bon exemple de la démarche de pensée de Rodolphe. Si son analyse comporte une bonne part de vérité, poussé par tempérament au maximalisme, il aboutit aussi parfois à des conclusions dont la caricature n'est pas absente. Que, face à la montée en puissance de la bourgeoisie, la noblesse soit entrée dans une période de crise, comment en douter? Celle-ci se mesure au recul de son influence dans les grands corps de l'État comme à l'effritement de ses positions économiques. D'autre part l'avènement d'un régime constitutionnel instaure un système où, malgré les dispositions pour en corriger les effets, le poids du nombre joue en sa défaveur. Considéré dans une perspective historique, son déclin renvoie aux mouvements de fond qui façonnent le siècle. La gravité des périls n'échappe pas à la plupart des nobles. Certains poussent même le pessimisme jusqu'à tenir la disparition de la noblesse pour une fatalité inexorable. Ainsi le prince Friedrich Schwarzenberg, un fils du vainqueur de la bataille de Leipzig, qui, gardien de l'éthique féodale, compare l'aristocrate au dernier des Mohicans et lui prédit la même fin sous les coups de la civilisation matérialiste.

A ce stade de l'analyse, il faut certes se demander avec Rodolphe si son style de vie ne tend pas à accélérer le déclin de la noblesse. A se replier sur elle-même, ne risque-t-elle pas de finir par perdre toute prise sur les événements? Cette critique n'est pas nouvelle. Il est aisé de trouver, sous la plume d'aristocrates, par ailleurs peu suspects d'hostilité à leur milieu, des jugements qui annoncent ceux de Rodolphe. Ainsi, lorsque le comte Leo Thun se plaint auprès d'Alexis de Tocqueville que la noblesse autrichienne soit généralement peu instruite et ne marque qu'un intérêt médiocre pour les affaires politiques [27]. De son côté, le comte Egbert Belcredi lui fait grief, dans son Journal, de plusieurs défauts majeurs, parmi lesquels la méconnaissance de ses intérêts, l'absence de foi dans sa mission, l'esprit de routine, l'inertie politique, pour aboutir à cette conclusion désabusée : « Je crains que Dieu n'ait déjà rendu son arrêt sur cette race et que toutes les institutions politiques qui viseraient à offrir à la noblesse en tant que corps un champ d'action honorable ne soient vaines et mort-nées, car les hommes manquent qui pourraient les diriger [28]. »

Il semble pourtant que Rodolphe peigne son tableau trop en noir. Malgré un recul évident, la vieille noblesse conserve, en cette fin des années soixante-dix, des positions qui sont loin d'être négligeables. Qu'on en juge déjà par la part qu'elle garde dans les postes de hautes responsabilités des grands corps de l'État. Depuis le début du siècle, la courbe marque assurément une tendance à la baisse, surtout sensible après la révolution de 1848. Mais, en 1878, soit l'année de parution du pamphlet, les chiffres restent élevés : 61 % dans la diplomatie (les grandes ambassades vont systématiquement à des aristocrates), 45 % pour les hauts fonctionnaires relevant du ministère de l'Intérieur, 32,6 % pour le corps des officiers généraux. D'autre part, 23 % des députés de la Chambre basse du Reichsrat appartiennent à la vieille noblesse.

Celle-ci n'est pas non plus absente du développement économique. Certes les campagnes de Hongrie et de Galicie connaissent encore le système latifundiaire, mais les indemnités reçues en dédommagement de la réforme agraire de 1848 ont permis à beaucoup de grands propriétaires fonciers, notamment en Bohême et en Moravie, de moderniser leurs domaines et de les transformer en entreprises régies par les règles du capitalisme. Ces années voient encore une diversification des placements nobiliaires. Malgré ses attaches terriennes, la noblesse investit aussi dans l'industrie. Si elle privilégie le secteur alimentaire (sucreries, brasseries) en rapport étroit avec l'agriculture, elle s'intéresse également à certaines des branches dont l'essor est lié à la révolution industrielle. Elle est ainsi présente dans les compagnies qui financent la construction du réseau ferroviaire. Les conseils d'administration qui voient le jour entre 1867 et 1873 ne comptent pas moins de 13 princes, 64 comtes, 29 barons. La noblesse participe encore au développement du secteur bancaire. Lors de sa fondation, l'*Österreichische Credit-Anstalt für Handel und Gewerbe*, la première banque autrichienne, s'est donné pour président le chef de la branche aînée des Schwarzenberg tandis que plusieurs grands noms de l'aristocratie bohême siègent à ses côtés au conseil d'administration.

Il est vrai que ce dynamisme n'est pas le fait de toute la noblesse. Une partie d'entre elle garde un sentiment de malaise, voire d'hostilité devant la société industrielle soupçonnée de porter en elle des valeurs déstabilisatrices. Il est vrai encore que la noblesse réagit par un certain désengagement à la crise économique ouverte par le krach boursier du 8 mai 1873. Il est pourtant difficile de s'en tenir à l'image manichéenne transmise par la diatribe de Rodolphe. Plus nuancée, la réalité de la noblesse ne peut seulement se lire en noir et blanc.

Cette philippique laisse apparaître en tout cas clairement la fixation que Rodolphe fait très tôt sur la noblesse. Pour comprendre cette obsession, il faut en revenir au reproche qu'il lui adresse de ne pas posséder les qualités nécessaires pour diriger un parti conservateur. Cependant, si l'absence d'un grand parti conservateur à l'échelle de la Cisleithanie semble lui donner raison, celle-ci s'explique moins par l'incompétence de la noblesse que par le pluralisme territorial et national de la partie autrichienne de la Monarchie. A preuve, dans la plupart des pays de la Couronne, se sont organisés des partis conservateurs dans lesquels la noblesse tient souvent un rôle de premier plan, comme la Bohême, la Moravie, la Galicie en offrent des exemples. Mais, à la différence du torysme britannique qui lui sert de référence, ce conservatisme ne trouve pas grâce aux yeux de Rodolphe, car il y voit un composé des maux qu'il tient en aversion. Il ne lui reproche pas seulement de défendre les intérêts féodaux, il l'accuse aussi, et peut-être surtout, de placer son engagement politique sous le drapeau du cléricalisme. En d'autres termes, il range la noblesse au premier rang des forces qu'il identifie en Autriche à l'obscurantisme.

Lorsque, en juillet 1878, Rodolphe est nommé au 36e de ligne, à Prague, prennent fin, avec cette affectation, les années de formation qui ont façonné son système de pensée. Les éléments en ont peu à peu été rassemblés, produit d'un programme d'études qui l'a introduit dans le monde de la connaissance, a développé chez lui l'esprit d'analyse et de critique, mais, en privilégiant certains éclairages, ne l'a pas mis à l'abri de nouveaux préjugés. Si, confronté à la marche du temps, ce système ne restera pas figé, les fondements en sont posés. Au reste, loin de s'infléchir ou de se modérer, les tendances qui se sont affirmées durant ces années iront plutôt en s'accusant. C'est donc armé de ce bagage idéologique et intellectuel que Rodolphe réagira aux événements, jugera la politique des ministres de son père, prendra parti et finalement s'engagera pour ses idées.

CHAPITRE II

L'ami des sciences

Lorsqu'il prend le chemin de Prague, Rodolphe est un jeune homme de vingt ans. Quoi que nous en pensions aujourd'hui, la plupart de ses contemporains s'accordent à lui trouver un physique agréable. Les photos de l'époque nous le montrent avec l'élégance de son âge. De taille moyenne, mais bien proportionné, Rodolphe a la silhouette fine, peut-être même un peu gracile. Couronné de cheveux blonds coupés court, le visage long est encore imberbe. Il ne faudra plus attendre longtemps pour que, suivant la mode du temps, il s'orne d'une barbe, ce qui aura aussitôt pour effet de le vieillir.

Si le visage est un miroir de l'âme, celui de Rodolphe suggère plusieurs des clefs de sa personnalité. Naturellement grave, il peut aussi exprimer les brusques changements d'humeur qui sont une des marques de son caractère. Son regard a quelque chose de flou, d'insaisissable – la princesse Radziwill parle de son « expression rêveuse [1] » – qui laisse deviner l'esquisse d'une anxiété intérieure. Peut-être même un soupçon de scepticisme se dessine-t-il sur ses lèvres. Certains semblent d'ailleurs y avoir été déjà sensibles. Le baron Max von Walterskirchen, un de ses anciens précepteurs, s'émeut par exemple de ce qu'il lit sur le portrait que Rodolphe lui fait alors envoyer. Sans doute grossit-il le trait à dessein lorsqu'il lui découvre un air « méphistophélesque [2] ». En revanche il ne prend pas de libertés avec la réalité quand il lui reproche d'avoir perdu la fraîcheur qui sied à son âge. Faut-il y voir la conséquence d'excès auxquels Rodolphe se serait livré, à peine achevé son programme d'études? Walterskirchen paraît incliné à le supposer. Mais, dans la gravité qu'il découvre sur ses traits, il croit aussi reconnaître la trace de ces pensées que Rodolphe remâche sans cesse jusqu'au risque de se gâter le bonheur de l'existence.

Prague

Le choix de la carrière des armes pour Rodolphe répond à une double finalité. En lui fixant ce champ d'activités, François-Joseph entend préparer son fils à la mission de futur chef suprême des armées pour le jour où le destin l'appellera à monter sur le trône. Par cette décision, il s'agit aussi d'illustrer le lien privilégié qui unit la dynastie et l'armée, ainsi confirmée dans son rôle de premier soutien de la Couronne.

Quant à l'affectation de Rodolphe à un régiment stationné à Prague, elle a certainement une signification politique. Celle-ci se veut un geste à l'adresse de l'opinion tchèque qui se maintient dans une attitude d'opposition à Vienne depuis 1867. Les Tchèques continuent en effet de rejeter le système dualiste qui refuse à la Bohême un statut identique à celui de la Hongrie. Conduite par le cabinet du comte Hohenwart, une tentative de compromis a bien essayé, en 1871, de poser les bases d'un rapprochement. Mais, sous la double pression des libéraux allemands, en Autriche, et des Magyars, hostiles à toute concession à la Bohême de nature à remettre en cause le dualisme et à menacer à terme, par voie de contagion, leur hégémonie en Hongrie, elle a vite tourné court. Cet échec a porté gravement atteinte au prestige de la Couronne auprès des Tchèques dont l'opposition est illustrée par le refus de leurs élus de siéger au Reichsrat. Pourtant, si le mal est incontestablement profond, la crise n'a pas dégénéré jusqu'à la rupture. Malgré une tendance à la radicalisation, les éléments modérés, groupés derrière František Rieger, dominent encore la scène politique tchèque. D'autre part, il n'est pas de parti pour défendre des thèses séparatistes.

De son côté, François-Joseph n'a pas renoncé à l'espoir d'un accord avec les Tchèques. Il souhaiterait même associer leurs élites à une coalition gouvernementale qui prendrait la place des libéraux, alors en voie d'essoufflement. Dans ces conditions, il peut paraître habile d'envoyer Rodolphe à Prague. Signe tangible de cette volonté de rapprochement, la présence du prince héritier dans la capitale du royaume devrait aider à réchauffer les relations entre les Tchèques et la dynastie.

Les premières réactions ne sont, à vrai dire, guère favorables. Les articles parus dans la presse tchèque semblent annoncer un accueil plutôt froid. Organe des Vieux-Tchèques, *Politik* va jusqu'à rappeler à Rodolphe le fameux épisode de la défénestration de Prague dont furent victimes en 1618 deux aristocrates serviteurs des Habsbourg et qui fut ensuite à l'origine de la bataille de la Montagne Blanche, puis de la guerre de Trente Ans. Pourtant, en dépit de ces perspectives apparemment peu encourageantes, Rodolphe réussit rapidement à briser la glace. Il faut dire qu'il est arrivé à Prague débordant de sympathie pour les Slaves de manière générale, pour les Tchèques en particulier. Les leçons de Gindely et de Jireček l'y ont préparé. Il ne manque donc pas une occasion de manifester ses sentiments et d'afficher le vœu qu'une place plus grande soit faite aux Slaves dans le partage des responsabilités à l'intérieur de la Monarchie.

En réponse à cette sympathie, Rodolphe s'acquiert auprès des Tchèques une popularité dont il se plaît à relever les témoignages. La réception que la ville de Prague lui réserve, en avril 1880, après ses fiançailles, en offre un exemple. Toutes les classes de la société, souligne-t-il, « de la plus haute noblesse aux travailleurs les plus pauvres », se sont retrouvées pour l'acclamer. Convaincu que leur entente autour de la dynastie est possible, il se plaît encore à relever qu'aucun des deux peuples n'a voulu rester en retrait de l'autre. D'ailleurs aucune fausse note n'a été à déplorer. Parmi les drapeaux décorant les rues de Prague, il n'en était, à l'exclusion de tout emblème subversif, que de noir et jaune et de rouge et blanc aux couleurs de l'Autriche et de la Bohême. Au Théâtre tchèque, fait remarquable, « l'hymne impérial a été chanté par tout le public ». Généralement avare de compliments pour l'aristocratie, Rodolphe, emporté par son enthousiasme, va même jusqu'à faire un vibrant éloge de la noblesse bohême qui s'est rassemblée pour le saluer. Tirant la leçon de cette journée mémorable où Prague lui a manifesté, comme en d'autres occasions, « une affection et un attachement comme aucune autre ville auparavant », il se dit résolu à « être en toute circonstance un ami fidèle et un défenseur de ce brave et beau pays [3] ».

Ces années comptent parmi les plus heureuses dans la vie de Rodolphe. Ce n'est pas qu'elle ne soit traversée de divers incidents annonciateurs de conflits plus graves. S'il a paru trouver un moment des qualités à la noblesse bohême (« l'aristocratie viennoise ne supporte pas la comparaison avec celle d'ici », écrit-il dans la même lettre), il ne reste pas longtemps sur cette position. Il est vrai qu'une partie des grands propriétaires y font alliance avec les libéraux. Mais, vite revenu de ses illusions, Rodolphe reconnaît chez une majorité d'entre eux les traits auxquels, dans son récent pamphlet, il n'avait pas ménagé ses flèches : la même frivolité, la même superbe et, peut-être par-dessus tout, le même obscurantisme.

Cette réaction n'a rien de surprenant, car ces grands féodaux incarnent ce qu'il abhorre le plus. Ils comptent parmi les plus grosses fortunes de la Monarchie et, partagés entre leurs palais de Prague ou de Vienne et leurs domaines, ils mènent un style de vie dans lequel Rodolphe voit un vestige du passé. Leur puissance économique leur permet aussi d'exercer, au sein des forces conservatrices, une influence disproportionnée par rapport à leur poids numérique. Celle-ci se déploie notamment en faveur de l'Église dont ils défendent ardemment la cause. Beaucoup d'entre eux figurent d'ailleurs parmi les commanditaires du quotidien catholique viennois, le *Vaterland* (La Patrie), la gazette des châteaux et des cures.

Sur le front de la politique bohême, l'aile conservatrice de la noblesse forme avec la fraction modérée du parti national une coalition pour la reconnaissance des droits historiques, sur le modèle de la Hongrie. Rodolphe déplore évidemment cette alliance qui va à contresens de ses schémas de pensée. Lui reprochant de tirer le parti national à droite et d'en faire l'otage de la noblesse, il lui oppose l'union des Allemands et des Tchèques sous le drapeau du libéralisme qui, en transcendant les clivages nationaux, les rassemblerait autour de desseins communs. Son enthousiasme des premiers mois ne résiste pas à une évolution qui va dans un sens contraire à ses vœux. Déçu par le choix des Tchèques, encore confirmé par leur soutien au gouvernement du comte Taaffe, Rodolphe s'en éloigne jusqu'à ne voir bientôt plus en eux que des auxiliaires de forces réactionnaires.

Toutes ces raisons conjuguées désignent la noblesse de Bohême à l'hostilité de Rodolphe. Aussi, lorsque l'occasion s'en présente, ne se prive-t-il pas du plaisir de lui porter des coups. Sa position lui interdit sans doute de se mettre en avant. Mais il a d'autres moyens pour toucher l'adversaire. Les relations qu'il a nouées, dès octobre 1881, avec Moritz Szeps, le directeur du *Neues Wiener Tagblatt*, se révèlent ici très précieuses. Rodolphe ne se fait pas faute d'utiliser ce relais pour atteindre l'opinion, soit qu'il alimente Szeps en informations confidentielles, soit qu'il lui adresse des projets d'articles qui, s'ils sont publiés, ne sont pas suivis – c'est l'évidence – du nom de leur auteur.

Une de ses cibles privilégiées est le cardinal de Prague, Mgr Friedrich Schwarzenberg, qui s'est cru autorisé à lui faire des remontrances lorsqu'il lui est arrivé de préférer une partie de chasse à la messe dominicale. Or ce prince de l'Église appartient à l'une des plus grandes familles de l'aristocratie autrichienne (son frère aîné, le prince Félix, est resté dans l'histoire comme le chef du premier gouvernement du règne de François-Joseph). De ce fait, il réunit dans sa personne deux des forces que Rodolphe déteste le plus. En outre, depuis la disparition, en 1875, de l'archevêque de Vienne, le cardinal Rauscher qui, pendant une vingtaine d'années, avait exercé une influence dominante sur l'épiscopat, il tend, sans en avoir le titre, à se comporter en primat de l'Église d'Autriche. Pour toutes ces raisons, il s'est attiré l'inimitié de Rodolphe qui ne laisse pas échapper une occasion de le brocarder, notamment en le décrivant comme un prélat mondain, arrogant et dépourvu d'esprit évangélique.

Confiant dans l'avenir, rempli d'ardeur combative, Rodolphe est encore dans cette époque de sa vie où, loin de le troubler, de telles passes d'armes le stimulent. De toute façon, il n'est pas soumis à une pression comparable à celle qui pèsera sur lui après son retour à Vienne. A Prague, la Cour, ses contraintes et ses intrigues sont suffisamment loin pour qu'il y dispose d'une sphère de liberté plus grande.

Enfin et surtout il s'enthousiasme pour son métier de soldat. Bien que son programme d'études l'y ait déjà préparé, cet enseignement était resté largement théorique. Maintenant il découvre concrètement les grandeurs et les servitudes de la vie militaire. Il peut encore se féliciter d'avancements extrêmement rapides : en août 1879, il est placé à la tête du 36e régiment d'infanterie où il avait été nommé seulement un an plus tôt; en septembre 1880, il est promu général de brigade; en avril 1881, il reçoit le commandement de la 6e brigade d'infanterie à Prague. Il n'a pas encore vingt-trois ans.

Rodolphe pense trouver dans l'armée un champ d'activités où il pourra donner sa mesure, avant d'être appelé par son père à de plus hautes responsabilités au service de l'État. En attendant, le choix de l'infanterie est révélateur de ses options. Il n'entre pas en effet dans les habitudes des jeunes archiducs de servir dans cette arme. Leur préférence va aux prestigieux régiments de cavalerie qui sont demeurés des bastions de la noblesse. En revanche l'infanterie compte parmi les armes où la part de la bourgeoisie dans le corps des officiers est désormais fortement dominante. Rodolphe y découvre un milieu selon son cœur où, par-delà les attaches nationales, un dévouement absolu à la Couronne s'allie à un libéralisme d'inspiration joséphiste, méfiant notamment envers les manifestations de cléricalisme et d'exclusivisme aristocratique. L'accord est à ce point parfait qu'il n'hésite pas, dans son testament de 1879, à appeler son régiment sa « véritable patrie [4] ».

Rodolphe se sent donc solidaire de ce milieu dont il partage les valeurs. Après l'avènement du dualisme, l'armée reste, avec la diplomatie, la seule institution dans laquelle se perpétue l'unité de la Monarchie. Commune à l'Autriche et à la Hongrie, l'armée impériale et royale est placée sous le commandement suprême de l'Empereur. Chaque officier, chaque soldat est uni par un lien personnel au souverain, un lien rendu encore plus sensible par l'habitude que François-Joseph a prise, dès le début de son règne, de porter l'uniforme. Il est d'ailleurs courant, dans le vocabulaire militaire, d'appeler la tunique des officiers le « vêtement de l'Empereur » *(Kaiserrock)*. Rassemblée autour du service de l'Empereur, l'armée se veut une communauté qui, dans son esprit comme dans son organisation, transcende les appartenances nationales. A l'heure où les peuples de la Monarchie sont exposés à l'action de forces centrifuges, sa mission la désigne pour tenir le rôle de rempart contre ces menaces.

Ces différents facteurs, éthiques aussi bien qu'idéologiques, expliquent justement que, malgré le compromis de 1867 avec la Hongrie et la montée des nationalismes, elle reste fidèle à l'idéal de la patrie commune, de la Grande Autriche unitaire dont les limites coïncident avec celles de l'Empire. Enfin le corps des officiers se reconnaît dans un même code de valeurs dominé par la fidélité, le sens du devoir, l'honneur. Épousant ce postulat du général Benedek: « L'uniforme porté par un soldat de l'Empereur ne souffre aucune tache[5] », il érige les exigences de l'honneur en règle de vie. Que leurs contraintes puissent être rigoureuses, on n'en veut pour preuve que l'importance accordée par le milieu militaire à l'institution du duel. Le refus de se battre en duel y est tenu pour incompatible avec le port de l'uniforme. Lorsque certains catholiques le jugeront, quelques années plus tard, inconciliable avec leur foi, ils n'auront d'autre choix que de renoncer à la carrière des armes. Au-delà, il est admis que, dans les cas ultimes, seul le suicide peut réparer un grave manquement à l'honneur. On ne peut douter que cette éthique n'ait profondément marqué Rodolphe de son empreinte, comme les autres officiers de l'armée impériale et royale.

LA PASSION DE L'ORNITHOLOGIE

Pour astreignantes qu'elles soient, les obligations militaires de Rodolphe n'absorbent pas la totalité de son temps. Il continue à en consacrer une partie à l'étude et à des activités culturelles. Ses goûts marquent ici de nettes préférences. Ainsi les arts n'occupent, semble-t-il, que peu de place dans son existence. Son exclamation : « A quoi bon des musées de cour[6]! », allusion à la construction, sur le Ring, du *Kunsthistorisches Hof-Museum* et du *Naturhistorisches Hof-Museum* qui doivent abriter les collections impériales, donne une expression caricaturale de cette absence d'intérêt. Au regard d'urgences plus pressantes, notamment la modernisation de l'armée, ce projet paraît à Rodolphe un vain gaspillage.

Ce cri du cœur le met en contradiction avec son père. La construction de ces musées renvoie en effet à l'ordonnance impériale du 20 décembre 1857 qui, dans le cadre d'un vaste programme de transformation de Vienne en une grande métropole européenne, a prévu de réserver à des institutions culturelles une partie des espaces libérés par l'arasement des remparts qui enserraient jusqu'alors la vieille ville. Bien plus, François-Joseph est intervenu personnellement dans les arbitrages qui ont précédé cette décision. C'est à lui que revient notamment le choix du néobaroque, de tous les styles celui qui a sa préférence parce qu'il illustre le mieux la majesté impériale. Depuis le début des années soixante, la *Ringstrasse* présente, sur toute sa longueur, les allures d'un immense chantier. Peu à peu, aux côtés de bâtiments officiels, elle se couvre d'immeubles de rapport et de palais, parfois de la vieille noblesse, le plus souvent de la haute bourgeoisie. Ni les uns ni les autres ne trouvent grâce aux yeux de Rodolphe. « Que l'on arrête ces constructions inutiles! », lance-t-il, sans grand espoir, au demeurant, d'être entendu[7].

La musique ne fait pas davantage vibrer chez Rodolphe de fibre profonde.Tout au plus son cousin Louis II a-t-il attiré son attention sur Richard Wagner. Cette indifférence le rapproche ici de son père qui n'a jamais éprouvé d'attirance pour la musique. En revanche elle l'éloigne de toute une tradition familiale qui, de Léopold Ier à François Ier, n'a cessé de privilégier cet art. Rien de tel avec Rodolphe qui ne se sent pas concerné par la vie musicale de son temps dont Vienne est pourtant l'un des pôles. Peut-être sa prévention contre ce qu'il est convenu d'appeler la « grande musique » lui vient-elle de ce qu'elle lui paraît l'héritière d'une culture aristocratique et s'adresse encore à une minorité de privilégiés. L'hypothèse mérite d'être prise en considération, car il se montre à l'inverse grand amateur des musiques qui ont la faveur des couches populaires de la société. Témoin la prédilection qu'il marque pour la musique tzigane. Revenu à Vienne, il recherchera la chaude ambiance des guinguettes des environs de la capitale où, au milieu d'un public mélangé, il se plaira à écouter ces mélodies à travers lesquelles s'exprime la sensibilité populaire. Il demandera aussi souvent à Bratfisch, son dernier cocher, de lui jouer ces airs où l'épicurisme se teinte de mélancolie.

Comme l'opéra, le théâtre n'a guère d'attraits pour Rodolphe. Il tend à y voir une distraction mondaine à laquelle seule sa position l'oblige parfois à sacrifier. La lecture compte en revanche parmi ses occupations familières. Mais là aussi ses goûts opèrent une sélection. A la différence de sa mère, il n'est guère porté vers la littérature de fiction ou la poésie. Comme au temps de ses études, il n'est pas non plus motivé par les ouvrages placés sous le signe de la spéculation métaphysique. Ses préférences vont à des sujets en rapport avec les sciences naturelles, notamment la zoologie et l'ornithologie, ou les sciences sociales et économiques, différents domaines où lui-même exerce sa plume.

La passion de l'ornithologie est venue très tôt à Rodolphe. Dès l'âge de douze ans, il lui consacre de premiers essais. Avant même d'avoir atteint sa majorité officielle, il accepte d'apporter son patronage à la Société ornithologique. Ce centre d'intérêt nous ramène à la chasse. Le plaisir que Rodolphe y trouve ne s'explique pas seulement par l'attrait de la performance. Sur ce plan, il n'égalera jamais son père ou son cousin, François-Ferdinand, tous deux d'excellents fusils. Peut-être même reste-t-il, en son for intérieur, réservé devant ces prouesses. A la chasse il demande surtout un contact avec la nature. Comme son père sans doute, mais d'une manière sensiblement différente. François-Joseph a besoin de ces heures de liberté pour se purger des fatigues morales et physiques accumulées par une vie de labeur harassante. Le rapport de Rodolphe avec la nature est d'un autre type. Sensible à ses beautés, Rodolphe voit aussi en elle un objet de connaissances. « Je suis un admirateur fanatique de la nature et des sciences de la nature », confie-t-il à un ami, établissant ainsi un rapprochement qui a valeur de programme [8].

Avec le monde des oiseaux, la chasse offre à Rodolphe un univers auquel il peut appliquer son goût de l'étude. Mettant dans ses recherches tout son appétit de savoir, il s'y consacre avec l'ardeur de son âge. Il y est aussi encouragé par Alfred Brehm, un des maîtres de cette science dont il a fait la connaissance, dès 1873, grâce à l'entremise de Ferdinand Hochstetter, son professeur de sciences naturelles. Auteur d'un ouvrage de référence, *La Vie illustrée des animaux* (*« Das illustrierte Thierleben »*), ce savant allemand s'est acquis une renommée internationale qui salue en lui le meilleur spécialiste de cette discipline. Dès lors il était tout naturel que Rodolphe brûlât d'envie de le connaître.

Bien qu'une trentaine d'années sépare les deux hommes, leurs relations deviennent vite très étroites. En 1877, Brehm dédie à Rodolphe les deux volumes de la nouvelle édition de sa *Vie illustrée des animaux* qui sont consacrés aux oiseaux. Un peu plus tard, il lui demande d'être le parrain d'un de ses fils, une démarche qui ne laisse pas de le mettre dans l'embarras, car, quel que soit son désir de lui être agréable, Rodolphe ne peut tenir pour un détail que son ami soit protestant. Si l'on ajoute que les liens de Brehm avec la franc-maçonnerie sont établis, il y aurait là matière à une situation explosive s'il lui donnait une réponse positive. De toute façon, Rodolphe fait déjà une démonstration de son non-conformisme en l'accueillant dans le cercle de ses familiers. La présence de Brehm parmi ses proches suffit en effet à intriguer, voire à inquiéter. Il n'est certes pas habituel de trouver dans l'entourage d'un archiduc un savant qui ne prend aucun soin de sa mise, affiche des manières un peu frustes et circule dans les couloirs du Palais royal de Prague en portant des dépouilles d'oiseaux destinés à la dissection.

Si Brehm enrichit évidemment Rodolphe de ses connaissances, leurs rapports ne sont pas seulement ceux du maître et de l'élève ou, plutôt, l'élève ne craint pas de défendre avec vigueur son point de vue quand il lui arrive d'être persuadé d'avoir raison contre l'avis de son maître. Ces passes d'armes n'ont pourtant que la valeur d'anecdotes à travers lesquelles s'expriment deux fortes personnalités. Dans le respect de la hiérarchie du savoir, leur amitié se nourrit d'abord d'une intense collaboration. Le temps fort en est le voyage en Hongrie auquel, dans le courant du printemps 1878, Rodolphe convie son aîné pour y étudier des espèces d'aigles inconnues en Allemagne. Rentré à Prague, il ne résiste pas à la tentation de raconter leur équipée qui a pris la forme d'une croisière sur le Danube, partagée entre la chasse et l'étude.

Il en résulte une brochure qui paraît, à la fin de 1878, sous le titre de *Quinze jours sur le Danube* (*« Fünfzehn Tage auf der Donau »*). Bien qu'elle ait été publiée sans le nom de son auteur, le secret n'est pas longtemps gardé. Aussitôt les critiques couvrent d'éloges ce premier essai du prince héritier (l'anonymat du pamphlet contre la noblesse ne sera percé que plus tard). La personnalité de l'auteur n'est certes pas étrangère à cet enthousiasme. Rodolphe est assez lucide pour ne pas s'y tromper. Ces dithyrambes ne lui montent pas à la tête si l'on en juge par cette lettre à Theodor Billroth où il explique, modeste :

« *La Croisière sur le Danube* comme récit de voyage n'est qu'une simple restitution des superbes impressions de la nature qui se sont imprimées dans ma mémoire de manière inoubliable[9]. »

Pourtant, une fois faite la part des conventions dans ces éloges, il reste que ces pages révèlent de réelles qualités littéraires. Rodolphe ne s'attache pas seulement à y décrire la faune de ces régions, il sait aussi rendre avec bonheur l'âme d'un paysage, les mouvements des formes, les jeux de lumières, les mille vibrations et nuances dont se compose la vie de la nature.

La brochure de Rodolphe obtient une consécration officielle lors de la manifestation qui, le 27 avril 1879, sert d'apothéose aux fêtes marquant le jubilé du mariage de François-Joseph et d'Élisabeth. Pour célébrer cet anniversaire, les autorités municipales ont choisi d'offrir au couple impérial un somptueux défilé qui, à l'aide de tableaux vivants, illustrerait et glorifierait les différents corps de métier de la capitale. Son organisation a été confiée à Hans Makart, le peintre à la mode qui donne le ton à la Vienne des années soixante-dix. Intronisé maître des cérémonies, celui que l'on appelle le « Rubens autrichien » peut déployer aussi bien dans la conception que dans la mise en scène de cette fête tout son sens du mouvement, du luxe et des couleurs. Il se sent d'autant plus à l'aise dans cet exercice qu'il a choisi de situer les tableaux à l'époque de la Renaissance allemande dont les fastes s'accordent avec ses goûts et son esthétique. Le grand jour venu, chacun peut vérifier qu'il n'a pas failli à sa mission. Cette vaste reconstitution est proprement grandiose. Le cortège ne rassemble pas moins de dix mille participants, tous costumés et, trois heures durant, une quarantaine de chars se succèdent sur le Ring, devant plusieurs centaines de milliers de Viennois émerveillés. Or l'un des clous de la fête est justement le char des imprimeurs, habillés pour la circonstance en émules de Gutenberg, qui, pour honorer le prince héritier, tirent sur une presse le récit de son voyage sur le Danube.

Ces fêtes sont immédiatement suivies pour Rodolphe d'un nouveau voyage, cette fois un périple à travers l'Espagne et le Portugal qui le conduit de Barcelone à Grenade. S'il lui arrive de sacrifier aux obligations du tourisme culturel, là n'est pas la seule finalité du voyage. Les stratèges de la Cour lui ont fixé un autre but qui, pour n'être pas affiché, n'en revêt pas moins une grande importance. Rodolphe a maintenant atteint l'âge où ils doivent commencer à songer au problème de son mariage. Une union ne pouvant être envisagée qu'avec une maison catholique, une princesse royale espagnole ferait un bon parti. Il faut croire cependant que le charme n'a pas joué, car il ne sera plus question par la suite de cette « solution espagnole ». En fait, ce séjour madrilène n'est qu'une étape dans un programme largement dominé par la chasse et l'ornithologie. Il est, à cet égard, significatif que Brehm figure parmi ceux de ses familiers qui accompagnent l'archiduc dans ce voyage. Leur collaboration scientifique ne manque pas de s'appliquer à ce nouveau milieu et d'exploiter les informations dont il enrichit leurs connaissances. Pourtant, à la différence du précédent, ce voyage n'est pas conclu par un petit livre. Rodolphe se contente de jeter ses impressions dans des carnets qui resteront parmi ses papiers personnels.

Le prochain voyage qui, deux ans plus tard, mène Rodolphe en Égypte et en Palestine, développe un autre scénario. Brehm a cette fois disparu de sa suite. Cette absence enregistre le succès de la campagne qui l'a pris pour cible. Alarmés de l'influence de Brehm sur le prince héritier, ses adversaires se sont dépensés, mettant en avant ses attaches avec la franc-maçonnerie et, au-delà, son credo matérialiste, pour obtenir enfin son éloignement. A partir de là, les liens entre les deux hommes se distendent. S'ils restent en relation épistolaire, Rodolphe, soucieux d'éviter un conflit ouvert avec son milieu, doit renoncer à fréquenter son ami. Peut-être, le différend s'accusant, aurait-il fini, si le temps le lui avait permis, par prendre le parti de braver cette hostilité. La mort de Brehm en 1884 laisse seulement cette hypothèse ouverte.

Le déroulement du voyage nous est connu par le récit que Rodolphe en publie en 1881, sous le titre d'*Un Voyage en Orient* (« *Eine Orientreise* »). Après un premier tirage quasi confidentiel par l'Imprimerie de la Cour, de nouvelles éditions, en 1884 et 1885, visent, cette fois, un public plus large. Plusieurs traductions en hongrois, tchèque, anglais, français viennent bientôt en amplifier l'écho. Rodolphe savoure d'autant plus ce succès que la publication d'*Un Voyage en Orient* lui vaut le titre de docteur *honoris causa* de l'Université de Vienne, une distinction qui le comble de joie, même s'il doute d'en être vraiment digne.

Après beaucoup d'autres, Rodolphe subit la fascination de ces horizons lointains, de ces espaces labourés par l'histoire et chargés de cultures. Les grands sites archéologiques de Basse et de Haute-Égypte, de Gizeh à Edfou, figurent naturellement dans le programme qui lui a été préparé. Ce périple est suivi d'un passage par la Palestine où il a été prévu que l'héritier de la Couronne visiterait les Lieux saints. La chasse n'est pourtant pas oubliée. Rodolphe lui consacre encore beaucoup de son temps, d'autant que ces pays offrent une grande variété d'animaux inconnus en Europe, comme les chacals, les hyènes, les gazelles. Pour plusieurs de ses compagnons de voyage, la chasse est l'un des passe-temps favoris, ce qui n'a probablement pas été étranger au choix qui s'est porté sur eux pour accompagner le prince héritier. Cela est sûrement vrai pour le grand-duc de Toscane, un familier des chasses de François-Joseph, connu dans la famille impériale sous le nom de l'oncle « Nando », et le comte Josef Hoyos dont c'est ici la première apparition et que l'on retrouvera à Mayerling. Cependant, comme toujours, Rodolphe associe l'étude à la chasse. Même privé de Brehm, il poursuit ses recherches ornithologiques. Or la matière est riche, qu'il s'agisse d'oiseaux du désert ou d'oiseaux aquatiques. Mais, pour Rodolphe, chaque animal qu'il tire est objet d'observation. Ne va-t-il pas jusqu'à publier dans *Un Voyage en Orient* le tableau de toutes les pièces qu'il a abattues, en accompagnant chacune d'elles d'une notice descriptive?

La grande œuvre patriotique

Cette nouvelle publication ne met pas un terme aux activités littéraires de Rodolphe qui est bientôt engagé dans une autre entreprise à caractère scientifique. Reprenant une idée de son cousin Johann Salvator, il lance en 1884 le projet d'une encyclopédie qui, sur plusieurs volumes, présenterait les différents peuples de la Monarchie dans leur identité historique, économique, culturelle. Ne se contentant ni de l'avoir inspiré ni de lui apporter son patronage, il ne laisse à aucun autre le soin de sa réalisation jusque dans les plus petits détails. Ainsi il choisit les personnalités invitées à collaborer à l'entreprise, préside les réunions des comités, lit les manuscrits, procède aux arbitrages. Lui-même prête sa plume à cette grande œuvre. On lui doit bien sûr la préface qui en pose les objectifs. Il rédige encore différents articles qui prennent place dans les volumes consacrés à Vienne et à la Basse-Autriche.

Sa dimension scientifique ne peut cacher que cette entreprise recouvre aussi un dessein politique. L'inspirateur du projet fixe une haute ambition à son enfant. L'encyclopédie dont il se veut le maître d'œuvre vise à fortifier un patriotisme grand-autrichien parmi les peuples de la Monarchie. Elle repose en effet sur le postulat que, loin d'être une création artificielle, donc fragile, la monarchie habsbourgeoise répond, au cœur de l'Europe, à une nécessité. Rodolphe parle d'une « loi de la nature » (*Naturgesetz*). Une génération après Palacký, il retrouve les arguments par lesquels le grand historien tchèque avait justifié en 1848 le rassemblement des peuples d'Europe centrale sous le sceptre des Habsbourg pour conclure par cette phrase fameuse : « Si l'Autriche n'existait pas depuis longtemps, nous devrions, dans l'intérêt de l'Europe et même de l'humanité, nous hâter de la créer[10]. » En d'autres termes, les facteurs objectifs d'unité l'emportent, et de beaucoup, sur les éléments qui risquent d'agir dans le sens de la division. Encore faut-il que les peuples de la Monarchie aient une claire conscience de leur solidarité, soient convaincus de partager une même communauté de destin. Il entre justement dans les objectifs de la collection lancée par Rodolphe d'y contribuer.

Cette aspiration à un patriotisme grand-autrichien n'est pas nouvelle. Elle comptait déjà parmi les ressorts du néo-absolutisme, un régime qui, sur bien des points, n'a pourtant pas les faveurs de Rodolphe. Elle avait notamment inspiré la fondation de l'Institut pour l'étude de l'histoire autrichienne (*Institut für österreichische Geschichtsforschung*) par le ministre de l'Instruction de l'époque, le comte Leo

Thun. Dans son esprit, cet institut devait œuvrer à l'épanouissement d'un sentiment patriotique. « Une étude approfondie de l'histoire autrichienne, avait exposé Leo Thun à François-Joseph, stimulera le patriotisme, le loyalisme, la fidélité et l'attachement à la dynastie[11]. » Toutefois l'étude de l'histoire autrichienne ayant rapidement cédé la priorité à d'autres spécialisations, l'institut s'était écarté de la voie qui lui avait été tracée par Leo Thun et n'avait donc pu tenir le rôle auquel il avait été initialement destiné.

Quelque trente ans plus tard, Rodolphe reprend à son compte, peut-être sans le savoir, l'idée qui avait inspiré l'initiative du comte Thun. Mais il se propose d'autres moyens pour atteindre le but qu'il a en commun avec lui. Sa démarche le montre, une fois encore, en prise avec la modernité. Comme il se sert déjà de la presse pour tenter de faire passer son message politique dans l'opinion, il choisit ici le livre dont le rôle de véhicule des mouvements d'idées s'est encore renforcé dans cette seconde moitié du XIXe siècle, en corrélation avec l'élévation globale du niveau d'instruction. Il s'agit de toucher des couches plus larges de la société. A cette fin, est prévu un système de souscription qui doit fidéliser la partie du public intéressée par cette collection dont la publication est appelée à s'étendre sur plusieurs années.

Cet effort s'impose d'autant plus que les tendances de fond de l'époque semblent se mobiliser contre l'affirmation d'un tel idéal grand-autrichien. Pour lui faire obstacle, la montée des nationalismes s'ajoute à la fracture provoquée par le dualisme. Le principe n'en a pourtant pas disparu. Il reste vivant dans différentes institutions comme l'administration, l'armée, la diplomatie. Mais il y trouve surtout refuge et ces bastions risquent eux-mêmes d'être pénétrés à la longue par des influences délétères. Face à ces menaces, Rodolphe se veut résolument offensif. L'avant-propos du premier tome qui sort des presses à la fin de décembre 1885, donne le ton de l'entreprise. Dès les premiers mots, l'objectif est posé : « L'étude des peuples vivant à l'intérieur des frontières de cette monarchie n'est pas seulement un champ d'activité d'une grande richesse pour le savant, elle revêt aussi une valeur pratique comme soutien d'un amour commun de la patrie[12]. »

Ce patriotisme n'est pas antinomique de la reconnaissance de la personnalité de chacun de ces peuples. Au contraire, ceux-ci ne peuvent se persuader de la solidarité qui les unit qu'à la condition de se savoir respectés dans leur identité. C'est pourquoi Rodolphe a souhaité qu'une large place leur soit réservée dans cette encyclopédie :

> « Ces peuples, poursuit-il, qui se sentent différents les uns des autres par la langue, les mœurs, des développements historiquement en partie divergents, considéreront comme un fait positif que leur personnalité trouve dans la littérature scientifique de la Monarchie la compréhension et la reconnaissance auxquelles elle a droit. Ceci les engagera à chercher en Autriche-Hongrie leur centre de gravité moral [13]. »

Rodolphe fait justement confiance aux forces de la raison pour les fixer dans la conviction qu'ils sont liés par des intérêts communs. La Monarchie autrichienne ne doit en effet d'exister ni au hasard ni aux caprices des princes. L'histoire a rassemblé autour de la dynastie des peuples trop faibles pour mener, chacun séparément, une vie politique indépendante. Fondée sur la nécessité, c'est-à-dire sur une communauté d'intérêts, s'est donc forgée, au cœur de l'Europe, à travers les vicissitudes du temps, les alternances de la fortune, une communauté de destin qui trouve aujourd'hui son expression dans « la grande monarchie austro-hongroise, notre patrie à tous [14] ».

Avant que son projet ne prenne sa forme définitive, Rodolphe a dû pourtant se résoudre à des concessions. En accord avec son intention de publier un manifeste grand-autrichien, il souhaitait faire abstraction des divisions territoriales de la Monarchie pour ne retenir que les peuples rassemblés sous l'orbe de la dynastie. Ce parti revenait déjà à ignorer le partage de l'ensemble cisleithan en pays de la Couronne (*Kronländer*) qui, pour beaucoup d'entre eux, correspondaient à des unités politiques et administratives consacrées par l'histoire. Mais c'était surtout se placer hors du cadre du dualisme qui, depuis 1867, réglait l'organisation interne de la Monarchie. Autant dire que ce choix était proprement inacceptable pour les Magyars, toujours vigilants à ne pas laisser se développer d'initiative qui paraîtrait nier le nouvel ordre des choses. Ils ne pouvaient pas davantage se satisfaire d'un système de classification qui, en mettant tous les peuples de la Monarchie sur un pied d'égalité, méconnaîtrait les liens de dépendance qui leur soumettaient les autres nationalités du royaume de Hongrie.

La solution finalement retenue apaise les inquiétudes hongroises. Parfaitement orthodoxe, le titre donné à la collection, *La Monarchie austro-hongroise par le mot et l'image* (« *Die österreichisch-ungarische Monarchie in Wort und Bild* ») inscrit l'entreprise dans le cadre tracé par le Compromis de 1867. Le poids du dualisme est encore illustré par la mise en place de deux comités d'organisation dont l'un siégera à Vienne, l'autre à Budapest. Enfin, et peut-être surtout, la thématique nationale est abandonnée au profit d'une classification traditionnelle, articulée autour des royaumes et pays constitutifs de l'ensemble habsbourgeois.

L'obligation où il s'est trouvé de consentir à ces modifications a sûrement irrité Rodolphe. Pourtant les raisons qu'il a de se réjouir ne manquent pas. Quelles qu'aient été les lenteurs auxquelles il a dû faire face, les préventions qu'il a eues à surmonter, l'entreprise est sortie des limbes. Malgré les aménagements apportés au projet initial, Rodolphe n'a pas replié son drapeau. L'avant-propos porte la marque de cet esprit grand-autrichien qu'il a voulu, dès le début, imprimer à cette encyclopédie. Et puis, ce qui n'est pas le moins important, la direction de l'entreprise le met régulièrement en contact avec des érudits et des savants des disciplines les plus diverses. Elle lui permet de réunir autour de lui des hommes de culture, c'est-à-dire la société qu'il prend le plus de plaisir à fréquenter et au milieu de laquelle il se sent spontanément le plus à l'aise. Il faut des circonstances exceptionnelles pour qu'il renonce à présider les réunions périodiques des comités autrichien et hongrois. De même, il aime à provoquer des rencontres plus informelles avec ses collaborateurs où il se montre un hôte jovial et détendu.

Il reste cependant à se demander si l'accueil réservé par le public répond à l'attente de Rodolphe. Le volume des souscriptions fournit un élément de réponse. Avec une quinzaine de milliers d'abonnements, le bilan est assurément honorable. Pour être correctement interprété, ce total appelle néanmoins une analyse nuancée. Il faut en effet d'abord observer que l'écho suscité par *Die österreichisch-ungarische Monarchie in Wort und Bild* n'est pas partout le même. Malgré les aménagements apportés au projet initial, les arrière-pensées grand-autrichiennes transparaissent trop pour que l'opinion hongroise se sente solidaire de l'entreprise. En Bohême, la presse d'inspiration nationaliste pousse l'irrévérence jusqu'à inviter ouvertement ses lecteurs à la bouder. Chez les Slaves du Sud, l'accueil n'est pas meilleur, comme le rapporte l'archiduc Johann Salvator à sa mère : « Les Slaves du Sud sont très montés contre cette œuvre qui, du fait de son orientation dualiste, nie d'emblée leurs aspirations [15] ».

Bref, c'est surtout chez les Allemands d'Autriche que l'initiative de Rodolphe est accueillie favorablement. Et pourtant, là encore, les réserves, voire les oppositions ne manquent pas. Les réactions reproduisent en fait les clivages politiques. La grande presse libérale, la *Neue Freie Presse* et le *Neues Wiener Tagblatt* en tête, ne tarit pas d'éloges sur le grand dessein du prince héritier. En revanche, le *Vaterland*, principal organe des catholiques autrichiens, se contente d'annoncer la publication de la collection sans le moindre commentaire, une absence d'enthousiasme où se devinent les tensions déjà fortes entre les responsables catholiques, religieux et laïcs, et Rodolphe. Si on ajoute que le *Vaterland* est commandité par une partie de la noblesse, notamment bohême, on est aussitôt tenté d'y voir une expression de son hostilité à l'endroit de Rodolphe. Ce total d'une quinzaine de milliers de souscriptions laisse finalement entendre que, loin d'aller jusqu'à toucher ce qu'il est convenu d'appeler « le grand public », la diffusion de l'œuvre n'a guère dépassé le cercle de la bourgeoisie éclairée, ce qui revient à dire qu'elle a, pour l'essentiel, prêché des convertis. Dès lors, il est douteux qu'elle ait fait beaucoup avancer la cause grand-autrichienne dans l'opinion.

« Un océan de lumière »

Il est encore bien d'autres gestes ou initiatives par lesquels Rodolphe affirme ses sympathies pour les sciences et s'engage résolument pour la cause du progrès. Il faut ranger dans cette catégorie la brochure qu'il publie en 1882 contre le spiritisme dont la mode se répand alors dans la bonne société. Au nom de la raison, il condamne ces pratiques qui véhiculent une nouvelle forme de superstition. Aurait-il mis cependant la même vigueur à la dénoncer si beaucoup de ses adeptes ne s'étaient recrutés dans les milieux de la noblesse? Il ne veut pas laisser passer cette occasion de leur décocher de nouvelles flèches, car, si le spiritisme se réduit à une pure charlatanerie, c'est là une preuve supplémentaire de l'obscurantisme de la noblesse.

Après la publication de cette brochure, Rodolphe n'en a pas fini avec ce sujet. Il y revient deux ans plus tard, de manière spectaculaire, en ridiculisant Bastian, un médium qui fait alors fureur dans les salons viennois. Rodolphe ne résiste pas au plaisir de monter un piège en vue de le démasquer. Pour cela il s'est acquis la complicité de l'archiduc Johann Salvator. Ses relations avec ce cousin de la branche toscane ne laissent pas, à vrai dire, d'être souvent difficiles. Enfant terrible de la famille impériale, Johann Salvator, conscient de sa valeur qu'il estime supérieure, souffre de devoir rester dans l'ombre du prince héritier. Il n'est pas rare que, dans le privé, il lâche la bonde à sa jalousie. Pourtant les deux hommes ont beaucoup en commun. D'accord sur l'essentiel, ils partagent le même credo libéral, une conception voisine des besoins de la Monarchie. Il n'est donc pas étonnant qu'ils se retrouvent alliés, au gré des circonstances.

Johann Salvator a proposé son palais pour la tenue de séances avec le médium. Le stratagème mis au point fonctionne parfaitement. Confondu, Bastian ne demande pas son reste et prend la fuite. Rodolphe a toute raison de jubiler. Ce dénouement met en évidence la supercherie sur laquelle repose le spiritisme. En outre, Bastian avait pour protecteur un noble autrichien, le baron Hellenbach. Même si celui-ci jure maintenant qu'on ne l'y reprendra plus, sa crédulité vient à l'appui des thèses de Rodolphe sur la noblesse.

Si l'archiduc Charles-Louis, un des frères de François-Joseph, s'est fait une spécialité du patronage des manifestations artistiques, Rodolphe ne ménage pas son concours lorsqu'il s'agit d'expositions ou de congrès à caractère scientifique. Ce sont là pour lui autant d'occasions de proclamer très haut sa foi dans la science et le progrès. Ce credo trouve sa formulation la plus spectaculaire dans le discours qu'il prononce pour l'inauguration de l'exposition consacrée en août 1883 à l'électricité. Déjà l'enceinte choisie pour la tenue de l'exposition est riche de significations. Construite pour abriter une partie de l'exposition universelle de 1873, la rotonde du Prater rappelle cette manifestation gigantesque qui, dix ans plus tôt, s'était voulue la vitrine de l'Autriche libérale. Mais c'est surtout le thème qui inspire Rodolphe. Il lui suggère un parallèle entre le progrès et la clarté répandue par l'électricité, dont les applications concrètes promettent de bouleverser la vie des hommes dans leur travail et leur existence quotidienne. De ce fait, la péroraison enthousiaste de son discours prend valeur de programme : « Qu'un océan de lumière répande son éclat à partir de cette ville et qu'il en résulte une nouvelle ère de progrès[16]. »

C'est bien ainsi que Rodolphe l'a entendu, car son discours doit aussi se lire avec un arrière-plan politique. Cette métaphore de la lumière pour illustrer la fonction de la ville comme foyer de la culture et du progrès est une figure de style désormais traditionnelle. Qu'on pense seulement à la formule de « ville-lumière » souvent appliquée à Paris. Mais, participant d'une conception manichéenne d'un affrontement entre le bien et le mal, ce thème sous-entend aussi une opposition aux forces des ténèbres. Il s'agit ici du cléricalisme aux intérêts duquel, selon Rodolphe, serait entièrement livré le cabinet du comte Taaffe dont l'arrivée aux affaires en août 1879 a mis fin à l'ère libérale. Or, si Vienne, capitale de la Monarchie, est le siège du gouvernement autrichien, donc du ministère Taaffe, son administration municipale demeure entre les mains des libéraux. Ainsi, à travers sa double fonction de capitale et de municipalité, les deux pôles antagonistes de la vie politique autrichienne s'y trouvent face à face. Avec ce discours dépourvu d'ambiguïté, Rodolphe prend clairement parti dans cet affrontement. Son hymne à la lumière est aussitôt compris par ses contemporains comme une apologie du libéralisme et, par opposition, comme une critique du gouvernement.

Rodolphe donne une autre expression publique de son engagement en faveur des sciences avec les patronages qu'il apporte à diverses sociétés ou fondations. Qu'il se refuse à voir dans ses présidences de simples fonctions honorifiques ne l'obligeant à aucune responsabilité concrète, la preuve en est fournie par l'exemple du *Rudolfinerverein*. Cette société au nom du prince héritier renvoie à une initiative du grand chirurgien, Theodor Billroth, figure de proue de l'école médicale viennoise. Partisan de la formation d'un corps d'infirmières laïques, il avait suscité, en 1875, la création d'un comité qui se proposait la réalisation de cet objectif. Mais l'entreprise a piétiné jusqu'à l'entrée en scène de Rodolphe, à la fin de 1878, quand un de ses proches, le comte Wilczek, le met en relation avec Billroth. Rodolphe est aussitôt séduit par l'aspect novateur d'un projet pour lequel plaident déjà des arguments humanitaires. Signe tangible de son engagement, il ne limite pas son soutien à un simple patronage. Franchissant un échelon de plus, il accepte de donner son nom à ce comité qui prend alors le titre de *Rudolfinerverein*. Il ne lui a pourtant pas échappé que, tout en se situant hors du débat politique, cette initiative tend à battre en brèche un monopole de l'Église, les infirmières des hôpitaux se recrutant jusqu'alors parmi les religieuses. Il ne lui déplaît donc sûrement pas de prêter son concours à une entreprise qui pourrait avoir cette conséquence.

Cette manière de provoquer ceux qu'il tient pour ses adversaires privilégiés est bien dans le style de Rodolphe. Aussi ne devrait-il pas s'étonner des réactions d'irritation que cette initiative suscite dans les cercles conservateurs où l'on est tenté d'y voir une nouvelle manifestation de son anticléricalisme. A vrai dire, le *Rudolfinerverein* dérange certains intérêts établis, à commencer par ceux de la Croix-Rouge qui, à en croire Rodolphe, aurait été détournée de sa mission pour servir d'instrument au cléricalisme. Une accusation lourde de sens, surtout quand on sait que cette œuvre est placée sous la haute protection de François-Joseph et, dans les faits, sous le patronage de l'archiduc Charles-Louis, un des membres de la famille impériale les plus dévoués à la cause catholique. Toujours prompt à fustiger les sombres menées de ses adversaires, Rodolphe dénonce l'action d'une cabale contre le *Rudolfinerverein* : « Notre société est l'objet de persécutions parce qu'on n'y trouve pas de religieuses », écrit-il à Billroth [17]. Dans une autre lettre, il développe ses accusations :

> « La société a beaucoup d'ennemis, je le sais bien et j'ai eu souvent l'occasion de me l'entendre dire. Malheureusement,

on fait de la propagande contre elle dans des milieux très influents; on utilise pour ce combat des moyens très simples, mais aussi très déloyaux. Il est d'autant plus facile d'user de slogans comme " fondation franc-maçonne " ou bien " orientation antireligieuse " que certaines personnes ne se soucient pas d'en avoir les preuves. Comment une société qui se propose des buts purement humanitaires, l'allégement des souffrances humaines, et qui, au surplus, est placée sous ma protection, peut se fixer des objectifs contraires aux intérêts de l'État, voilà ce qui m'échappe [18]. »

Sa correspondance avec Billroth éclaire plusieurs aspects de la personnalité de Rodolphe. Pour certains de ces traits, la force de ses convictions, sa volonté de ne pas se laisser arrêter par les obstacles placés sur sa route, il s'agit simplement de confirmations. Cependant on ne peut s'empêcher de deviner sous ces lignes l'esquisse de ce qui ressemble bien à une manie de la persécution. Certes il n'est pas douteux que Rodolphe et Billroth se sont heurtés à des résistances et à des oppositions. Leur initiative a sûrement suscité des inquiétudes dans certains milieux catholiques qui se sont émus de cette concurrence. Probablement n'ont-ils rien fait pour leur faciliter la tâche. Pourtant, quels qu'aient été ces réserves et ces obstacles, le projet, loin d'être enterré, va jusqu'à son terme, avec l'inauguration en 1882, du *Rudolfinerhaus*, centre de formation d'infirmières laïques auquel est encore associé le nom du prince héritier. Il faut alors se demander si Rodolphe ne fait pas une sorte de fixation sur ses adversaires, si dans les intentions qu'il leur attribue il n'y a pas chez lui une part d'obsession. Comme certains sont tentés de voir partout la franc-maçonnerie à l'œuvre, Rodolphe, pour sa part, tend à prêter le même rôle aux hommes en noir et à leurs auxiliaires dans l'appareil de l'État et dans la société.

Cette correspondance avec Billroth présente aussi l'intérêt de confirmer le type de relations que Rodolphe entretient avec les hommes de science et de culture. Le ton n'y est jamais guindé ou compassé. Au contraire, Rodolphe se montre direct et spontané et, se sentant de toute évidence en confiance, il n'hésite pas, comme on l'a vu, à livrer sans fard le fond de sa pensée. De même, en plusieurs occasions, il ne laisse pas de manifester à Billroth le respect dans lequel il le tient, témoignant par là la place que la science occupe dans son échelle de valeurs.

Il reste à se demander si ce culte de la science ne met pas Rodolphe en contradiction avec son père. Les réactions de François-Joseph aux innovations, produits des progrès techniques, sont pour le moins mitigées. Sa méfiance à l'endroit du téléphone et de l'automobile en feront bientôt foi. A la différence de certains catholiques qui, à l'école du *Syllabus*, font le procès d'une science détachée de l'enseignement de l'Église, François-Joseph ne se pose pourtant pas en chevalier d'une croisade contre le progrès. Son manque d'enthousiasme ne se réfère pas à des a priori doctrinaux, ce qui serait, au demeurant, contraire à ses habitudes de pensée, spontanément réfractaire aux idéologies. Pour l'expliquer, on évoquera plutôt une mentalité conservatrice qui ne se laisse pas facilement séduire par l'attrait de la nouveauté, un mode de vie qui n'accorde pas au confort matériel une importance prioritaire. Ses réactions personnelles n'empêchent pourtant pas François-Joseph d'apporter, à l'occasion, dans l'exercice officiel de ses fonctions, son patronage à des manifestations scientifiques. Aussi serait-il tout à fait exagéré de parler ici d'une opposition frontale entre Rodolphe et lui.

Il n'en est pas moins vrai que, déjà sur ce terrain, Rodolphe peut prendre conscience de la distance qui le sépare de son père. Le scepticisme de l'un contraste avec l'optimisme vibrant de l'autre. Même si elles restent dans l'ombre, ces différences existent donc bel et bien. Nul doute aussi qu'elles n'aient assez d'épaisseur pour servir de soubassement au conflit qui se dessine entre les deux hommes sur d'autres fronts.

CHAPITRE III

Un prince contestataire

Il n'y a rien que de fort logique à ce que les chemins politiques de François-Joseph et de Rodolphe se séparent. Si les idéologies répugnent au conservatisme pragmatique de son père, la pente de son esprit porte, en revanche, Rodolphe, non seulement aux débats d'idées, mais encore à un certain radicalisme. Au contact de ses maîtres, sous l'influence de ses lectures, il s'est forgé un système de pensée dans lequel il trouve les ressorts de ses choix politiques. Ceux-ci sont donc en relation étroite avec ses options philosophiques. Son aversion pour le conservatisme d'inspiration catholique renvoie évidemment à sa rupture avec l'Église. De même, fils du siècle de Comte et de Darwin, il réclame une politique qui réponde aux normes de la raison et aux exigences du progrès. Enclin à former ses jugements à la lumière de ces principes, il risque, à l'inverse, de montrer peu d'indulgence pour une politique qui, sans référence à des présupposés théoriques, cherche plus modestement à se frayer un chemin au travers des écueils placés sur sa route.

Le système Taaffe

Rodolphe n'a pas attendu son retour à Vienne pour critiquer sévèrement le gouvernement cisleithan nommé par son père et certaines orientations majeures de l'action extérieure de la Monarchie. Dès les années passées à Prague, il ne fait pas mystère de son désaccord dans ses lettres, qu'elles soient destinées à Latour ou à Moritz Szeps. Mais Rodolphe croit alors que François-Joseph s'est laissé abuser par les conseillers qui l'entourent depuis que les libéraux ont quitté le pouvoir en 1879. C'est donc à lui qu'il appartiendra de l'éclairer et de le détourner de ces voies funestes lorsque celui-ci l'appellera auprès de lui pour le seconder :

> « Je m'établirai à Vienne et y vivrai avec plaisir, écrit-il, avec un bel optimisme, en avril 1880, à Latour, quand j'aurai acquis plus d'influence et plus d'expérience et quand, dans les affaires militaires et politiques, je pourrai détourner l'Empereur des voies selon moi néfastes qui sont suivies aujourd'hui, et aider à l'instauration de nouveaux systèmes [1]. »

De la part de Rodolphe, c'est là une première erreur d'analyse, car, loin de lui avoir été imposé, le changement de cap intervenu en 1879 résulte bel et bien d'un choix délibéré de François-Joseph. Si, pendant près de douze ans, il a cohabité avec des cabinets libéraux, cette formule ne répondait pas à ses préférences profondes. Le tournant a été pris en 1867 quand, s'étant glissé dans le personnage, nouveau pour lui, d'un monarque constitutionnel, il s'est fait un devoir d'en tirer les conséquences. Dès lors, les libéraux disposant d'une large majorité à la Chambre basse du Reichsrat, il était logique avec lui-même en leur confiant la direction du gouvernement. Pourtant il n'entrait pas dans ses vœux que ce tête-à-tête durât aussi longtemps. Très vite, il s'est appliqué à favoriser l'émergence d'un nouvelle majorité qui lui donnerait le moyen d'y mettre fin. Déjà il avait en vue une coalition des forces conservatrices comprenant les conservateurs polonais de Galicie, les catholiques des pays alpins et les Tchèques du parti national avec leurs alliés de la noblesse historique de Bohême. Le succès de l'entreprise dépendait pour beaucoup de l'attitude des Tchèques. Or, pour marquer leur hostilité à l'ordre constitutionnel de 1867 qui avait rétabli en Autriche un régime à tendance centraliste, ceux-ci avaient choisi de boycotter le Reichsrat, y renforçant du même coup la majorité libérale.

François-Joseph avait pu se croire près du but quand le ministère Hohenwart avait négocié en 1871 un compromis qui reconnaissait à la Bohême une large autonomie fondée sur ses droits historiques et aux termes duquel ses partenaires seraient rentrés au Reichsrat. Mais cette tentative avait tourné court sous le double effet d'une conjoncture internationale défavorable à une telle initiative et de l'opposition des Magyars, inquiets que cet accord ne servît de modèle aux nationalités sujettes de Hongrie. Le déblocage espéré ne s'était donc pas produit. Suite à cet échec, les Tchèques avaient repris leur grève parlementaire et François-Joseph n'avait eu d'autre choix que de rappeler les libéraux au pouvoir. Sans doute n'avait-il pas pour autant renoncé à son projet, mais il lui fallait maintenant attendre que s'offrît une nouvelle ouverture.

L'occasion n'allait s'en présenter qu'en 1878, après que les libéraux se furent mis dans un mauvais pas, en s'opposant à la politique de la Monarchie dans la crise orientale, ouverte trois ans plus tôt par le soulèvement des populations chrétiennes de Bosnie et d'Herzégovine contre la domination ottomane. Par crainte que le poids des Slaves dans l'ensemble austro-hongrois ne s'en trouvât accru, la majorité d'entre eux s'était prononcée contre l'occupation de la Bosnie-Herzégovine, autorisée par le congrès de Berlin. Mais, pour les libéraux, c'était du même coup, s'exposer à une riposte de François-Joseph, car leur protestation revenait à le défier sur un terrain particulièrement sensible. Si, sacrifiant à l'esprit du temps, François-Joseph avait accepté que ses États fussent gouvernés selon les règles du régime constitutionnel, c'était à la condition de garder le contrôle des deux domaines que, conformément à une conception traditionnelle du pouvoir, il tenait pour les plus importants, à savoir la diplomatie et la défense. Or, de toute évidence, par ces attaques contre une politique dont il assumait la responsabilité, les libéraux se mettaient en dehors du pacte qui avait jusqu'alors réglé leurs rapports avec lui. De surcroît, ce succès était le premier que la Monarchie remportait depuis longtemps sur le front extérieur. Même si elle ne prenait pas encore la forme d'une annexion, l'acquisition de la Bosnie-Herzégovine pouvait apparaître comme une compensation à la perte de la Lombardie-Vénétie et, de manière plus générale, à l'ensemble des défaites militaires et des revers diplomatiques qui avaient marqué la première partie du règne. Nul doute, en tout cas, que François-Joseph ne l'ait ainsi interprétée et n'ait, dès lors, ressenti l'attitude des libéraux comme un affront à sa personne.

La sanction n'allait pas tarder à tomber. François-Joseph ne pouvait laisser échapper cette occasion qui s'offrait à lui de se défaire des libéraux. Encore fallait-il qu'il fût, cette fois, en mesure de mener jusqu'à son terme l'opération qui, sept ans plus tôt, avait tourné court au bout de quelques semaines. Tout dépendait de nouveau des Tchèques. Or, las d'une stratégie qui ne leur avait valu aucun résultat concret, ils étaient maintenant prêts à rentrer au Reichsrat, sans y mettre le préalable d'une réforme constitutionnelle.

C'est ici que Taaffe intervient. François-Joseph le nomme, au début de 1879, ministre de l'Intérieur d'un cabinet de transition, avec la mission de favoriser l'émergence d'une nouvelle majorité aux élections prévues pour l'été suivant. Il n'a pas lieu d'en être déçu puisque, au terme de ce scrutin, les libéraux perdent effectivement la majorité au profit de la coalition des droites, conformément au schéma qui, depuis longtemps, avait sa préférence. Suite logique de ce succès, Taaffe est, peu après, nommé à la tête d'un gouvernement qui regroupe les différents partenaires de la coalition victorieuse.

Le comte Taaffe, la « bête noire » de Rodolphe, est très représentatif de cette partie de l'aristocratie autrichienne qui, par ses modes de pensée et son système de valeurs, transcende les clivages nationaux. Cet héritier d'une vieille famille irlandaise qui avait refusé de vivre sous la loi d'un souverain protestant a fait carrière, comme son père, au service de l'État. Après avoir siégé dans un cabinet libéral à la fin des années soixante, il a ensuite exercé les fonctions de gouverneur *(Statthalter)* du Tyrol, sans jamais devenir l'homme lige du parti. Taaffe possède encore l'atout d'entretenir des relations personnelles avec François-Joseph depuis qu'il a été, au temps de leur enfance, l'un de ses compagnons de jeux. Après Schwarzenberg, il sera, de tout le règne, le seul chef de gouvernement qui pourra s'en targuer. Pourtant, même si elle la facilite, cette amitié de jeunesse ne suffit pas à expliquer la confiance que son souverain lui marque. Elle repose aussi, et sans doute surtout, sur une conception commune de l'exercice du pouvoir dans un système monarchique. Sa philosophie interdit en effet à Taaffe d'imaginer que le chef du gouvernement puisse conduire une politique différente de celle que souhaite le souverain. Il revient au contraire au Premier ministre de traduire en actes les grandes options définies par le monarque, bref d'être l'exécutant de sa volonté. C'est dire que ce schéma où les rôles sont clairement répartis ne laisse pas de place pour un conflit entre les deux hommes. Si un tel conflit devait toutefois survenir, il ne pourrait connaître d'autre dénouement que le départ du Premier ministre. Dès lors on mesure l'ampleur du contresens quand Rodolphe dénonce dans Taaffe l'inspirateur de la politique menée en Autriche depuis la fin de l'ère libérale et s'imagine pouvoir convaincre son père de chasser ce mauvais génie. C'est tout simplement inverser l'ordre des responsabilités et méconnaître que, fidèle à l'axiome selon lequel son gouvernement est par principe un « gouvernement de l'Empereur », Taaffe suit ici la voie que François-Joseph lui a tracée.

Rodolphe se trompe encore quand il s'attend à être associé à la marche des affaires. Ce refus de François-Joseph ne doit pas être interprété comme une marque de défiance à l'endroit de son fils. Même si ses opinions ne lui sont pas inconnues, il les relativise et, pour tout dire, ne s'en inquiète pas. Plus important est l'âge de Rodolphe qui a tout juste vingt-cinq ans lorsqu'il quitte son commandement de Prague. Or n'oublions pas que cette société, à la différence de la nôtre, n'inscrit pas la jeunesse parmi ses valeurs de référence. Il suffit, pour s'en persuader, de regarder des photos de l'époque. On y verra des jeunes gens cherchant très tôt à se vieillir, par une mise vestimentaire stricte et le port de la barbe ou de la moustache, deux marques de la respectabilité sociale. Rodolphe n'échappe pas lui-même à cette mode. Il ne tarde pas à se laisser pousser la barbe et la moustache. Il en change même régulièrement la coupe, ce qui peut déjà s'interpréter comme un signe d'instabilité.

Mais, surtout, François-Joseph ne serait plus lui-même s'il se proposait de demander à Rodolphe de l'assister dans sa tâche. On se tromperait en voulant seulement y voir la réaction d'un monarque soucieux de ne pas laisser se créer une situation où ses prérogatives lui seraient disputées. De fait, depuis que Schwarzenberg l'a initié à son métier de souverain, nul ne peut prétendre avoir empiété sur ses responsabilités. Au-delà de considérations personnelles, sa conception même du pouvoir monarchique le détourne de songer à partager ou à déléguer son autorité. Avant Rodolphe, Maximilien en a déjà fait l'expérience. Son amertume a été à l'origine de sa retraite à Miramare, puis de son acceptation de la Couronne impériale du Mexique.

Il n'entre pourtant pas dans les intentions de François-Joseph de condamner Rodolphe au désœuvrement. Il lui a déjà désigné la carrière des armes comme champ d'activités afin qu'il se prépare à son futur rôle de chef suprême de l'armée impériale et royale. En plus de ses activités militaires, il choisit encore de l'utiliser pour des tâches de représentation. Ce serait trop dire que les missions à l'intérieur de la Monarchie enthousiasment Rodolphe. Il s'y ajoute cependant des voyages à l'étranger, voyages largement protocolaires sans doute, mais qui offrent l'occasion d'entretiens dont la politique n'est pas absente. On pense notamment à sa rencontre avec Bismarck, en février 1883, où, malgré sa jeunesse, il fait, semble-t-il, forte impression sur le chancelier, une performance qui n'allait certainement pas de soi.

Un peu plus tard, en avril 1884, est organisé à son intention un voyage dans plusieurs des États balkaniques dont la dimension politique est encore plus nette. A travers les visites du prince héritier de la monarchie austro-hongroise, à Constantinople, Sofia, Bucarest et Belgrade, il s'agit de rappeler l'intérêt que celle-ci porte à cette région où elle veut voir sa nouvelle sphère d'influence. Sans doute Rodolphe n'entreprend-il pas ce déplacement en champion de ses propres thèses sur l'action à mener par Vienne dans les Balkans. C'est tout naturellement la ligne officielle de la diplomatie austro-hongroise qu'il est chargé d'expliquer et de défendre dans ses entretiens avec les souverains et les plus hauts dignitaires de ces États. Chaque étape du voyage est préparée avec le plus grand soin, jusque dans les moindres détails, de sorte qu'il ne reste de place ni pour l'improvisation ni pour des initiatives personnelles. On relèvera par exemple que Rodolphe emporte dans ses bagages les textes des toasts qu'il devra prononcer lors des réceptions ou des dîners officiels.

Ces dispositions qui, au demeurant, n'ont rien que de très normal, ne diminuent nullement l'importance de cette mission. Parmi ses différents objectifs, elle vise aussi à former le prince héritier à ses futures responsabilités de chef de la diplomatie austro-hongroise, en l'initiant aux dossiers dont il est appelé à avoir plus tard la charge. De plus, il ne s'agit pas d'un simple feu de paille. A compter de ce voyage, le ministre des Affaires étrangères, le comte Kálnoky, prend soin, sur instruction de François-Joseph, de le tenir informé des affaires en cours, en lui communiquant régulièrement à cette fin des documents diplomatiques.

Il paraît donc difficile de s'en tenir à l'idée que Rodolphe a été mis sur la touche de manière systématique et délibérée. Lui-même ne se dérobe pas aux missions qui lui sont confiées. Il y voit des occasions de démontrer son ardeur à servir et de faire ses preuves. Mais elles ne suffisent pas – et de beaucoup – à calmer son impatience. Rodolphe souhaite ne pas être enfermé dans un rôle d'instrument passif. Par-dessus tout, il a le désir, non de représenter une politique dont il désapprouve plusieurs des orientations et des méthodes, mais d'être associé aux décisions. Ce qu'il veut, c'est pouvoir intervenir dans la fixation des orientations qui déterminent l'avenir de la Monarchie. Or c'est justement ce à quoi François-Joseph se refuse puisqu'il est hors de question, nous le savons, qu'il admette la moindre forme de dualité à la tête de l'État. Rodolphe en éprouve une profonde amertume qu'il ne cherche pas à dissimuler : « Le dernier des conseillers auliques a une sphère d'activité plus grande que moi. Je suis condamné à ne rien faire », se lamente-t-il [2]. S'il ne parvient pas à le dominer, ce sentiment de frustration pourrait être à l'origine d'une crise grave. Sans doute se défend-il d'être mu par l'ambition : « Dieu le sait, se confesse-t-il à Latour, je ne suis pas ambitieux, je ne veux jouer aucun rôle, je n'ai pas la moindre envie de devenir un frondeur. Mes opinions, mon dévouement, mon obéissance et mon bon sens sont plus forts que ma vanité [3]. »

Il assure n'être inspiré que par le souci d'épargner à la Monarchie les conséquences d'une politique dont il se dit convaincu qu'elle la mène à la ruine. Pour l'heure il ne désespère pas que l'Empereur finira par se rendre à ses raisons. Mais qu'adviendra-t-il s'il doit remâcher son impatience au-delà de ce qui lui sera supportable, si ses « opinions » et son « dévouement » entrent en conflit?

Les critiques de Rodolphe s'adressent d'abord à la politique intérieure de Taaffe. Résumant ses griefs, une lettre à Moritz Szeps en donne une définition qui a le sens d'une condamnation sans appel :

> « L'aveuglement, le fanatisme, l'obscurantisme, une ruse sans bornes, l'absence de caractère, le manque de patriotisme et de sentiments grands-autrichiens, le savoir-faire

jésuitique se sont coalisés pour livrer combat à la culture moderne, au pouvoir solide des classes moyennes cultivées. On a mis en mouvement des éléments, libéré des tendances qu'on ne sera plus, par la suite, en mesure de contrôler[4]. »

Par-dessus tout, Rodolphe reproche à la politique de Taaffe d'être entièrement livrée aux intérêts d'un catholicisme rétrograde. De quelque nom qu'il l'appelle, son inspirateur serait, à l'en croire, ce parti prêtre auquel il ne se lasse pas de décocher des flèches. Rodolphe ne prend pas de gants pour en dénoncer l'influence et exprimer l'aversion dans laquelle il le tient : « L'Europe centrale, écrit-il à Latour, est aujourd'hui dominée par un courant qui fait vomir. Nous voici en un temps où les prêtres et des crétins haut placés se roulent dans la m... de leur propre bêtise[5]. » Comme les ténèbres aux lumières, le parti de l'obscurantisme s'oppose au parti de l'intelligence. Maintenant que la conjoncture politique est favorable à ses desseins, il n'a d'autre objectif que de détruire l'œuvre religieuse et culturelle des gouvernements libéraux dont l'abolition du concordat et l'édification d'un système scolaire détaché de la tutelle de l'Église ont été les plus beaux fleurons. D'où cet avertissement de Rodolphe : « Le concept d'État culturel moderne est chez nous en danger[6]. »

Cette critique en annonce une autre. Rodolphe associe l'action pour le progrès et la culture à la bourgeoisie, plus généralement aux classes moyennes dont le libéralisme est l'expression politique. Aussi est-il porté à interpréter la défaite des libéraux, sanctionnée par leur entrée dans l'opposition, comme la victoire d'une coalition dominée par l'alliance de l'Église et de la noblesse. Depuis son pamphlet de 1878, son opinion sur la noblesse n'a pas varié. Toujours aussi manichéen, son jugement tend à voir en elle l'envers de la bourgeoisie et de son système de valeurs. Dès lors, comment une politique bénéficiant de son soutien servirait-elle des desseins autres que réactionnaires? A l'appui de cette analyse, Rodolphe peut mettre en avant le poids de la noblesse dans la coalition des droites. Ainsi elle exerce une influence dominante au sein de la représentation polonaise de Galicie. En Bohême, la noblesse historique est l'alliée du parti national. Une partie de la noblesse est également associée à l'organisation politique du courant catholique, sans compter sa contribution à l'émergence du catholicisme social en Autriche. Plusieurs grands noms y figurent en bonne place, comme les princes Alfred et Aloys Liechtenstein, le comte Franz Falkenhayn, ministre de l'Agriculture du cabinet Taaffe, le comte Gustav Blome.

Ces passes d'armes avec la noblesse ne sont pas étrangères à l'hostilité marquée par Rodolphe au fédéralisme. Ce rejet ne résume pourtant pas sa position sur le sujet. Dans l'enthousiasme de ses premières années à Prague, Rodolphe s'était montré ouvert aux revendications des Tchèques. Son inclination le portait sans doute à envisager alors une solution de type fédéral, à la condition toutefois que le parti national tchèque s'entendît avec les libéraux allemands. Mais, malgré l'esquisse d'un rapprochement dans les derniers mois de 1878, cet accord ne s'était pas fait. Dans la continuité de la ligne adoptée dès le début des années soixante, Rieger et ses amis avaient préféré confirmer leur alliance avec la noblesse historique et avaient répondu à l'appel de Taaffe. Ces choix ne pouvaient que les disqualifier aux yeux de Rodolphe qui voit désormais en eux des auxiliaires de la réaction.

C'en est fini du temps, pourtant encore proche, où il leur manifestait, avec une certaine ostentation, sa sympathie. Il se découvre maintenant un adversaire résolu des mesures prises en leur faveur par le nouveau gouvernement. Leur entrée dans la coalition gouvernementale a notamment valu aux Tchèques la satisfaction de deux de leurs principales revendications. Ce sont d'abord les ordonnances linguistiques d'avril 1880 qui, sans remettre en cause l'usage de l'allemand comme langue interne de l'administration, font obligation aux autorités tant politiques que judiciaires d'employer, dans leurs rapports avec le public, la langue des parties auxquelles elles s'adressent. En second lieu, la création d'une université nationale à Prague, résultat du partage de la vénérable Université caroline, consacre, en 1882, la reconnaissance de la spécificité de la culture tchèque et de sa parité avec la culture allemande. L'ami des Tchèques aurait pu se réjouir de ces décisions. Mais, maintenant que les ponts sont coupés, Rodolphe partage l'indignation des libéraux qui, au nom des intérêts des Allemands de Bohême, partent en guerre contre ces mesures.

Avant tout, Rodolphe reproche à cette politique de s'inscrire dans une logique contraire à l'unité de l'ensemble habsbourgeois. Au lieu de chercher à les rassembler autour de thèmes mobilisateurs, comme le pourrait, à l'opposé, le libéralisme, Taaffe s'ingénie à diviser les peuples de la Monarchie et à les dresser les uns contre les autres. En avivant ces antagonismes, sa stratégie fait le lit des nationalismes et libère un processus qui risquerait d'être fatal à l'Empire, s'il devait ne pas être arrêté à temps. Ces critiques sont étroitement solidaires. A l'inverse de Metternich qui voyait, jadis, en lui un produit de la Révolution, le nationalisme n'est pour Rodolphe qu'un autre nom de la réaction. Il s'en explique à Moritz Szeps :

« Le principe des nationalités fait appel à la bestialité la plus commune. Il marque la victoire des attirances et des instincts charnels sur les progrès spirituels et culturels qu'apportent les idées d'égalité de toutes les nations et de cosmopolitisme. Je tiens les conflits de nationalités et de races pour une grande régression. Il est à cet égard plutôt symptomatique que ce soient les éléments les plus hostiles au progrès en Europe qui adhèrent à ces principes et les exploitent[7]. »

Cette série de critiques appelle plusieurs remarques. Il serait sûrement dangereux de vouloir se former un jugement sur l'Autriche des années quatre-vingt à partir des lettres de Rodolphe. Comme c'est souvent le cas, elles apprennent plus sur leur auteur qu'elles n'instruisent sur l'objet de son propos. L'écart est en effet souvent très grand entre la réalité objective des faits et la présentation qu'il en donne.

Le comportement de Taaffe vis-à-vis de l'Église et des catholiques en fournit une bonne illustration. Rodolphe résume cette relation à une totale subordination aux intérêts du « parti noir » et n'a pas de mots assez durs pour les stigmatiser. Il est vrai que tout un courant au sein du catholicisme autrichien souhaiterait profiter du renversement de majorité pour annuler les acquis de la politique religieuse de l'ère libérale. De même les partis, groupes et associations d'inspiration catholique bataillent pour que l'école soit replacée sous le contrôle de l'Église, mettant en avant le slogan de l' « école confessionnelle ». Le plus important n'est pourtant pas là. Il faut plutôt se demander si ces campagnes ont finalement obtenu gain de cause. Or force est de constater que les résultats sont maigres. Le concordat abrogé en 1871 n'est pas renégocié avec le Saint-Siège. Les lois confessionnelles de 1874, qui ont redéfini les rapports de l'Église et de l'État dans le sens d'une certaine dépendance de l'Église dans les affaires temporelles, n'ont pas été modifiées. Les propositions de lois défendues par le prince Aloys Liechtenstein en vue de l'instauration de l'école confessionnelle n'aboutissent pas. En définitive, les milieux catholiques ne peuvent se réjouir que d'un seul geste en leur direction, avec l'amendement de la loi qui avait porté de six à huit ans la durée de la scolarité.

Encore Taaffe n'a-t-il pas eu ici pour unique souci de leur être agréable. Il a également souhaité donner satisfaction à la paysannerie, la première clientèle, au moins par le nombre, des partis conservateurs, dont, pour l'avoir privée de la main-d'œuvre de ses fils, retenus à l'école, cette disposition avait suscité le mécontentement. En accordant aux communes la possibilité d'arrêter la scolarité à douze ans, sous réserve d'assurer un enseignement de remplacement, il a donc fait coup double. Pourtant ce bilan reste modeste, au regard de l'ensemble des revendications formulées par les catholiques et, surtout, des avantages que leur soutien vaut, dans le même temps, aux Tchèques et aux Polonais.

La modestie de ces résultats s'explique déjà par l'absence d'une majorité au Reichsrat pour approuver l'abrogation de la législation confessionnelle des gouvernements libéraux. Beaucoup de députés tchèques notamment ne sont pas disposés à accompagner aussi loin les conservateurs catholiques des pays alpins. L'aile jeune-tchèque du parti national partage même l'anticléricalisme des libéraux. D'autre part on n'oubliera pas que le monolothisme ne définit pas la réalité du camp catholique. Le clergé ne se raidit pas tout entier dans une attitude intransigeante. Élevés dans la tradition joséphiste, nombre d'évêques s'accommodent d'un compromis avec l'État, dès lors qu'il épargne à l'Église les rigueurs d'un *Kulturkampf*.

C'est aussi sous-entendre que le dernier mot est revenu à François-Joseph. Or, après avoir parcouru un long itinéraire et mené des politiques parfois contradictoires, il se félicite du point d'équilibre trouvé dans les rapports entre l'État et l'Église. Sans doute avait-il inauguré son règne par une politique qui, sous le coup du traumatisme provoqué par la révolution de 1848, avait démantelé l'œuvre du joséphisme, en émancipant l'Église de la tutelle de l'État et même en lui soumettant certains secteurs de la vie sociale. Mais, passé la période néo-absolutiste, il s'est peu à peu écarté de cette voie pour annuler, sinon la totalité, du moins une partie importante des mesures de ces premières années.

Les convictions de François-Joseph n'ont certes en rien changé. Il continue d'accomplir avec zèle et régularité ses devoirs religieux. De plus, fidèle à la tradition de sa famille, il se veut le protecteur de l'Église et ne manque pas d'agir comme tel. En plusieurs occasions, il s'est employé à tempérer les ardeurs anticléricales de ses ministres libéraux. De même il a veillé à ce que la nouvelle législation fût appliquée dans un esprit de modération. Si, devant les projets de lois appelées à régler les rapports entre l'État et l'Église après l'abrogation du concordat, il l'a menacé d'excommunication, Pie IX a retenu ses foudres, s'étant vite convaincu que l'Autriche de François-Joseph n'aurait pas pour l'Église les brutalités de l'Allemagne de Bismarck. Confirmation en a d'ailleurs été donnée lorsque François-Joseph a opposé son veto à l'un de ces projets. Aussi ne déforme-t-il pas la réalité quand, s'adressant aux évêques de Bohême, en septembre 1874, il leur déclare : « Si j'ai été empêché jusqu'à présent par les circonstances d'accomplir pour la protection de l'Église ce qui répond aux souhaits de mon cœur [...], j'ai néanmoins conscience d'avoir empêché bien des mesures qui auraient pu causer à l'Église des torts plus graves que les préjudices dont elle a eu réellement à souffrir[8]. »

Quelque réserve qu'il ait marquée à l'endroit de certains projets des libéraux, François-Joseph n'est pourtant pas mécontent du recentrage de la politique religieuse qui s'est accompli entre 1867 et 1874. Cette ligne s'accorde aussi très bien avec la tradition de sa famille, car, si les Habsbourg n'ont cessé, à de rares exceptions près, de brandir très haut la bannière du catholicisme – que l'on pense à leur rôle dans la Contre-Réforme –, ils tendent également depuis longtemps à voir dans l'Église une auxiliaire de la dynastie et de l'État. François-Joseph ne va sûrement pas aussi loin que Joseph II, l'Empereur philosophe qui aurait voulu transformer les prêtres en fonctionnaires en soutane. A aucun moment il n'est certes dans ses intentions de remettre en cause des libertés recouvrées par l'Église dans l'ordre spirituel. En revanche, passé les déviations du début du règne, il répond à son système de pensée que l'État assoie son autorité sur les domaines où l'Église intervient comme puissance temporelle. Dès lors il serait bien surprenant que François-Joseph éprouve quelque sympathie pour l'ultramontanisme. Si nécessaire, on en trouverait une ultime confirmation dans la compréhension qu'il marque à ceux des évêques autrichiens – en fait la majorité d'entre eux – qui, au concile du Vatican, se sont opposés à l'institutionnalisation du dogme de l'infaillibilité pontificale.

Que reste-t-il alors des accusations de Rodolphe? La réalité est sensiblement différente de l'image qu'il en donne. Loin de connaître un spectaculaire retour en arrière, l'ère Taaffe pourrait plutôt se définir, en ce domaine, comme un maintien du *statu quo*. En dehors d'une simple retouche, il n'est pas porté atteinte à la législation de l'ère libérale. Sans doute la victoire de la nouvelle majorité a-t-elle entraîné un changement de climat. L'arsenal des lois votées en 1868 et en 1874 est appliqué avec davantage de souplesse. A fortiori n'est-il pas question de l'aggraver. Mais cela ne saurait suffire à faire de Taaffe l'instrument d'une camarilla ultramontaine. A supposer que celle-ci ait existé, force serait de constater que les complots qu'elle aurait ourdis dans l'ombre n'ont reçu l'appui ni de François-Joseph ni de Taaffe et ont finalement échoué.

De manière générale, il paraît tout à fait excessif de faire de Taaffe un suppôt de la réaction. C'est oublier notamment un peu vite qu'il revient à son gouvernement d'avoir doté l'Autriche de l'un des systèmes de protection sociale les plus avancés dans l'Europe de l'époque. A son initiative sont successivement votés : en 1883, la création d'un corps d'inspecteurs du travail et l'organisation des métiers en associations professionnelles; en 1884, la réduction de la journée de travail, l'aménagement du travail des femmes et des enfants, l'instauration du repos dominical; en 1887, la mise en place d'un système d'assurance-accidents, puis, l'année suivante, d'assurance-maladie. Au total l'Autriche de Taaffe présente, sur ce point, un bilan plus positif que la France républicaine qui devra attendre les débuts du XXe siècle pour que les bases d'une politique sociale soient jetées par Millerand.

Cette distorsion entre la réalité et la représentation que Rodolphe en donne offre matière à réflexion. Elle s'explique sûrement en partie par la fougue qu'il met dans ses analyses. Cette passion est pour beaucoup dans la brutalité de ses jugements. Les effets en sont renforcés par la tendance à la théorisation qu'il a héritée de ses années d'études et qui le pousse à durcir les différences, à majorer les antagonismes. Ces divers éléments font encore que Rodolphe marque une propension très nette à s'impliquer non seulement intellectuellement, mais aussi psychologiquement dans les débats qui, autour de la définition d'une politique, mettent en cause des options idéologiques, des choix culturels. Dans la mesure où elle l'empêche souvent de prendre du recul par rapport aux événements ou aux choses, il y a probablement là une clef de certaines de ses outrances. La pente de sa nature le porte à transformer toute divergence, tout conflit d'idées en une affaire personnelle.

La Hongrie

Le regard de Rodolphe ne s'arrête cependant pas aux rives de la Leitha. Comme tout responsable ou futur responsable de la Monarchie, il est confronté à la question hongroise. Il y réagit avec des sentiments mélangés. Champion d'une Grande Autriche, il affirme son hostilité aux efforts de certains Magyars pour élargir la sphère de la souveraineté hongroise, a fortiori pour transformer le dualisme en une simple union personnelle. Allant plus loin, il dénonce l'influence démesurée que la Hongrie s'est assurée à la faveur du Compromis de 1867 et constate qu'elle s'exerce dans un sens contraire aux intérêts de la Monarchie.

L'occasion lui en est donnée, dès 1878, devant l'opposition de la classe politique et de l'opinion publique hongroises à l'annexion de la Bosnie-Herzégovine, par crainte que l'entrée de ces nouveaux territoires dans le corps de la Monarchie n'ait pour effet d'y accroître dangereusement le poids des Slaves. Un tel renforcement, craignaient-elles, risquerait notamment de menacer rapidement l'hégémonie magyare en Hongrie. Alors que la conjoncture internationale lui aurait permis de pousser plus loin son avantage, cette opposition n'était certes pas étrangère au choix d'Andrássy de se borner à demander aux puissances réunies au congrès de Berlin de reconnaître à l'Autriche-Hongrie le droit d'occuper et d'administrer ces deux provinces, tout en les maintenant officiellement sous la souveraineté ottomane.

Si la prudence de François-Joseph s'en accommode, cette issue laisse un goût d'amertume à ceux qui, en particulier dans le corps des officiers, appelaient de leurs vœux une solution plus nette. Rodolphe est du nombre, réaction d'autant moins surprenante qu'il se sent alors appartenir corps et âme au milieu militaire. Lui qui brûle que la Monarchie s'engage résolument dans les Balkans enrage devant cette formule bâtarde dont il impute la responsabilité aux pressions des Magyars. « Les Hongrois se sont très mal conduits », relève-t-il dans une lettre à Latour [9]. Mais il ne limite pas son analyse à ce simple constat. Cette manifestation caractérisée d'antipatriotisme dans une affaire qui mettait en jeu les intérêts vitaux de la Monarchie ne peut rester sans conséquence. Elle devrait avoir pour suite une révision des relations entre Vienne et Budapest. Le temps est venu, souligne Rodolphe, d'« une refonte complète de l'organisation de l'État », ce qui, en langage clair, ne peut avoir d'autre sens qu'une condamnation du système instauré en 1867. S'il subsistait le moindre doute sur le fond de sa pensée, il se charge aussitôt de le lever, en ajoutant qu'« il faut en finir une bonne fois pour toutes avec le dualisme [10] ».

Pourtant Rodolphe ne se laisse aller à aucune illusion : « Ce ne sont là que des rêves, car on n'entreprendra rien contre les Hongrois. Au contraire, on cherchera à les amadouer [11]. » Ces propos désabusés font apparaître qu'à ce stade de sa vie, il se montre sévère contre le parti pris de complaisance à l'endroit des Magyars qu'il croit découvrir chez les responsables viennois. La Hongrie a profité de l'affaiblissement de l'Autriche après le désastre de Sadowa pour lui imposer un compromis léonin qui va bien au-delà de ce que la cohésion de l'ensemble habsbourgeois peut supporter. « Sans sa dynastie séculaire, sans son armée et sans les difficultés que l'effondrement de la Monarchie aurait values à ses voisins, cet empire complexe, confus, composé d'éléments hétérogènes, n'aurait pas duré dix ans [12] », diagnostique Rodolphe. Il importerait donc de procéder sans retard à un rééquilibrage des rapports entre Vienne et Budapest, en renforçant les prérogatives du pouvoir central. Mais il y faudrait un acte de volonté. Or, de toute évidence, Rodolphe incline à penser que cette volonté fait défaut.

Rodolphe trouve encore dans l'« Affaire Hentzi » une occasion de lâcher la bonde à son indignation. Hentzi est ce général loyaliste qui, plusieurs mois durant, avait tenu, en 1849, la citadelle de Buda, contre les insurgés hongrois, avant de tomber les armes à la main. Le scandale éclate lorsque le général Janski, commandant des troupes stationnées à Budapest, décide en 1886 d'honorer la mémoire de ce héros et des soldats morts à ses côtés en fleurissant leurs tombes. Ressenti comme une provocation par l'opinion magyare, ce geste provoque aussitôt une tempête de protestations et déclenche une polémique dans laquelle interviennent tour à tour Koloman Tisza, le Premier ministre hongrois, et l'archiduc Albert, l'inspecteur général de l'armée impériale et royale. S'il ne participe pas officiellement à la controverse, Rodolphe ne reste pas neutre. Son patriotisme grand-autrichien s'enflamme devant ces réactions qu'il ressent comme autant d'intolérables affronts à l'honneur de l'armée et, au-delà, de la Monarchie. Il s'ouvre de ses sentiments à Bombelles :

> « Ici, lui rapporte-t-il, l'émoi provoqué par les événements de Hongrie est énorme. Dans le public, l'indignation est générale, dans l'armée règne un climat que je n'y ai jamais vu. On est furieux contre le parlement hongrois, mais encore plus furieux contre Tisza qui s'est comporté de façon absolument odieuse envers l'armée. Chacun espère une éclatante réparation, mais je crains fort qu'il n'en soit rien [13]. »

Et surtout, il écrit à l'archiduc Albert pour lui exprimer sa solidarité après les attaques dont il a été l'objet après avoir pris fait et cause par son subordonné.

Il faut que Rodolphe juge cette affaire d'une exceptionnelle gravité pour qu'il se résolve à cette démarche. Il tient en effet l'archiduc Albert pour l'âme de la camarilla réactionnaire à la Cour de Vienne et, comme tel, pour un de ses pires adversaires. Les occasions d'affrontements entre les deux hommes ont déjà été nombreuses. Conservateur de vieille roche, rebelle aux tentations libérales, catholique convaincu, Albert s'est très tôt inquiété des influences qui, à travers ses précepteurs, s'exerçaient sur l'héritier de la Couronne. Soucieux du péril, il a cherché à en atténuer l'importance, en installant des contre-feux. Le résultat obtenu est cependant à l'opposé de celui qu'il avait souhaité. Ses conseils et ses avis sont ressentis comme d'insupportables remontrances par Rodolphe qui voit en lui, non un parent attentionné, mais un vieillard enfermé dans des conceptions surannées. Ce sentiment trouve encore à se nourrir des accusations d'archaïsme et de carence qu'il formule contre certains aspects de l'organisation et du commandement de l'armée impériale et royale. Bref, comme sur tous ceux qu'il prend en détestation, Rodolphe fait une fixation sur son oncle. Se croyant victime de ses intrigues, il lui rend la pareille. Dès que l'occasion s'en offre, il ne manque pas de relever auprès de ses interlocuteurs la sénilité dont l'archiduc serait atteint. Témoin cette lettre à Kálnoky où il rapporte, sous un éclairage très spécial, un entretien avec l'archiduc Albert :

> « La conversation a bientôt pris un tour assez vif. Elle m'a renforcé dans la conviction que Son Altesse n'est plus à la hauteur de sa tâche, physiquement certes, mais plus encore intellectuellement, et que c'est un devoir, pour ceux auxquels leur position le permet, d'en parler tout à fait ouvertement à l'Empereur et de le rendre attentif aux dangers qui nous menacent [14]. »

Et pourtant, face à la tempête provoquée par l'affaire Hentzi, Rodolphe fait taire son acrimonie pour assurer l'auguste vieillard de son soutien. Il se pourrait même qu'il soit allé plus loin. Sans doute sa lettre ne nous est-elle pas parvenue, mais il est possible d'en deviner le contenu à partir de la réponse d'Albert. Il semblerait qu'il lui conseille, ni plus ni moins, une action de force pour mettre les Hongrois au pas. La réaction du généralissime ne peut que le décevoir. S'il le remercie de lui témoigner sa solidarité, il s'emploie aussi à calmer ses ardeurs. Quelque désir qu'il ait de châtier l'insolence des Hongrois, la sagesse commande, rappelle-t-il, de n'entreprendre aucune action dont on n'ait les moyens :

> « Il ne faut jamais recourir à des moyens exceptionnels aussi longtemps que les moyens ordinaires n'ont pas été épuisés [...]. Toute initiative inopportune ne ferait qu'embarrasser Sa Majesté sans le moindre avantage, car aussitôt se formerait un contre-courant qui pourrait conduire loin, très loin, sans perspective d'en venir à bout [15]. »

On ne risque guère de se tromper en supposant que cette leçon d'art politique n'est pas du goût de Rodolphe. Une fois de plus l'archiduc Albert s'est placé dans la position du maître et a traité Rodolphe en élève. Mais surtout, une fois encore, la Monarchie a choisi le parti de la passivité. Cet incident ne rehausse sûrement pas l'archiduc dans l'estime de Rodolphe. Décidément, pense-t-il, ce vieux soldat n'est plus qu'un barbon radoteur et incapable.

Rodolphe ne juge pas seulement ces manifestations de chauvinisme et ces campagnes séparatistes en gardien vigilant de l'unité de l'Empire. Celles-ci, considère-t-il, sont d'autant moins justifiées qu'elles reposent sur une analyse erronée du rapport des forces. Elles mettent trop facilement entre parenthèses l'état de minorité numérique dans lequel les Magyars se trouvent face aux Allemands et aux Slaves. « Que veulent donc ces quatre millions coincés entre tant et tant d'Allemands et de Slaves », s'exclame Rodolphe [16]. Lancée sur cette voie, sa réflexion le conduit à mettre en doute la justesse de la politique menée par les Magyars à l'égard de leurs nationalités. Le système de contraintes dans lequel leurs dirigeants prétendent enfermer ces peuples, les entraves qu'ils posent au développement de leur identité nationale ne peuvent pas ne pas provoquer des tensions lourdes de menaces pour la cohésion du royaume. Au reste, le péril est d'autant plus grave que certains de ces peuples, comme les Roumains ou les Serbes, sont tentés de tourner leurs regards vers ceux de leurs conationaux qui, aux portes de la Monarchie, disposent d'un État national.

> « Ce qu'il y a de triste pour la Hongrie, conclut Rodolphe, c'est que, dans leur totalité, les Magyars ne veulent ni voir ni admettre que, par de mauvais traitements, par le mépris et par l'emploi de mesures ponctuelles de répression, on n'obtient rien face à des nationalités qui sont supérieures par le nombre et dont on a un besoin absolu pour maintenir l'État hongrois dans la taille qui est la sienne aujourd'hui [17]. »

Qu'adviendrait-il enfin de la Hongrie sur la scène de l'Europe si elle devait se séparer du corps de la Monarchie? Son sort serait rapidement scellé. Livrée à elle-même, la Hongrie, réduite au rang d'un petit État, ne tarderait pas à être absorbée dans la zone d'influence de la Russie. C'est précisément pour éviter cette déchéance qu'Andrássy et Deák ont choisi, en 1867, la voie de l'union avec l'Autriche et que, après eux, leurs continuateurs sont restés sur la même ligne. C'est aussi la raison pour laquelle la Hongrie a besoin d'une Autriche forte pour pouvoir faire front à ces périls.

Il est pourtant un autre volet dans les relations de Rodolphe avec la Hongrie. Ces réactions ne sont pas exclusives d'une attirance et d'une sympathie qu'on chercherait en vain chez François-Joseph, mais qu'il partage en revanche avec Élisabeth. François-Joseph a certes fait la paix avec la Hongrie. Les nécessités lui ont commandé de composer avec elle et, depuis 1867, il s'astreint à respecter scrupuleusement les termes de l'accord. Mais il n'y met sûrement aucune chaleur. La force de la tradition anti-hongroise à la Cour de Vienne, les leçons de sa mère, les souvenirs du début du règne l'en empêchent. A l'inverse, ces différentes pesanteurs n'existent pas pour Élisabeth. Bien plus, ce sont, pour elle, autant de raisons d'admirer la Hongrie. Par opposition à la Cour, par haine de Sophie, elle s'est prise d'une passion sans partage pour la Hongrie, au point d'épouser ses querelles même lorsqu'elles menacent de mettre la Monarchie en péril. On l'a vu quand, lors des difficiles négociations qui ont précédé le Compromis, elle s'est engagée résolument aux côtés des Magyars jusqu'à tenter de peser sur les décisions de François-Joseph.

Si Élisabeth s'est enthousiasmée pour la Hongrie, c'est aussi qu'elle a découvert chez les Magyars un tempérament national en accord avec ses propres aspirations. Leur luttes séculaires leur ont façonné un amour de la liberté avec lequel elle n'a pas de peine à s'identifier. Elle, qui regimbe contre toutes les contraintes, comment ne chérirait-elle pas un peuple qui a fait de la liberté l'une de ses valeurs suprêmes? A sa suite, c'est cette image que Rodolphe retient.

Sans doute a-t-il une conscience très claire des handicaps structurels auxquels les dirigeants hongrois doivent faire face :

> « La Hongrie est mal administrée, observe-t-il; elle n'a pas de bon corps de fonctionnaires; il lui manque une classe moyenne riche et cultivée; elle n'a que des fonctionnaires pour partie corrompus, beaucoup d'Israélites et un peuple pauvre, des paysans appauvris et une plèbe nombreuse; la base véritable d'un État moderne, la grande bourgeoisie, lui fait défaut [18]. »

Pourtant, en dépit de toutes ces faiblesses, de toutes ces carences, il est un fait qui, plus fort que tous les autres, la désigne à la sympathie de Rodolphe. A l'heure où, se lamente-t-il, la réaction a établi son emprise sur l'Autriche de Taaffe et sur l'Allemagne de Bismarck, c'est l'honneur de la Hongrie, « Angleterre de l'est de l'Europe », de continuer à brandir très haut le drapeau du libéralisme. Héritiers d'une longue tradition de luttes pour les libertés constitutionnelles, les hommes d'État en charge du royaume depuis 1867 se sont toujours refusés à séparer la cause des libertés de celle de la Nation. Présentement le flambeau est tenu par Koloman Tisza sur lequel Rodolphe ne tarit pas d'éloges. Il en est d'autant moins avare que son aversion pour Taaffe le pousse à une comparaison qui rehausse encore les qualités du Premier ministre hongrois :

> « La réaction est puissante, écrit-il dans le *Neues Wiener Tagblatt* de Moritz Szeps; en Autriche, ceux qui pouvaient s'y opposer ont presque tous été écartés des postes importants; elle règne sans entraves; il est pourtant un homme pour l'empêcher de recouvrir la Hongrie, pour ne pas la laisser jouir en paix de la possession de positions conquises; cet homme est le seul homme d'État à occuper encore une fonction en Autriche-Hongrie, le combattant résolu pour la cause de la liberté et du progrès moderne, Koloman Tisza [19]. »

Que Rodolphe voie dans la Hongrie le refuge de l'esprit de liberté et de progrès ne peut rester sans conséquences. Il ne saurait notamment être question pour lui de songer à l'affaiblir. Si grands que soient les torts des responsables de Budapest à l'égard des peuples non magyars, la solution à ce problème doit être trouvée sans qu'il soit porté atteinte à l'intégrité du royaume de Saint-Étienne. Comme il condamne désormais catégoriquement les revendications des Tchèques en Cisleithanie, de même il rejette toute formule trialiste qui, selon le vœu de certains Croates, constituerait autour des Slaves du Sud un troisième pôle au sein de la Monarchie, ce qui supposerait que la Croatie ait été au préalable détachée de la Hongrie. En visite à Agram (Zagreb), en juin 1888, il prend soin de ne laisser aucun doute sur ses sentiments lorsqu'il célèbre dans la Croatie « des perles de la Sainte Couronne d'Étienne qui sont unies inséparablement aux pays de cette Sainte Couronne, unies par les liens indestructibles d'un passé glorieux et d'intérêts communs [20] ». Il est vrai que cette position de principe n'épuise pas le fond de sa pensée sur la question. En d'autres circonstances moins solennelles, il lui arrive de se montrer pessimiste sur l'avenir des relations entre Hongrois et Croates : « Les Hongrois, avait-il observé deux ans plus tôt, ont perdu beaucoup de terrain par une politique maladroite. Cette union apparente entre la Hongrie et la Croatie ne devrait plus se maintenir longtemps[21]. »

Du contraste entre les situations politiques en Hongrie et en Autriche, Rodolphe tire un autre enseignement. Pensant en tirer parti pour consolider les positions de leur pays, les dirigeants de Budapest se sont, jusqu'à présent, toujours réjouis des difficultés auxquelles leur partenaire autrichien était confronté. C'est là, proteste Rodolphe, un calcul à courte vue, car, en raisonnant de la sorte, ils oublient trop facilement que, dans l'environnement national et international où elle est placée, la Hongrie a impérativement besoin d'une Autriche forte. Cette réflexion nous livre justement une des clefs de sa réaction face à l'agitation nationaliste qui saisit la classe politique et l'opinion publique hongroises dans l'affaire Hentzi : « Les Hongrois ont commis dans l'affaire Hentzi une grande sottise, car aucune nation n'a besoin aussi impérieusement qu'eux d'une armée puissante. Ils ne pourront résister à l'assaut des autres peuples qu'aussi longtemps que l'Autriche et son armée ne seront pas affaiblies[22]. »

Déjà la logique du système dualiste voudrait que les deux parties contractantes ne suivent pas à l'intérieur des politiques contraires. A fortiori, si l'Autriche s'engage dans une voie réactionnaire, est-il du devoir de la Hongrie de ne pas contempler cette dérive en spectatrice passive. En d'autres termes, Rodolphe lui reconnaît un droit d'intervention dans les affaires cisleithanes. Allant plus loin, il invite Tisza à réparer la faute qu'il a commise quand il a laissé le régime du comte Taaffe s'installer, en 1879, en Autriche.

Il est pourtant douteux que cet appel soit entendu. Non que les dirigeants de Budapest ne se réservent le droit de s'immiscer dans les affaires cisleithanes. Il est d'ailleurs un précédent célèbre pour prouver qu'ils ne se l'interdisent pas. L'opposition d'Andrássy avait en effet compté pour beaucoup dans l'échec de la tentative de compromis avec la Bohême, en octobre 1871. Mais celle-ci visait à enterrer un projet qui menaçait directement les intérêts hongrois, en risquant de provoquer un mouvement de contagion chez les autres peuples du royaume. Les Magyars seraient en revanche beaucoup moins prompts à user de ce droit d'intervention lorsqu'il s'agirait de renforcer l'unité de la Monarchie.

Il semble, au fond, avoir échappé à Rodolphe que, de l'autre côté, les responsables politiques suivent une logique différente de la sienne. S'il continue à penser en termes d'Empire, cette démarche leur est étrangère. Même les partisans du dualisme retiennent les intérêts de l'État national hongrois comme critère prioritaire de leurs choix politiques. On en revient au malentendu qui, dès l'origine, a pesé sur le Compromis. Alors que François-Joseph et les dirigeants autrichiens ne veulent y voir que la limite extrême des transferts de compétences consentis à la Hongris, à l'inverse, du côté hongrois, est posé le postulat de la souveraineté hongroise sans référence à un empire auquel la Hongrie serait subordonnée. En conséquence, le Compromis est interprété comme le point ultime des concessions hongroises à la cohésion de l'ensemble politique dans lequel la Hongrie est entrée comme État souverain. Dans ces conditions, ne paraît-il pas bien hasardeux de demander aux Hongrois de s'ériger en champions de l'unité de la Monarchie?

La sympathie de Rodolphe pour la Hongrie se lit encore dans le choix de ses amitiés. Ce n'est pas un fait du hasard si, parmi ses sources d'informations, figurent en bonne place deux personnalités en vue de la presse hongroise, Max Falk, rédacteur en chef du *Pester Lloyd*, et Gyula Futtaki, directeur de la *Budapester Korrespondenz*, l'un et l'autre proches de Tisza et bien introduits dans les milieux libéraux hongrois. Leurs relations avec le prince héritier nous sont certes moins connues que ses rapports avec Moritz Szeps, car leurs correspondances ont disparu ou ont été détruites. De nombreux signes donnent cependant à penser qu'elles ont été étroites. Au reste, Moritz Szeps leur est très lié et, ensemble, ils constituent un réseau efficace. Ainsi il n'est pas rare que le *Pester Lloyd* publie un article de Rodolphe qui serait passé plus difficilement en Autriche. Il arrive aussi que cette solution soit choisie dans le but de mieux brouiller les pistes.

Un dernier fait pourrait avoir contribué à renforcer l'attachement de Rodolphe pour la Hongrie. Il n'est pas exclu en effet qu'il y ait été initié à la franc-maçonnerie. Brigitte Hamann incline à le penser. S'il a jamais franchi ce pas, il ne peut effectivement l'avoir fait qu'en Hongrie où la franc-maçonnerie était autorisée depuis 1867 alors qu'elle restait proscrite en Autriche. Mais – et c'est là l'essentiel – cette interdiction s'appliquait, sans distinction de nationalités, à tous les officiers de l'armée impériale et royale. S'il y a passé outre, Rodolphe se serait mis gravement en contradiction avec le devoir militaire. Qu'il ait été attiré par la franc-maçonnerie, rien que de très naturel. Il y trouve comme l'écho de ses propres principes et aspirations. Mais, en raison des implications qu'un tel geste aurait dans sa situation d'officier général, pour une affiliation, la sympathie ne suffit pas. Au début des années quatre-vingt, alors que des rumeurs commençaient à circuler sur son appartenance à la franc-maçonnerie, il s'était dit prêt à une enquête pour être lavé de ce soupçon, ce qui donne à penser qu'il n'avait pas alors transgressé cette interdiction. S'il s'y est résolu, cet acte de désobéissance devrait se comprendre comme un signe de l'exacerbation de son opposition au régime du comte Taaffe. Du même coup, il aurait reconnu, par cet engagement, le rôle de la Hongrie comme bastion des libertés. S'il existe, à l'appui de cette thèse, un faisceau de présomptions, la preuve décisive manque. Les francs-maçons sont nombreux parmi les Hongrois avec lesquels Rodolphe entretient des rapports suivis, mais, plutôt qu'une preuve irréfutable, on y verra la confirmation d'une concordance de vues.

Les affaires balkaniques

L'action diplomatique de la Monarchie n'échappe pas non plus aux critiques de Rodolphe. Qu'il s'agisse des orientations générales ou des méthodes, les points de désaccord sont nombreux. Sous le coup de la défaite de 1866, la diplomatie autrichienne s'était trouvée dans l'obligation de se fixer de nouveaux objectifs. Tandis que le coup de grâce était porté à la présence autrichienne en Italie, le désastre de Sadowa avait mis fin à la mission séculaire des Habsbourg en Allemagne. Si François-Joseph avait cru, un moment, pouvoir redresser le cours de l'histoire, la guerre franco-allemande de 1870-1871 avait vite ruiné cet espoir. Ses sphères d'influence traditionnelles lui étant maintenant fermées, la Monarchie danubienne n'avait plus d'autre choix que de se tourner vers les Balkans, si elle voulait préserver son rang de grande puissance.

Mais, dans cette partie de l'Europe où l'Empire ottoman était entré dans un processus de dissolution, elle était condamnée à se heurter à la Russie qui, de son côté, souhaitait profiter de la situation pour y asseoir son hégémonie. Or, l'expérience lui avait appris qu'elle aurait besoin de l'appui d'une alliance pour contenir la poussée russe. Pour tenir ce rôle, elle avait, immédiatement après Sadowa, pensé à la France. Le dénouement de la guerre de 1870 avait mis toutefois celle-ci hors-jeu, en la contraignant pour longtemps à une attitude d'expectative. L'Angleterre se refusant encore à s'engager trop avant dans les affaires continentales, il n'était plus resté d'autre choix à François-Joseph que de chercher une entente avec le nouvel Empire allemand. Amorcé par Beust, ce rapprochement avait été poursuivi par le comte Andrássy jusqu'à la conclusion d'une alliance militaire, en octobre 1879, élargie à l'Italie trois ans plus tard. Ainsi, par un renversement complet des fronts, la Triplice unit l'Autriche aux deux puissances contre lesquelles elle s'était battue en 1866.

Le déroulement de la crise orientale, de la signature du traité de San Stefano au Congrès de Berlin, avait confirmé le danger d'une confrontation armée entre Vienne et Saint-Petersbourg. Son alliance avec l'Empire allemand met maintenant la Monarchie à l'abri d'une agression russe. En revanche, elle ne lui laisse pas les mains libres pour agir à sa guise dans les Balkans. Soucieux de ne pas rompre avec la Russie, Bismarck entend la maintenir attachée au système diplomatique qu'il a tissé autour de l'Allemagne, dans le but de priver la France du moyen de sortir de son isolement. Il commence par unir, le 18 juin 1881, l'Autriche-Hongrie et la Russie dans une entente avec l'Allemagne qui devrait lui permettre de contrôler leur contentieux. Puis, lorsque la crise bulgare a eu raison, entre 1885 et 1887, de cet accord, il imagine un traité de « réassurance » entre le Reich et la Russie qui, même si le fil s'est distendu, continue à associer Saint-Petersbourg à son système. D'où la volonté qu'il affiche de ne pas se laisser entraîner dans un conflit balkanique, comme vient encore l'illustrer son attitude durant la crise bulgare.

Les limites de ce soutien persuadent les responsables de

la Monarchie d'agir avec prudence. Elles les invitent à se garder de toute initiative provocatrice à l'égard de la Russie. Elles n'interdisent pas en revanche à la Monarchie de marquer des points si l'occasion s'en présente. Or, après que le droit lui a été reconnu par le congrès de Berlin d'occuper la Bosnie-Herzégovine, la décennie suivante la voit renforcer ses positions dans les Balkans, sans qu'elle ait à tirer l'épée. En 1881, un traité d'alliance arrime la Serbie à sa sphère d'influence. Deux ans plus tard, par hostilité à la Russie qui lui avait repris, en 1878, la Bessarabie méridionale, la Roumanie du roi Carol fait le même choix. Sans doute les rapports entre Vienne et Sofia ne prennent-ils pas la forme d'une alliance. Pourtant, bien que François-Joseph veille à garder ses distances, il suffit que la Russie se soit opposée à la candidature du prince Ferdinand de Saxe-Cobourg pour que son élection au trône de Bulgarie en 1887 soit aussitôt interprétée comme un succès de l'Autriche-Hongrie. Il est vrai que ces gains sont précaires. Les opinions publiques, notamment en Serbie et en Roumanie, se montrent beaucoup moins favorables à l'Autriche-Hongrie que les souverains. Cette fragilité porte sûrement en elle le renversement du rapport des forces qui interviendra à la veille du premier conflit mondial. Il n'en reste pas moins que, pour l'heure, la double Monarchie a étendu son influence dans la région.

Le désaccord de Rodolphe avec la politique suivie par la diplomatie austro-hongroise ne porte pas sur sa réorientation vers les Balkans. Dès ses années d'études, il s'est affirmé un champion enthousiaste de cette opinion. Ce thème revient ensuite comme un leitmotiv dans ses écrits ou sa correspondance. En dirigeant ses ambitions vers les Balkans, la Monarchie ne fait, soutient Rodolphe, en parfait disciple du déterminisme, que répondre à une « loi de la nature » qui intègre à la fois les données de la géographie et de l'histoire : « Le Danube coule depuis notre territoire dans cette direction; la presqu'île balkanique nous est étroitement liée; enfin la culture occidentale triomphe de la barbarie moscovite [23].

La Monarchie est investie d'une mission culturelle à l'égard de ces peuples que l'oppression ottomane a tenus et, parfois, continue à tenir dans un dramatique état d'isolement. Comme le Danube qui fertilise les régions qu'il traverse, il revient à l'Autriche-Hongrie d'apporter à ces jeunes

États les bienfaits de la civilisation, de les aider à entrer dans la voie du progrès, en comptant qu'ils lui seront d'autant plus attachés qu'ils lui devront leur développement.

Rodolphe voudrait espérer qu'il suffira de cette « pénétration pacifique » pour assurer à l'Autriche-Hongrie une position dominante dans le sud-est de l'Europe. Mais il est assez réaliste pour ne pas se dissimuler qu'elle aura besoin d'autres arguments pour parvenir à ses fins. Il a sur ce point des paroles dénuées d'ambiguïté : « Lorsqu'il s'agit de questions internationales, le droit ne peut jamais être séparé de la force [24]. » Ce propos laisse deviner sans peine la position de Rodolphe face à la Russie. Il est de ceux qui tiennent un conflit avec elle pour inévitable et, même, l'appellent de leurs vœux : « Notre politique doit se fixer un grand objectif : la suprématie dans l'orient de l'Europe; pour cela, nous aurons besoin d'une guerre victorieuse contre la Russie », note-t-il en 1886 [25].

C'est là un premier sujet de désaccord avec les responsables de la diplomatie austro-hongroise. La politique de la Monarchie vis-à-vis de la Russie a été définie avec une parfaite clarté par le comte Kálnoky, alors qu'il n'était qu'ambassadeur à Saint-Petersbourg :

> « Il ne nous reste, avait-il alors écrit à son ministre, d'autre alternative que de nous entendre avec lui [= l'Empire russe] ou de le rejeter en Asie. Tout homme d'État responsable devrait expliquer l'impossibilité qu'il y a pour l'Autriche-Hongrie à penser, présentement ou dans un proche avenir, à cette dernière solution. Nous devons donc nous entendre avec la Russie. Ceci admis, on ne peut douter que, nos intérêts se heurtant en Orient, [...], il ne réponde aux intérêts de la Monarchie qu'une relative sécurité soit établie dans ses relations avec le grand empire slave. Nous avons absolument besoin de tranquillité et de paix [26]. »

Ce souci rejoint les préoccupations de François-Joseph. Aurait-il d'ailleurs nommé Kálnoky au poste de ministre des Affaires étrangères s'il avait pensé autrement? Sans doute n'entend-il pas sacrifier les intérêts de la Monarchie à la recherche d'une entente avec la Russie. Sans doute n'exclut-il pas que la marche des événements rende inévitable un conflit armé. La Monarchie doit donc se tenir prête à faire face à cette éventualité. Mais François-Joseph ne souhaite pas qu'on en vienne à cette extrémité. Les défaites du début du règne, la succession des crises internes lui ont appris la fragilité de son empire. Les leçons de l'expérience le dissuadent d'exposer la Monarchie aux épreuves d'une guerre qui risquerait d'avoir pour elle des conséquences dramatiques. Elles lui font donc un devoir de se défier des emportements d'une fougue guerrière et de leur préférer au contraire les voix de la prudence.

Ce parti pris de modération s'applique d'abord aux Balkans. François-Joseph y mène une politique qui vise certes à accroître l'influence de la Monarchie, mais sans jamais franchir la limite au-delà de laquelle la paix serait menacée. Or le respect de cette exigence passe par la recherche d'un *modus vivendi* avec la Russie qui fixe les termes d'une cohabitation entre les deux empires. Cette volonté de concertation est illustrée par les rencontres de François-Joseph et d'Alexandre III à Skierniewicie, en septembre 1884, puis à Kremsier, en août de l'année suivante. En 1884, lors du renouvellement de l'accord des trois empires, une amorce de partage des Balkans en zones d'influence paraît même s'esquisser puisque Vienne lève son objection à l'unification de la Bulgarie, alors la protégée de la Russie, et de la Roumélie, tandis que Saint-Petersbourg accepterait, au moins dans son principe, l'annexion de la Bosnie-Herzégovine par l'Autriche.

Rodolphe s'insurge contre cette politique. Si, comme toujours, il se garde de critiquer son père, il ne se sent pas tenu à la même réserve vis-à-vis de Kálnoky. Le prenant pour cible, il ne veut voir dans son souci de ménager la Russie qu'une manifestation de faiblesse dont le seul résultat serait de mettre la Monarchie en péril :

> Au Ballplatz * [...] les affaires sont traitées avec une souveraine stupidité. La Russie profite de la politique à courte vue de Kalnoky et du soi-disant rapprochement avec l'Autriche pour constituer sans vergogne des comités, faire pénétrer de l'argent, des armes, etc., en Bulgarie, en Roumélie, en Macédoine, en Serbie, etc., et même en Bosnie[27]. »

A l'en croire, cette politique repose sur un contresens qui paralyserait l'action de la Monarchie et laisserait, à l'inverse, le champ libre à la Russie. Rodolphe lui oppose la certitude que les intérêts des deux empires sont irréconciliables. Pensant déjà selon les catégories de l'impérialisme,

* Le Quai d'Orsay austro-hongrois.

il a posé pour règle que « l'histoire ne se fait qu'avec des canons », un postulat qui le prépare à considérer qu'une guerre serait dans l'ordre des choses [28]. Mais, dans ce cas précis, il y ajoute la conviction que l'antagonisme austro-russe engage des intérêts trop contradictoires pour qu'il puisse être tranché autrement que par un conflit armé, une guerre qui, du côté de la Monarchie, pourrait mettre en jeu jusqu'à son existence : « Cela ne peut se terminer, prévoit-il, que par notre anéantissement, notre disparition physique et morale ou par le début d'une ère glorieuse, telle que je la rêve depuis longtemps [29] », un argument qui, notons-le, renforcerait encore François-Joseph dans sa volonté d'éviter un recours à l'*ultima ratio*.

Le désaccord s'aggrave quand éclate, en septembre 1885, la crise bulgare qui, au rythme de ses rebondissements, occupe, deux années durant, le devant de la scène internationale. Le prince de Bulgarie, Alexandre de Battenberg, ayant procédé à l'annexion de la Roumélie, sans en avoir au préalable averti son protecteur russe, l'affaire laisse d'emblée apparaître une brèche entre Saint-Petersbourg et Sofia. Rodolphe souhaiterait que la Monarchie tire parti de cette faille pour prendre la tête d'une croisade antirusse et organiser les Balkans autour d'elle. A cette fin, il imagine un plan grandiose qu'il développe dans un mémoire remis, au début de 1886, à l'Empereur. Pour attirer la Bulgarie dans sa mouvance, la Monarchie devrait patronner l'annexion de la Roumélie. De son côté, la Serbie serait ancrée dans son alliance avec Vienne si elle en recevait la Bosnie. Quant à la Roumanie, pourrait-elle avoir des doutes sur le choix de son camp quand une partie de la Transylvanie lui aurait été cédée? Le regard de Rodolphe se porte jusqu'à la Grèce à laquelle il destine certaines des dernières possessions ottomanes en Europe, sans exclure même qu'héritière de l'Empire byzantin, elle s'installe à Constantinople.

Si François-Joseph en prend connaissance, ce document n'inspire ensuite, ni de près ni de loin, l'action de la diplomatie austro-hongroise. Pour expliquer le sort qui lui est réservé, il n'est point nécessaire d'incriminer l'incompréhension de responsables vieillissants ou incompétents. La vérité est que le plan de Rodolphe répond à une tout autre logique que la politique voulue par François-Joseph et par Kálnoky. Déjà le représentant de l'âge impérialiste (dans ce registre, on relèvera l'importance qu'il accorde aux voies d'eau et aux chemins de fer comme moyens de pénétration politique), Rodolphe pousse à des solutions radicales qui, ne laissant pas de place aux compromis, ne pourraient s'imposer que par un conflit armé. L'audace de ses propositions devait immanquablement heurter la prudence de François-Joseph, d'autant qu'il a une évidente propension à mettre entre parenthèses ou, à tout le moins, à minimiser les facteurs qui pourraient se mettre en travers de leur réalisation. Dans leur position, l'Empereur et son ministre des Affaires étrangères sont en revanche tenus de les prendre en compte et de les incorporer dans leur processus de décision. Pour commencer il leur est impossible d'ignorer l'hostilité de l'Allemagne à tout conflit qui mettrait face à face l'Autriche-Hongrie et la Russie, deux pièces maîtresses du système que Bismarck a érigé dans le but d'isoler la France. Si Vienne devait donc en prendre l'initiative, le soutien du Reich allemand lui serait refusé, conformément d'ailleurs aux clauses du traité de 1879. Il paraît en outre bien hasardeux de compter sur un accord de l'Angleterre avec le projet de cession de Constantinople à la Grèce. Alors qu'elle est encore intervenue en 1878 pour défendre le *statu quo*, pour quelles raisons y renoncerait-elle aujourd'hui, alors que, en laissant les Détroits sous le contrôle de l'Empire ottoman, ses intérêts sont ménagés?

D'autre part, Rodolphe néglige manifestement les oppositions auxquelles ne manqueraient pas de se heurter certains des gestes qu'il préconise à l'adresse des États balkaniques voisins de la Monarchie. Ainsi François-Joseph n'est sûrement pas prêt de faire le sacrifice de la Bosnie qu'il vient juste d'acquérir. Rares sont au surplus ceux qui, dans les cercles dirigeants de Vienne et de Budapest, verraient sans appréhension la naissance d'une Grande Serbie. On y redoute trop les effets déstabilisateurs qu'elle risquerait d'avoir sur les Slaves du sud de la Monarchie. Il paraît donc exclu qu'on s'engage dans cette voie. Il faut encore se demander comment Rodolphe pense concilier ses amitiés hongroises et la cession d'une partie de la Transylvanie à la Roumanie. Si certains Hongrois, comme Andrássy avec lequel il entretient des rapports suivis, réclament une stratégie offensive, on imagine mal pourtant qu'ils laissent porter atteinte à l'intégrité du royaume de Saint-Étienne. Si on en juge par le sort réservé dans l'avenir à des suggestions du même type, on a toute raison de penser qu'un veto hongrois serait vite venu enterrer cette proposition dans le cas où Vienne aurait eu la tentation de la reprendre à son compte.

La crise bulgare prend une dimension nouvelle quand, en août 1886, un groupe d'officiers se saisit du prince Alexandre pour le livrer aux Russes qui ne lui ont pas pardonné ses velléités d'indépendance. Si l'opération est une réussite sur le plan militaire, politiquement l'affaire ne tarde pas à prendre une autre tournure. Les Russes ne doivent pas seulement faire face à la réprobation de la communauté internationale. En Bulgarie même, le gros de l'armée refuse de se joindre aux rebelles; plus grave encore, le patriotisme de la population s'enflamme contre le coup de force. Devant la multiplication de ces oppositions, le gouvernement de Saint-Petersbourg infléchit son attitude, sans changer cependant ses objectifs. Alexandre est sans doute relâché, mais son abdication, qui intervient peu après, paraît laisser le champ libre au candidat soutenu par la Russie. Par la pression et la manipulation, elle compte bien l'imposer à la Sobranie, le Parlement bulgare.

Devant ce rebondissement de la crise, Rodolphe souhaiterait que la Monarchie prenne les armes pour défendre l'indépendance bulgare. Maintenant que la Russie a jeté bas le masque, en se rendant coupable d'une agression contre un petit État, elle a le devoir d'intervenir pour rétablir Alexandre sur son trône. Par-dessus tout, son intérêt lui commande de saisir cette occasion de crever enfin l'abcès. Pourtant, François-Joseph ne l'entend toujours pas ainsi. Sans doute proteste-t-il contre cette violation du droit international, mais il se garde d'envenimer encore un peu plus, par des actes inconsidérés, une situation déjà tendue. Comme à Rodolphe, il lui arrive de penser qu'un conflit armé est, tôt ou tard, inévitable, mais il n'entreprend rien qui crée l'irréparable, rien qui ne laisse d'autre choix à la Russie que la guerre.

Aussi François-Joseph s'indigne-t-il lorsque, sans y avoir été encouragé en haut lieu, l'archiduc Johann Salvator se laisse approcher par des émissaires qui lui proposent la Couronne de Bulgarie. Cet enfant terrible de la famille impériale n'en est pas à son coup d'essai. Déjà, dans le passé, il s'est attiré les foudres de François-Joseph pour avoir critiqué publiquement, malgré son état d'officier général, le système militaire de la Monarchie. Mais cette fois les bornes sont dépassées. Par ses intrigues, Johann Salvator place la diplomatie austro-hongroise dans une position délicate. Rodolphe ne reste pas impavide devant cet incident qui met en cause l'un des rares archiducs avec lequel, malgré des périodes de tension, il entretient des relations de sympathie. En cette occasion, pourtant, à en juger par cette lettre à Kálnoky, il ne lui trouve aucune circonstance atténuante :

> « J'avais déjà constaté chez cette personne des comportements incorrects. Mais négocier avec une délégation étrangère, dans des affaires extérieures, sans l'autorisation et dans le dos de l'Empereur ainsi que du ministre des Affaires étrangères, c'est pour un archiduc et un général un comportement qui doit être sanctionné avec la plus grande sévérité. Où allons-nous si de telles choses sont possibles à l'intérieur de la famille impériale et de l'armée, si l'Empereur ne peut plus s'appuyer sur les éléments qui ne doivent avoir d'autres principes qu'une obéissance absolue et une totale fidélité [30]. »

Sans qu'il faille mettre en doute leur sincérité, ces protestations laissent tout de même perplexe sous la plume de Rodolphe qui ne paraît pas le mieux placé pour tenir le rôle du procureur. S'il n'est jamais allé jusqu'à un acte d'insubordination, il ne se borne pas à critiquer dans le privé la politique de l'Empereur et de son ministre des Affaires étrangères. Il ne craint pas de l'attaquer durement dans des organes de presse, développant en cela un comportement qui semble difficilement compatible avec la conception de la loyauté exposée dans cette lettre.

Le dénouement de la crise bulgare paraît donner raison à la ligne prudente suivie par François-Joseph. Les événements tournent en effet à la confusion de la Russie qui ne parvient pas à imposer à Sofia le candidat de son choix. Sous l'impulsion de Stamboulov, le nouveau héraut de l'indépendance nationale, le Parlement se prononce, en juillet 1887, en faveur du prince Ferdinand de Saxe-Cobourg. Sans doute François-Joseph s'est-il gardé de tout geste qui aurait pu être interprété comme le signe d'un soutien. Pourtant nul n'ignore que le prince a servi précédemment dans un régiment hongrois de l'armée impériale et royale. Mais surtout il suffit qu'il ait été élu contre la volonté de la Russie pour que beaucoup y voient un succès de Vienne. Cet échec russe pourrait ouvrir la Bulgarie à l'influence de la Monarchie. Rodolphe veut l'espérer, mais il reste sceptique devant ce qui n'est au mieux qu'un succès partiel et continue à déplorer que l'occasion n'ait pas été saisie pour trancher dans le vif l'ensemble de la question balkanique.

L'Allemagne et la France

La crise bulgare, estime encore Rodolphe, a pour autre conséquence de poser de manière aiguë la question de la crédibilité de l'alliance allemande. Il est vrai qu'il éprouve depuis longtemps un sentiment de malaise devant cette option qui, depuis 1879, fait du Reich germanique le partenaire privilégié de la Monarchie. Ses rapports avec l'Allemagne n'ont jamais été empreints de chaleur. Rodolphe garde très présent dans sa mémoire le douloureux souvenir de l'humiliation subie par la Monarchie à Sadowa. Or l'Allemagne nouvelle, née de la volonté de Bismarck en janvier 1871, reproduit les traits de cette Prusse qui, depuis le règne de Frédéric II, a systématiquement construit sa grandeur en opposition à l'Autriche. A cela rien de plus normal puisqu'elle est le prolongement du royaume des Hohenzollern qui l'a soumise à sa domination et lui imprime ses valeurs. Dans cette Allemagne prussianisée, Rodolphe voit l'archétype de l'état militariste, hermétiquement fermé aux idées de culture et de progrès – une définition peut-être sommaire, mais caractéristique de ses sentiments :

> « Qu'est-ce que l'Allemagne, sinon une soldatesque prussienne étendue dans d'énormes proportions, un pur État militariste, ce qu'elle était déjà auparavant, mais celui-ci s'est encore agrandi. Qu'a donc apporté 1870 à l'Allemagne! Dans la grande ménagerie des petits rois et princes, ils ont en plus un empereur et il leur faut payer une armée bien plus nombreuse. L'idée impériale et unitaire, formée et entretenue par une armée de soldats, de bureaucrates empesés, flotte sur les ailes d'un patriotisme imposé et inculqué à la pointe des baïonnettes[31]. »

A ces dures critiques s'oppose la sympathie de Rodolphe pour la France qui lui apparaît comme l'antithèse de l'Allemagne. Il est d'ailleurs frappant d'observer comment il compare régulièrement les deux nations l'une à l'autre.

Cette charge contre l'Allemagne est justement précédée d'un éloge vibrant de la France. Rodolphe admire en elle la patrie des idées qui, depuis le XVIIIe siècle, ont rayonné à travers l'Europe et ont commencé à en transformer le visage, c'est-à-dire précisément la raison qui lui vaut généralement la méfiance des milieux conservateurs :

> « J'ai pour ce pays, confie-t-il à Szeps, une grande sympathie aussi longtemps qu'il restera une république. Nous devons énormément à la France comme source de toutes les idées et institutions libérales sur le continent. Toutes les fois où de grandes idées s'imposeront, nous montrant la route, elle nous servira de modèle [32]. »

Une autre fois, il se plaît à exalter « la puissante République française qui, seulement douze ans après Sedan, administre la preuve irréfutable que les républiques peuvent accomplir de grandes choses en Europe [33]. »

Il va sans dire que Rodolphe suit avec une particulière attention les événements de France (encore le jour de son départ pour Mayerling, il attendra le résultat de l'élection partielle de Paris qui devait voir la victoire triomphale du général Boulanger). Ses préférences n'en sont pas moins évidentes : dans les luttes politiques de ces années, ses vœux vont aux partis qui, contre les monarchistes, défendent la République. Sa sympathie est naturellement acquise aux fondateurs de la IIIe République. Aussi ressent-il douloureusement la disparition brutale de Gambetta, en janvier 1883, comme en témoigne le commentaire que lui inspire la mort du grand tribun :

> « L'année commence sous de sombres auspices! On peut penser ce qu'on veut de Gambetta, mais un grand esprit, un des premiers, peut-être le seul combattant pour les idées libérales a disparu de la scène. C'était une nature titanesque, une figure puissante qui m'a toujours inspiré admiration et sympathie [34]. »

C'est là pour Rodolphe une nouvelle occasion de marquer sa différence, mais aussi de vérifier son isolement, car il va de soi que, dans son milieu, Gambetta suscitait des sentiments diamétralement opposés à cet enthousiasme. Bien qu'il eût adopté, dans les dernières années de sa vie une ligne plus modérée, on continuait à voir en lui le chef du radicalisme français et, à ce titre, un individu éminemment dangereux : « Ce qu'il a représenté pour les principes libéraux, poursuit Rodolphe, on peut en juger par la joie de ses ennemis à l'annonce de sa mort. Vous pouvez vous imaginer que, sur tous les tons, j'ai dû entendre ces cris de joie [35]. »

Son amitié pour la France ne signifie pas que Rodolphe songe alors à un renversement des alliances. Il insiste en revanche sur le fait qu'aucun contentieux n'oppose la Monarchie à la France, une conviction d'ailleurs partagée par les milieux dirigeants comme l'atteste la clause du traité d'octobre 1879 qui ne contraint pas l'Autriche-Hongrie à entrer en guerre aux côtés de l'Allemagne si celle-ci est attaquée par la France. Sous cette réserve qu'elle n'entraîne pas Vienne à une confrontation armée avec la France, Rodolphe se déclare, au moins jusqu'à la crise bulgare, partisan de l'alliance allemande, même si c'est plus par raison que par enthousiasme. Mais il attend qu'elle couvre la Monarchie contre la menace d'une agression russe et non pas qu'elle freine sa poussée dans les Balkans :

> « Dans l'état actuel des choses, développe-t-il en 1886, nous devons tenir à l'alliance austro-allemande et essayer d'en tirer le plus de profit possible pour notre politique orientale.
>
> Nous avons des intérêts communs, c'est indéniable : la défense du principe monarchique et, par-dessus tout, la préparation d'une guerre qui est inévitable, car cela correspond à la nature des événements appelés à se produire, de la lutte décisive entre les alliés et la Russie [36]. »

Or, on l'a vu, Bismarck n'entend pas épouser les querelles de son allié jusqu'à le laisser se lancer dans une politique qui risquerait de déboucher sur un conflit avec la Russie. Après avoir provoqué la plus grande mutation intervenue en Europe depuis 1815, il s'est, par un renversement complet de perspectives, transformé en gardien vigilant d'un *statu quo* qui assure à l'Allemagne une position dominante sur le Continent. Cet objectif lui commande en conséquence de refuser des bouleversements de nature à altérer gravement le rapport des forces. Le déroulement de la crise bulgare a sur Rodolphe l'effet d'un révélateur, en lui découvrant l'ampleur du désaccord et en l'obligeant à imaginer d'autres schémas pour la diplomatie austro-hongroise.

Durant cette période, Rodolphe et Bismarck entretiennent des relations à fleurets mouchetés. Ses voyages à Berlin fournissent au prince héritier l'occasion de conversations personnelles avec le chancelier, en février 1883, puis en mars 1887. Comme il se doit, ceux-ci sont empreints de la plus grande courtoisie. D'autre part, dans le compte rendu qu'il adresse au prince Reuss, le ministre d'Allemagne à Vienne. Bismarck n'oublie pas de vanter les grandes qualités de Rodolphe, sachant bien que l'ambassadeur ne manquera pas de rapporter ces impressions à ses interlocuteurs autrichiens :

> « Lorsqu'il m'a honoré de sa visite, le prince héritier a été aimable, selon son habitude. Mais, en ce qui concerne le développement de ses qualités intellectuelles comme la maturité de ses points de vue et de ses idées, ceux-ci ont largement dépassé mon attente. Ses connaissances politiques qui attestent que, malgré sa jeunesse, il a réfléchi par lui-même à nombre de problèmes, sont hors du commun et m'ont beaucoup surpris. Nous n'avons pas toujours été du même avis, mais il a su défendre son point de vue avec un grand talent[37]. »

Sous cette profusion d'éloges, le propos laisse tout de même percer qu'entre Rodolphe et Bismarck tout n'a pas été aussi simple. Lors du premier entretien, attentif à éviter un piège, Rodolphe se tient manifestement sur ses gardes. Il veille surtout à ne rien dire qui puisse donner à penser à son interlocuteur que la Monarchie serait prête à envisager un élargissement de ses obligations envers l'Allemagne. Quatre ans plus tard, à la faveur de la crise bulgare, Rodolphe souhaiterait rallier Bismarck à une politique plus offensive dans les Balkans. Mais il faudrait plus que ses arguments pour ébranler le vieux chancelier.

Avant même qu'ils ne se rencontrent, Bismarck en sait déjà beaucoup plus sur les pensées et les arrière-pensées de Rodolphe que celui-ci ne pourrait l'imaginer. Un réseau d'informateurs de première main, situés jusque dans l'entourage du prince héritier, l'instruit sur ses opinions et sur ses relations. Ladislaus von Szögyenyi est celui dont Rodolphe aurait été le plus choqué d'apprendre le double jeu. Il s'est en effet pris d'amitié pour ce diplomate d'origine hongroise qui fait la liaison entre le ministère des Affaires étrangères et lui. Il faut qu'il ne lui ait pas mesuré sa confiance pour lui avoir, dans les ultimes heures de sa vie, destiné une de ses dernières lettres et l'avoir choisi pour son exécuteur testamentaire. Quelle n'aurait donc été sa stupeur s'il lui était revenu que Szögyenyi communiquait à Bismarck, par le canal de l'ambassade d'Allemagne, des renseignements le concernant!

Grâce à ses informateurs, Bismarck n'ignore pas l'amitié de Rodolphe pour la France et, s'il n'en connaît sans doute pas tous les détails, il est averti de ses relations avec des journalistes en vue de Vienne et de Budapest qui, pour certains, ont la plume très dure contre l'Allemagne. Les sympathies du futur souverain austro-hongrois constituent pour le chancelier du Reich un réel motif d'inquiétude. Celui-ci n'est pas étranger au jugement beaucoup moins flatteur qu'il formule dans le privé à son endroit. Si l'on en croit le baron Lucius von Ballhausen, Bismarck aurait confié, après la rencontre de mars 1887, que « l'archiduc Rodolphe lui avait laissé une impression de fragilité, d'anxiété, celle d'un homme qui regarde de tous côtés si une pierre ne lui tombe pas sur la tête! Dieu ne veut pas du bien aux monarchies auxquels il donne, comme c'est maintenant le cas en Autriche et en Russie, des héritiers si fragiles, si chétifs [38]. »

La déception que lui a causée l'attitude de Berlin dans l'affaire bulgare ne conduit pourtant pas Rodolphe à tirer un trait sur l'alliance allemande. Il impute ce qu'il interprète comme un parti pris de complaisance envers la Russie aux atteintes de l'âge qui pétrifient Guillaume Ier et Bismarck, l'un et l'autre de grands vieillards, dans une politique immobiliste. Comme s'il avait deviné le reproche de faiblesse que Bismarck lui a adressé, il ne résiste pas au plaisir de le lui retourner :

> « On y a [= en Allemagne] la faiblesse de l'âge, on veut absolument éviter la guerre et on balance à droite, à gauche. Il n'est pas question d'amitié pour la Russie, mais on craint que nous puissions attaquer et qu'on doive nous suivre. Seul le vieil empereur et Bismarck représentent cette politique molle. La mort qui bientôt moissonnera à Berlin devrait apporter beaucoup de changements [39]. »

On ne peut être plus direct. Rodolphe s'attend à ce que les échéances naturelles du cycle de la vie n'entraînent dans un proche avenir de profonds bouleversements à Berlin. La montée sur le trône de l'héritier de la Couronne, le prince Frédéric devrait annoncer un changement de cap de la diplomatie allemande. De notoriété publique, son désaccord avec Bismarck porte aussi bien sur la politique étrangère qu'intérieure. Convaincu depuis longtemps des vertus du libéralisme, Frédéric lui reproche son autoritarisme et ses penchants réactionnaires. A l'extérieur, il déplore son souci de ménager la Russie, par excellence le bastion de l'autocratie. L'affaire bulgare le confirme dans son jugement. Comment aurait-il pu en effet approuver la politique du chancelier alors qu'il souhaitait que l'Allemagne profitât de cette crise pour s'éloigner de la Russie, notamment en défendant avec énergie les droits d'Alexandre de Battenberg?

Son voyage à Berlin, en mars 1887, permet à Rodolphe de vérifier sa conformité de vues avec le prince héritier. S'il est sorti désappointé de son entretien avec Bismarck, le langage que lui a tenu Frédéric l'a au contraire empli d'aise. En lui, Rodolphe croit avoir trouvé un partenaire pour de grands desseins, pour une refonte du système international autour d'un front des puissances libérales. Il rêve d'une alliance qui unirait l'Autriche-Hongrie dont il aurait pris en charge les destinées à l'Allemagne de Frédéric et à l'Angleterre où le prince de Galles aurait succédé à la reine Victoria. Élargie à la France républicaine, elle constituerait la digue contre laquelle viendrait se briser l'élan expansionniste de la Russie.

Rodolphe salue tout geste, toute initiative qui pourrait ouvrir la voie à ce nouvel ordre international. Aussi accueille-t-il avec faveur le traité par lequel l'Autriche-Hongrie, l'Angleterre et l'Italie s'associent en mars 1887 dans le but de fermer la Méditerranée à la Russie. Cette entente va dans le sens souhaité par Rodolphe. Il est pourtant bien difficile de ne pas considérer avec scepticisme ce plan d'une quadruple alliance. On peut regretter a posteriori que le rêve de Rodolphe n'ait pas pris forme; cette alliance aurait assurément épargné à l'Europe d'horribles malheurs. La vraie question n'est pourtant pas de savoir si cette solution aurait dû l'emporter, mais si elle le pouvait. Or force est de répondre par la négative.

Il faut déjà se rappeler que la France et l'Angleterre ont encore un long chemin à parcourir avant d'en arriver à l'Entente cordiale. Leurs relations sont alors placées sous le signe de la rivalité, comme l'illustre le conflit qui les oppose en Égypte. Reflet de cet antagonisme, le pacte méditerranéen dont Rodolphe se félicite ne vise pas seulement la Russie, mais est également tourné contre la France. C'est le sens que lui donne la troisième partie contractante, l'Italie de Crispi qui, depuis l'affaire de Tunisie, a fait de l'hostilité à la France un des ressorts de sa politique. Si bien disposé que soit le prince de Galles envers la France, il ne suffirait donc pas d'un changement de monarque à Londres pour lever les obstacles qui se mettent en travers d'une entente entre les deux pays. Pour que leurs relations s'établissent en 1904 sur des bases nouvelles, il faudra des arguments autrement forts, en l'occurrence le refus de l'Allemagne de Guillaume II de renoncer à son programme naval qui, en la menaçant dans ses intérêts vitaux, conduira l'Angleterre à une réorientation de sa diplomatie.

Enfin et surtout, les conditions d'un rapprochement entre la France et l'Allemagne ne sont de toute évidence pas réunies. De part et d'autre des Vosges, raidies dans leur antagonisme, les mentalités ne sont pas prêtes à l'accepter. La question d'Alsace-Lorraine pèse sur les relations des deux peuples. Si elle s'est fixée pour règle de n'en parler jamais, la diplomatie française y pense toujours. A la fin de la décennie, le succès du phénomène boulangiste confirme encore la force du sentiment antiallemand dans l'opinion. Les dirigeants français ne pourraient envisager une évolution des rapports entre les deux pays qu'après un retour de l'Alsace-Lorraine à la mère patrie. Or il n'est pas de responsable allemand, politique ou militaire, pour imaginer de payer de ce prix une amélioration des relations avec la France.

Au total, ce plan suscite la sympathie, mais ne révèle pas chez Rodolphe un jugement politique très sûr. Il confirme sa tendance à se plaire à des constructions théoriques, sa difficulté à faire le partage entre l'utopie et le réel. Il faut évidemment redouter que cette atrophie du sens du possible ne le destine à d'amères désillusions.

Moritz Szeps

Ses sympathies libérales devaient porter Rodolphe à marquer de l'intérêt pour la presse qui, depuis l'entrée de l'Autriche dans l'ère constitutionnelle, tend à se développer comme un nouveau pouvoir. Pourtant il n'aurait poussé aussi loin ses relations avec certains milieux journalistiques s'il n'avait été en désaccord, sur plusieurs points essentiels, avec la politique des ministres de son père.

Des journalistes entrés dans le cercle de ses intimes, Moritz Szeps est celui qui a laissé la trace la plus profonde dans la vie de Rodolphe. Né en 1834, à Cracovie, dans une famille juive de Galicie, Moritz Szeps a commencé par étudier la médecine à Vienne avant de se tourner vers le journalisme. Sa carrière est lancée quand il devient le rédacteur en chef du *Morgenpost*. Mais, surtout, il lance en 1867 le *Neues Wiener Tagblatt* dont il fait rapidement un des premiers titres de la presse viennoise. Si sa notoriété n'atteint pas à l'étranger celle de l'illustre *Neue Freie Presse*, le quotidien de la grande bourgeoisie germanophone et le porte-parole quasi officiel du libéralisme autrichien, celui-ci dépasse, dans ses meilleures années, le tirage de son glorieux rival. S'ils appartiennent l'un et l'autre au camp libéral, entre les deux journaux la différence porte aussi sur la ligne politique. Alors que la *Neue Freie Presse* en reste à un libéralisme strict, Moritz Szeps a rangé le *Neues Wiener Tagblatt* dans le camp démocratique. Son sous-titre, « organe démocratique », affiche ses couleurs et, afin que nul ne se méprenne sur son orientation, son premier numéro est sorti un quatorze juillet. Champion d'idées qui y sont jugées presque hérétiques, Moritz Szeps est par excellence le type d'homme dont on a du mal à imaginer à la Cour qu'un archiduc en fasse un de ses amis. Ce propos de l'archiduc Albert est très représentatif du jugement qu'on y porte sur lui :

> « Ce *Tagblatt* me paraît un journal dangereux, plus préoccupant que la *Neue Freie Presse*, car il se nomme un organe démocratique, en sous-main, à favoriser la diffusion d'idées républicaines, se camoufle en publiant de temps en temps des éditoriaux patriotiques loyaux à la dynastie, afin de tromper une foule de braves gens, et est très répandu dans les basses couches de la société [40]. »

Due à l'initiative de Carl Menger, la première rencontre entre les deux hommes date du 28 octobre 1881. Comme la plupart de celles qui la suivront, elle a pour cadre l'appartement du prince héritier à la Hofburg. C'est le début d'une amitié qui, dans la vie de Rodolphe, n'a d'égale que la relation qui, depuis son enfance, l'unit à Latour, car elle touche à ce qui pour lui représente l'essentiel : le destin de la Monarchie et les valeurs du libéralisme. Ses lettres à Moritz

Szeps, une des sources les plus précieuses pour la connaissance de sa pensée intime, donnent le ton de la cordialité directe qu'il met très vite dans leurs relations. Au début encore distante (« Distingué Monsieur Szeps »), la formule par laquelle il s'adresse à son correspondant se fait rapidement chaleureuse (« Cher Monsieur Szeps », puis tout simplement « Cher Szeps »).

Moritz Szeps met des sources d'information de premier ordre à la disposition de Rodolphe. Celui-ci peut ainsi avoir accès à des renseignements qui, par les canaux officiels, ne parviennent pas jusqu'à lui. Mais, comme il est normal, ces informations ne sont pas neutres. En accord avec la ligne politique du *Neues Wiener Tagblatt,* elles contribuent à ancrer le prince héritier dans ses options radicales. Ces relations ne sont cependant pas à sens unique. Même s'il s'estime tenu à l'écart, Rodolphe entre, de par sa position, en possession d'informations qui échappent à Moritz Szeps. Il lui en communique au moins une partie, notamment lorsqu'il lui paraît utile qu'elles soient reprises dans la presse. Rodolphe pousse encore plus loin sa collaboration. S'il commence par suggérer des thèmes d'articles, il ne tarde pas à proposer d'en écrire pour le *Neues Wiener Tagblatt.*

Ses activités journalistiques comptent parmi les aspects les moins connus de la vie de Rodolphe. Il est en effet impossible d'établir un recensement, fût-ce approché, de ses articles, l'anonymat de leur auteur ayant été, naturellement, conservé. Si certains d'entre eux ont été ultérieurement identifiés, on le doit à des recoupements ou à l'indiscrétion des archives. Les textes publiés ne le sont bien souvent qu'après avoir subi des retouches. Il arrive en effet fréquemment que Moritz Szeps soit contraint d'en tempérer la fougue militante, d'en gommer des pointes, afin d'éviter la saisie du journal. Là où d'autres protesteraient contre de tels « toilettages », Rodolphe ne soulève pas d'objections. Reconnaissant l'autorité de Szeps, il ne discute pas ses choix. Sa correspondance ne laisse apparaître ni récrimination ni blessure d'amour-propre.

La tribune du *Neues Wiener Tagblatt* offre à Rodolphe la possibilité de donner une nouvelle dimension à son combat pour ses idées. Il peut maintenant espérer sortir du cercle étroit formé de quelques initiés pour toucher un vaste public. Ce faisant, il creuse encore un peu plus le fossé qui le sépare de son milieu. Il est déjà grave que le prince héritier, par ailleurs officier général, critique sévèrement la politique de ministres de son père dans des articles lus jusqu'à l'étranger par des dizaines de milliers de lecteurs. A cela s'ajoute que, pour les publier, il a choisi le journal à la pointe de l'opposition au comte Taaffe et dans lequel celui-ci voit justement son adversaire le plus acharné.

Pour cette raison, le *Neues Wiener Tagblatt* a droit à des attentions spéciales de la part du Premier ministre. Ainsi, le 27 janvier 1883, il le fait retirer des bureaux de tabac de la capitale, une mesure qui, escompte-t-il, entraînera une baisse importante des ventes et, au-delà, la déstabilisation du journal. En parvenant en quelques jours à louer un nouveau réseau de points de vente, Szeps met au point une riposte qui déjoue le plan de Taaffe. Mais, si elle ne manque pas de panache, celle-ci représente aussi une charge très lourde pour le budget du journal. Les ennemis de Szeps ne s'arrêtent pas là. L'année suivante, il est condamné à une peine d'un mois de prison pour diffamation du meneur antisémite, Georg von Schönerer. Plus grave encore, contesté par le conseil d'administration du quotidien qui lui reproche le coût de l'opération de sauvetage et une ligne trop radicale, il est démis de ses fonctions directoriales en octobre 1886.

Sans doute Szeps fonde-t-il rapidement un nouveau journal, le *Wiener Tagblatt*. Mais les beaux jours sont passés. Le *Wiener Tagblatt* ne parvient pas à dépasser un tirage de 14 000 exemplaires et l'entreprise doit régulièrement faire face à des difficultés financières. Rodolphe s'est certes employé à intéresser au lancement du journal certaines de ses relations, comme le baron Moritz Hirsch, un financier de réputation internationale qui s'est bâti une énorme fortune dans la construction des chemins de fer ottomans. Pourtant, si précieux qu'il ait été, le soutien de ce mécène ne suffit pas à renverser la tendance au déclin.

Autant de raisons qui expliquent le luxe de précautions prises par Rodolphe et Szeps pour éviter que leurs relations ne soient découvertes. Ainsi leurs rencontres dans l'appartement de Rodolphe à la Hofburg sont généralement placées très tard dans la soirée. Un scénario ingénieux a été mis au point pour la transmission des lettres de Rodolphe. Nehammer, un de ses serviteurs, est chargé de se présenter tôt le matin au domicile de Moritz Szeps. Transformé pour l'occasion en masseur de Berta, la fille cadette du journaliste, il remet le courrier destiné à son père. Comme ses articles auraient pu fournir le moyen de remonter jusqu'à Rodolphe, Moritz Szeps prend soin de les recopier de sa main. Après quoi, toujours par l'intermédiaire de Nehammer, les originaux reviennent à leur auteur. Malgré toutes ces ruses, le secret n'est pourtant pas gardé plus de quelques mois. Dès le début de 1883, Rodolphe a acquis la conviction que ses relations avec Moritz Szeps sont connues. Se croyant maintenant sous le regard d'une armée d'espions qui épient ses faits et gestes et vont jusqu'à ouvrir son courrier, il développe une mentalité obsidionale :

> « On est très attentif et très méfiant à mon endroit, alerte-t-il son ami. Je vois un peu plus chaque jour comme je suis entouré d'un réseau serré d'espionnage, de dénonciations, de malveillance. Soyez très prudent si on vous questionne sur vos relations avec moi. Je vous ai déjà dit que j'ai de bonnes raisons de croire que nos relations sont connues en haut lieu. Depuis j'ai rassemblé toute une série d'indices tangibles [...]. Je ne connais que trop bien la tactique de mes adversaires; d'abord on sonde, on procède par insinuations, on tend des pièges, en posant des questions, puis, quand le terrain est bien préparé, on passe à l'attaque[41]. »

La correspondance de Rodolphe abonde en déclarations de ce genre. Il faut pourtant se demander si elles rendent un compte exact de la réalité. Rodolphe n'a pas tort de penser que la surveillance dont il est l'objet de la part de la police ne se limite pas à assurer sa protection. Mais il est difficile de le suivre quand il imagine une vaste machinerie à l'œuvre pour lui nuire, quand il se croit en butte à un complot attaché à sa perte auquel participeraient jusqu'aux plus hauts dignitaires de l'État, de la Cour et de l'armée.

Dans le cas précis de ses relations avec Moritz Szeps, les précautions conçues pour déjouer la vigilance de la police n'ont pas l'effet escompté. Il ne faut pas plus de quelques mois pour que les milieux gouvernementaux en soient informés. Le devinant, Rodolphe se sent pris dans les mailles d'un filet qui peu à peu se refermerait sur lui. Pour leur part, les ministres peuvent tirer argument de ces relations compromettantes pour refuser à Rodolphe des informations qui risqueraient de se retrouver demain dans l'une des principales feuilles d'opposition. Quant à François-Joseph, il ne met pas son fils en demeure de rompre cette amitié, mais il y voit sans doute une raison supplémentaire de ne pas l'associer aux responsabilités du pouvoir.

Son réseau d'informateurs ne laisse pas non plus Bismarck dans l'ignorance des liens qui unissent Rodolphe à Moritz Szeps. Comment n'en concevrait-il pas de l'inquiétude? S'il est actuellement tenu à l'écart des centres de décision, Rodolphe peut, du jour au lendemain, être appelé à la responsabilité suprême. Il faut donc redouter l'influence exercée sur le prince héritier du premier allié de l'Allemagne par un homme dont les contacts avec les milieux politiques parisiens sont connus et dont on soupçonne même à Berlin le journal d'être en partie commandité par des capitaux français.

L'inquiétude de Bismarck serait encore accrue s'il avait connaissance de l'entretien accordé, le 22 décembre 1886, par Rodolphe à Georges Clemenceau qui n'occupe sans doute pas de fonction gouvernementale, mais qui, comme chef du courant radical, compte parmi les personnalités les plus influentes de la scène politique française. Clemenceau n'a pas toujours été l'homme qui s'est acharné, en 1918, à la destruction de l'Autriche-Hongrie. Durant une période assez longue de sa vie – probablement ne prend-elle fin qu'en 1908 avec la crise provoquée par l'annexion de la Bosnie-Herzégovine – il a espéré qu'elle finirait par se détacher de l'Allemagne pour se rapprocher de la France républicaine. Sans compter sa cure annuelle à Carlsbad, il a des attaches étroites avec la famille Szeps. Une des principales figures de la vie politique française, il est, depuis 1880, en relation avec Moritz Szeps dont il fréquente la maison lors de ses séjours à Vienne. Bien plus, les deux familles s'unissent avec le mariage de Paul, le frère de Georges, avec Sophie Szeps, l'aînée des filles du journaliste.

C'est justement au terme de cette journée que Rodolphe reçoit, selon son habitude, à minuit, Clemenceau à la Hofburg. Sûrement n'est-il pas insensible à ce que cette rencontre comporte de provocation, quand bien même elle est entourée d'un luxe de précautions. Si la Cour de Vienne voyait dans Gambetta un dangereux révolutionnaire, on imagine l'espèce d'effroi que la seule évocation du nom de Clemenceau suffit à y provoquer. Mais, par-dessus tout,

Rodolphe regretterait de laisser passer cette occasion de connaître un des hommes politiques dont la parole a le plus de poids en France et qui, demain, pourrait diriger le gouvernement de la République. Le témoignage de Szeps, présent à la rencontre, permet de reconstituer cet entretien qui met en évidence de nombreux points d'accord entre les deux hommes, tout en fixant les limites de leur entente.

Pour commencer, Clemenceau s'affirme un chaud partisan d'une Autriche libre et indépendante qui aurait pour vocation de servir de contrepoids à l'Allemagne de Bismarck. De son côté, Rodolphe s'applique à conforter son hôte dans ces sentiments, en lui expliquant que l'existence de l'Autriche répond à une nécessité européenne. Pour cela, il la lui décrit comme une réalisation en miniature de l'idéal d'États-Unis d'Europe chère à Victor Hugo, même s'il admet volontiers que la politique de Taaffe ternit provisoirement son image.

Une zone de divergences apparaît cependant lorsqu'est abordée la question balkanique. Clemenceau se dit en effet préoccupé par l'orientation de la diplomatie austro-hongroise vers les Balkans. Ayant sans doute déjà en vue un rapprochement avec la Russie, il redoute qu'elle n'ait pour conséquence fatale d'obliger l'Autriche-Hongrie à rester liée à l'Allemagne. Piqué au vif, Rodolphe réagit par un vibrant plaidoyer pour l'engagement de la Monarchie dans les Balkans où se situent ses intérêts vitaux : « Notre politique balkanique! C'est notre plus belle mission que de porter la civilisation vers l'Est! Une mission qui, trop souvent, n'est malheureusement comprise ni de la France ni de l'Angleterre! Cette " pénétration pacifique * ", c'est mon plus beau rêve [42]. »

Il ne s'agit pourtant pas d'obstacles insurmontables, car des changements s'annoncent à l'horizon. Rodolphe connaît suffisamment le prince de Galles pour se porter garant de ses intentions. Dès qu'ils seront montés sur le trône, l'Autriche-Hongrie et l'Angleterre reconnaîtront la solidarité de leurs intérêts. Cette entente devrait préluder à la mise en place d'un nouvel ordre européen. Les temps seront alors mûrs pour que la France se joigne à cette union des puissances libérales qui sonnera le glas du système international construit, pierre après pierre, depuis 1871, par

* En français dans le texte.

Bismarck. Mais peut-être un changement de règne à Berlin orientera-t-il aussi l'Allemagne vers d'autres voies. Sans qu'il évoque cette perspective devant Clemenceau qui ne serait sans doute pas prêt à l'envisager, Rodolphe a manifestement présent à l'esprit son plan d'une quadruple alliance destinée à faire barrage à la barbarie moscovite.

L'ÉCHEC

Durant les années de garnison à Prague, Rodolphe a souvent imaginé les changements que son retour à Vienne entraînerait dans sa vie. Il se plaisait à penser que s'ouvrirait alors pour lui le temps des grandes actions. Sans doute, sous le régime du comte Taaffe, l'Autriche vivait-elle une période sombre. De mauvais conseillers avaient su convaincre François-Joseph de rompre avec la politique progressiste des gouvernements libéraux. Mais il était encore possible de réparer les dommages ainsi causés. François-Joseph consulterait son fils et, s'étant rendu à ses raisons, l'associerait aux responsabilités du pouvoir.

Lorsque Rodolphe est rappelé à Vienne, à la fin de 1883, pour prendre le commandement de la 25e division d'infanterie, cet espoir s'est déjà amenuisé, sous l'effet des premières déceptions. Il a dû constater le peu de cas qui est fait de ses avis, observer que les ministres s'abstiennent de lui communiquer les informations auxquelles il estime avoir droit. Le dépit l'a déjà poussé à des comportements qui risquent de le mettre en contradiction avec les obligations de sa fonction. Pourtant il veut encore garder espoir et croire qu'un retournement reste possible.

Il ne faut pas longtemps pour que la réalité achève de dissiper ses illusions. Loin d'être accueilli à Vienne comme un sauveur, il se voit demander de s'intégrer dans le système existant. Bien qu'il ne faille pas y voir de la part de François-Joseph une volonté de le sanctionner, il demeure confiné dans des tâches qui le tiennent éloigné des centres de décision. C'est seulement à partir de 1886 qu'à la demande de son père, Kálnoky l'informe régulièrement des dossiers diplomatiques. Mais cette règle ne s'impose pas aux autres ministres qui continuent à ne lui communiquer des informations qu'avec parcimonie.

Rodolphe souffre assurément dans son amour-propre de se sentir inutile. Mais surtout il lie son destin à celui de l'Autriche. Ses analyses l'ont amené à la conclusion que le temps est compté à la Monarchie. Faute d'une autre politique, il la voit rouler à l'abîme. Son impatience du pouvoir trouve d'abord son origine dans la conscience aiguë qu'il a de la fragilité de l'ensemble austro-hongrois.

Pour une certaine tradition, il est convenu de vanter la pertinence des projets politiques de Rodolphe, de célébrer leur largeur de vues par opposition à l'étroitesse d'esprit de François-Joseph. Le conservatisme sclérosé de l'un contrasterait avec le libéralisme ouvert sur l'avenir de l'autre. A la limite, on blâmerait presque le père de ne pas s'être effacé devant un fils à l'intelligence supérieure qui aurait été en mesure de sauver la Monarchie si la possibilité lui avait été laissée d'appliquer la politique de ses vœux.

C'est oublier un peu vite que des projets politiques ne doivent pas seulement se juger dans l'absolu. Il est trop conforme à leur nature de se présenter comme des panacées infaillibles, de supposer aplanis, par leur seule vertu, les obstacles qu'il leur est demandé de lever. Ces obstacles, Rodolphe les voit, non dans la nature des choses, mais dans la malignité et l'ignorance des forces hostiles. Convaincu, en digne fils de l'âge du positivisme et du scientisme, que la victoire de la raison est inscrite dans le sens de l'histoire, il ne peut imaginer qu'il ne suffise de leur opposer un projet rationnel pour en venir à bout.

Or force est de se demander si les projets de Rodolphe ne gomment pas trop facilement les facteurs tenant à la nature des choses. Déjà la complexité de l'organisme austro-hongrois, faite d'une addition de pluralismes, s'accommode mal de réformes chirurgicales. Un siècle plus tôt, Joseph II, à plus d'un titre le modèle de Rodolphe, en a fait la cruelle expérience lorsque sa tentative de transformation de l'Autriche en un État unitaire selon les normes de la raison s'est brisée sur les résistances des patriotismes locaux. Encore au début du règne de François-Joseph, le néo-absolutisme a échoué dans son effort pour imposer par la force une refonte de l'Empire inspirée du même schéma.

Il paraît d'autre part exclu que Rodolphe dispose des moyens de sa politique. Dans les pays autrichiens, il pourrait s'appuyer sur les libéraux allemands, mais ce serait là une base insuffisante. Recrutant principalement dans la bourgeoisie de la fortune et du savoir, ils sont déjà en situation de minorité dans un régime censitaire étroit. Leur poids politique est donc appelé à diminuer encore quand, avec l'entrée de l'Autriche dans l'ère des masses, le corps électoral sera élargi à de nouvelles couches de la société, a fortiori si cette réforme va jusqu'à l'instauration du suffrage universel. Or on voit mal comment Rodolphe trouverait des alliés dans les forces alors en gestation, que ce soit le christianisme-social ou la social-démocratie, qui, l'une et l'autre, fût-ce sur des modes divers, rejettent le libéralisme. Sans doute ne fait-il guère de cas du parlementarisme. Ses préférences vont probablement à un système inspiré du modèle du despotisme éclairé qui investissait la Couronne de la mission de décider, puis de promouvoir les réformes nécessaires à la transformation de la société. Mais, en cette fin du XIXe siècle, une telle tentative, même dictée par un zèle progressiste, serait interprétée comme une volonté de retour en arrière et combattue par la grande majorité de la société politique.

Ce tableau serait incomplet si on omettait d'ajouter que même les libéraux ne se reconnaissent qu'imparfaitement dans les idées défendues par Rodolphe. On pense ici en particulier à ses réserves vis-à-vis de l'Allemagne qui, après la montée de Guillaume II sur le trône, tournent à une franche hostilité. Si le *Neues Wiener Tagblatt* soutient ses vues, le journal de Moritz Szeps n'est pas sur ce point représentatif des libéraux. Dans leur grande majorité, ceux-ci comptent parmi les plus chauds partisans de l'alliance que, conséquence du durcissement des conflits nationaux, ils associent à la défense des intérêts allemands en Autriche. Beaucoup de Hongrois ont certes été déçus par l'attitude de Bismarck dans l'affaire bulgare. Les dirigeants de Budapest n'en restent pas moins fidèles à l'alliance allemande. Ils en seront même des piliers jusque dans les derniers jours de la Monarchie. Lors de sa visite à Vienne, en octobre 1888, ce n'est pas Tisza que Guillaume II s'abstient de décorer de l'ordre de l'Aigle noir, mais le comte Taaffe.

Ni les uns ni les autres ne seraient donc prêts à suivre Rodolphe dans une remise en cause de l'alliance allemande, depuis 1879 pierre d'angle de la diplomatie austro-hongroise. Il trouverait plus facilement parmi les Slaves des partenaires disposés à l'écouter. L'opinion publique tchèque s'est notamment montrée réservée devant l'établissement de relations privilégiées avec l'Allemagne. Ses sentiments anti-allemands (rappelons-nous la protestation des députés tchèques de la diète de Prague, en 1871, contre l'annexion de l'Alsace-Lorraine) devraient lui valoir les sympathies de Rodolphe. Mais le soutien des Tchèques au gouvernement Taaffe leur a fait perdre toute crédibilité à ses yeux.

Arrivé à ce stade de l'analyse, on ne peut éviter de se demander si Rodolphe a une juste perception des besoins de l'Autriche. Toujours dans la tradition de Joseph II, ses préférences vont à un régime centralisé, le mieux à même, selon lui, de réaliser son idéal grand-autrichien. Même limitée à la Cisleithanie où elle n'aurait le soutien que d'une partie des Allemands, une tentative pour aller dans ce sens, fût-ce sous l'aile du libéralisme, provoquerait immanquablement de dangereuses tensions avec les nationalités. Elle se heurterait de leur part à une opposition qui risquerait de les pousser vers les voies de l'extrémisme. A fortiori si elle était étendue à la Hongrie. On a du mal à discerner comment Rodolphe parviendrait à concilier ses amitiés hongroises avec sa volonté de renforcer l'unité de la Monarchie. Les seules modifications qui recevraient l'agrément des Magyars seraient celles qui réduiraient, à l'inverse, leurs obligations envers l'Autriche. A supposer que le dualisme fût condamné, la réforme de l'organisation interne de l'ensemble habsbourgeois, certes plus facile à concevoir dans son principe qu'à faire entrer dans les faits, devrait aller dans la direction d'un fédéralisme qui s'efforcerait de trouver un point d'équilibre entre l'aspiration des nationalités à l'autonomie et le maintien des compétences nécessaires à l'unité de la Monarchie. Or Rodolphe rejette catégoriquement cette solution qu'il juge liée à des intérêts réactionnaires.

Une comparaison avec François-Ferdinand qui lui succédera dans la position de prince héritier n'est peut-être pas inutile. S'il lui arrive de critiquer le dualisme, Rodolphe compte principalement des Allemands et des Magyars parmi ses amis ou relations. S'il devait monter sur le trône, ce manque de contacts avec les autres peuples de la Monarchie constituerait un grave handicap. A l'inverse de son cousin,

François-Ferdinand prendra soin d'ouvrir plus largement son entourage. Cette plus grande attention aux intérêts des autres groupes nationaux aurait pu lui donner de meilleurs atouts s'il avait été appelé à succéder à François-Joseph. Sans qu'il soit possible d'en inférer les formes qu'il aurait données à la nouvelle organisation de l'Empire, ce refus d'un tête-à-tête avec les Allemands et les Magyars laisse en tout cas entendre qu'il aurait cherché à rompre avec le dualisme.

Déjà latent dans les dernières années de la décennie précédente, le différend de Rodolphe avec son milieu s'est à ce point aggravé qu'il faut maintenant presque parler de divorce. Sans doute les apparences extérieures sont-elles sauves. Rodolphe sait se composer un visage. Lors des cérémonies ou manifestations officielles comme dans le cadre des missions qui lui sont confiées, il joue le personnage qui est attendu de lui. Rien dans ses déclarations ou ses comportements ne le met en contradiction avec son devoir de loyalisme. S'il déplore son conservatisme, il garde à son père la même affection et, en public comme en privé, lui marque toujours un égal respect. Au reste, il s'accroche à la fiction qui impute aux ministres la responsabilité d'une mauvaise politique.

La réalité est pourtant très différente. Sur la plupart des points essentiels de la politique intérieure aussi bien qu'extérieure, le désaccord est complet. Plus grave encore, il ne s'agit pas seulement d'un conflit d'idées. Rodolphe s'est maintenant laissé aller à des actes qui l'entraînent sur des eaux dangereuses. Passe encore sa fréquentation de journalistes d'opposition, mais, en leur communiquant des informations confidentielles et, surtout, en publiant des brûlots contre la politique de son père dans le *Neues Wiener Tagblatt* ou le *Pester Lloyd,* il rompt avec son devoir de réserve.

A-t-il aussitôt mesuré la gravité de ce tournant? Peut-être a-t-il commencé par goûter le plaisir du jeu dans ce moyen qui lui permet de frapper, masqué, ses adversaires? Ce stade est pourtant vite dépassé. Qu'il poursuive dans cette voie en dit long sur l'ampleur de la crise, c'est-à-dire son désaccord politique, mais aussi son désarroi et sa solitude. Et surtout, il s'enferme dans une logique où il risque de ne plus discerner les limites au-delà desquelles il ne saurait aller sans les plus graves dangers. Certes il n'est pas question de conspiration – probablement n'en sera-t-il jamais question –, en revanche de multiples signes donnent à penser que Rodolphe est déjà entré dans une forme de dissidence morale.

CHAPITRE IV

Naufrage du mariage

Peut-être cette crise n'aurait-elle pas provoqué des effets aussi dévastateurs, si Rodolphe avait trouvé dans l'harmonie d'un foyer heureux un havre de sécurité qui aurait donné à sa vie un pôle de stabilité. Mais cet appui qui lui aurait été nécessaire pour relativiser certains conflits, tempérer certains élans, lui a fait défaut. Son mariage ne résiste pas à la première épreuve qu'il lui faut affronter. Dès la première bourrasque, il vole en éclats. S'il s'abandonne alors à une vie débridée, s'il se livre à ses pulsions, Rodolphe n'y trouve pas l'apaisement. Cette conjonction de crises qui l'assaillent en même temps achève d'ébranler son équilibre tant moral que nerveux et, en l'enfermant dans sa solitude, accentue sa détresse.

L'ÉDUCATION SENTIMENTALE

Ses études terminées, Rodolphe n'a pas tardé à jeter sa gourme. Certains passages de la lettre que le baron von Walterskirchen lui écrit à la fin d'octobre 1877, soit seulement deux mois après que Latour s'est effacé devant Bombelles, le donnent à entendre : « Vous n'avez pas besoin de vous précipiter sur la coupe de la vie, pareil à un assoiffé », ou bien : « Votre intelligence me donne l'assurance que vous ne vous perdrez pas dans le tourbillon des plaisirs [1]. » Il est évidemment tentant de mettre ces premières aventures en relation avec l'entrée en scène du comte Bombelles que chacun connaît à la Cour pour un libertin. A partir de là, on pourrait même imaginer qu'il s'est agi d'un plan concerté. Inquiet des sympathies libérales affichées par Rodolphe, François-Joseph et ses conseillers auraient compté sur ce moyen pour l'en détourner. Mobilisées sur d'autres terrains, ses juvéniles ardeurs auraient ainsi échappé à l'emprise de théories suspectes.

Si ce calcul a été fait, il s'est révélé une erreur. Même pris dans ce tourbillon, Rodolphe n'a en rien dévié de ses convictions. Son adhésion aux principes du libéralisme n'a ni vacillé ni faibli. Pas davantage son goût de l'étude ne s'est relâché. Ce serait pourtant pousser très loin les arrière-pensées de François-Joseph que de lui prêter ce plan. Après tout, Rodolphe ne se comporte pas différemment de la plupart des autres archiducs au même âge. Il est admis dans les usages qu'ils aient des maîtresses avant leur mariage et rares sont ceux qui s'en offusquent à la Cour. Dans bien des cas, en vue de faciliter leur apprentissage et de leur éviter le risque de maladies, on va jusqu'à leur procurer des « maîtresses hygiéniques ». Si un dérapage menace de se produire, il est toujours temps d'intervenir. Ainsi François-Joseph met fin, dans les premiers mois de 1880, à une liaison de Rodolphe avec une comédienne, Johanna Buska. Mariée aussitôt après au comte Nikolaus Török, un barbon de trente-cinq ans son aîné, la jeune femme donne bientôt le jour à un fils dans lequel la rumeur veut voir un enfant naturel du prince héritier.

Rodolphe montre dans son éducation sentimentale cette sorte d'ambivalence qui, à bien des égards, constitue un des traits de sa personnalité. Il ne s'est pas aussitôt transformé en un Don Juan sceptique et blasé, où plutôt celui-ci cohabite avec un jeune homme capable d'émotions sincères. Sa réaction au drame provoqué, dans ces années, par une de ses amourettes en porte témoignage. Au début de son séjour à Prague, Rodolphe s'était épris d'une jeune fille, d'origine juive, rencontrée au hasard d'une promenade dans la vieille ville. Inquiets des conséquences qu'une liaison avec le prince héritier risquait d'avoir pour l'honneur de leur fille, ses parents avaient pris les devants, en l'envoyant à la campagne pour l'y fiancer. L'affaire en serait restée là, si elle n'était rapidement tombée malade, puis n'était décédée, non sans avoir appelé Rodolphe, à plusieurs reprises, dans son délire. Ce drame le marque durablement. Il le plonge dans une affliction qu'accroît encore le poids du remords. S'accusant de sa mort, il prend l'habitude de se glisser, la nuit, dans le cimetière où est enterrée la jeune fille, pour se recueillir sur sa tombe et y déposer des fleurs. Comme il persiste dans cet état d'abattement, il n'est finalement, pour le distraire de ses sombres pensées, d'autre solution que de l'éloigner momentanément de Prague.

La position de Rodolphe suffirait à expliquer que les occasions de conquêtes ne lui aient pas manqué. Pour certaines dames du monde ou du demi-monde, il pouvait être flatteur de compter parmi les élues du prince héritier. Mais au privilège de la naissance, Rodolphe joint un charme personnel auquel ses contemporains ont été généralement sensibles, qu'ils aient ou non sympathisé avec lui. Même agréable, son physique n'y a pas la part la plus importante. Pour l'essentiel, son pouvoir de séduction est ailleurs, composé subtil où se mêlent la grâce de son sourire, l'éclat de son regard, les inflexions de sa voix, les mouvements de son humeur, les pointes de son esprit. Et surtout, il est rapidement passé maître dans l'art d'en user. Sa belle-sœur, la princesse Louise de Cobourg, en est comme éblouie :

> « Il était plus que beau, il était fascinant. De taille moyenne et bien proportionné, il était, bien que paraissant fragile, d'une constitution très robuste. Sa pureté de race était évidente, il faisait irrésistiblement penser à un pur-sang; il en avait toutes les caractéristiques [...], il en avait l'esprit léger et les caprices. Sur son teint mat se reflétait sa sentimentalité. Ses yeux dont l'iris brun, brillant, se mettait à scintiller dans les moments d'excitation, semblaient alors changer de forme. Il était très sensible et d'humeur changeante. En un instant, il pouvait passer de l'amabilité à la colère, puis était capable de redevenir aussitôt après le plus délicieux des hommes. Le rire de Rodolphe impressionnait peut-être plus encore; c'était le rire d'un homme énigmatique, pareil à celui de l'Impératrice. La façon mystérieuse qu'il avait de parler captivait ses interlocuteurs. Chacun d'eux se sentait flatté d'avoir saisi une part de sa personnalité [2]. »

Dans bien des cas, Rodolphe n'a même pas à déployer les diverses facettes de son charme pour augmenter d'une nouvelle conquête son tableau de chasse amoureux. Au jeu de l'amour, il n'est pas toujours le chasseur. Sans qu'il ait à les provoquer, les occasions s'offrent souvent d'elles-mêmes à

Rodolphe. Parmi ces aventures fugitives, il en est une qui prend l'allure d'une rencontre avec le destin. Lorsqu'il fera la connaissance de Mary Vetsera, Rodolphe se souviendra-t-il que sa mère s'était littéralement jetée dans ses bras quelque dix ans plus tôt? A Gödöllö, la résidence royale près de Budapest, où elle accompagne ses frères Alexandre et Hector Baltazzi, elle poursuit alors Rodolphe de ses assiduités, un manège qui n'échappe pas à François-Joseph : « Ce que fait cette femme avec Rodolphe est incroyable, s'indigne-t-il; à cheval, elle lui colle au train; aujourd'hui elle lui a même offert un cadeau[3]. » Il se serait encore plus ému s'il avait appris qu'elle avait glissé dans l'étui à cigarettes, dont elle avait fait présent à Rodolphe, un billet lui proposant un rendez-vous galant. Il n'est pas improbable que Rodolphe ait été sensible au charme d'Hélène Vetsera, celle-ci ayant le type de beauté brune, pulpeuse et sensuelle pour lequel il aura toujours une préférence marquée et qu'il retrouvera plus tard chez Mary.

Ces succès faciles ne sont sûrement pas sans influer sur l'image que Rodolphe se fait de la femme. Il faut qu'il en ait une piètre idée pour déclarer à Louise de Cobourg : « Il n'est pas encore de femme qui m'ait résisté[4]. » C'est l'autre face du personnage, celle du Don Juan sceptique et blasé, car, dans ces brèves rencontres, il n'est nulle trace d'amour. Plus intéressé par la possession que par la conquête, Rodolphe tend à ravaler la femme à un simple objet de plaisir.

STÉPHANIE

L'éducation sentimentale de Rodolphe est donc déjà très avancée lorsque s'approche le moment où il lui faudra entrer dans les liens du mariage. Cette perspective ne l'enthousiasme guère, car la vie de célibataire a des charmes qui lui conviennent fort bien, mais il sait aussi que les intérêts de la dynastie exigent de sa part ce sacrifice. François-Joseph attend de lui qu'il donne à la Monarchie un héritier. Se comportant en fils docile, Rodolphe accepte les plans qui sont décidés pour lui.

Trouver une épouse pour le prince héritier de la Maison

d'Autriche n'est cependant pas chose aisée. D'emblée certaines solutions sont écartées. Trop de mariages ont uni les Habsbourg et les Wittelsbach pour qu'il ne faille redouter maintenant des complications génétiques. Le projet d'une union à l'intérieur de la famille n'est pas davantage retenu, surtout qu'avait été avancé le nom d'une archiduchesse de la branche hongroise. Un tel parti aurait risqué de livrer le futur souverain aux influences magyares. Une alliance avec les Hohenzollern est un moment envisagée. Après le traité d'octobre 1879, elle aurait pour avantage de donner une consécration officielle à la solidarité des deux empires. Mais, faute de surmonter l'obstacle confessionnel, ce projet est à son tour abandonné. Gageons que Rodolphe ne s'est pas lamenté sur cet échec. Il lui aurait certainement déplu d'avoir à prendre pour épouse une princesse du royaume auquel il n'a pas pardonné l'humiliation de Sadowa.

Il faut donc en revenir à la solution d'une union avec une famille royale catholique. Même en y incluant les dynasties détrônées, les possibilités ne sont pas nombreuses. François-Joseph serait certes ravi d'un mariage saxon. Depuis son enfance, une solide amitié l'unit à son cousin Albert, l'actuel roi de Saxe, une des rares personnes qui aura eu le privilège de le tutoyer. Mais, malgré la meilleure volonté du monde, Rodolphe trouve vraiment insipide la princesse qui lui serait destinée. Il y aurait encore la carte espagnole. Le périple que Rodolphe entreprend en Espagne en 1879 est sans doute présenté comme un voyage d'études, mais il est surtout organisé dans le but de lui permettre de rencontrer à Madrid deux princesses inscrites sur la liste des fiancées potentielles. Comme il n'en trouve aucune à son goût, il peut, après cette étape, se consacrer, l'esprit libre, à la découverte de l'Espagne.

Après ces échecs, les chances de la solution belge, sous les traits de la princesse Stéphanie, grandissent. Les perspectives paraissent, cette fois, favorables. La reine Marie-Henriette, la mère de Stéphanie, est une Habsbourg. Fille de l'archiduc Joseph qui, des décennies durant, sous les règnes de François Ier et de Ferdinand Ier, avait représenté, dans les fonctions de Palatin, l'Empereur en Hongrie, elle est restée très attachée à sa patrie d'origine. D'autre part, Louise, sa fille aînée, a épousé en 1875, le prince Philippe de Cobourg, un familier de Rodolphe. On peut supposer qu'elle a défendu les intérêts de sa sœur, à la Cour de Vienne. Mais, par-dessus tout, ce mariage comblerait les vœux du roi Léopold II. Une union avec la plus auguste des familles princières européennes constituerait un appréciable succès pour une dynastie encore jeune puisque son acte de naissance remonte seulement à 1831. En se fixant cet objectif, Léopold met ses pas dans ceux de son père qui avait marié sa fille Charlotte à l'un des frères de François-Joseph, l'archiduc Ferdinand-Maximilien, le futur empereur du Mexique.

Alors que des tractations s'engagent où son avenir est en jeu, Stéphanie est entrée dans sa seizième année. Le plus important dans la formation de sa personnalité est sans doute qu'elle n'a pas connu une enfance heureuse. Il faut que le souvenir lui en ait été douloureux pour que, arrivée au soir de sa vie, elle confie dans ses Mémoires : « Alors que d'autres se reportent avec joie à l'époque heureuse passée dans la maison de leurs parents, nous nous rappelions à contrecœur les sombres impressions que nous avait laissées notre vie sous le toit familial[5]. » L'atmosphère au palais Laecken semble avoir été glacée. S'il a été un grand monarque pour la Belgique, Léopold n'avait les vertus ni d'un époux ni d'un père. La mésentente de ses parents n'a pu échapper même à une enfant sans expérience. Dès leur mariage, Léopold avait marqué à son épouse les limites de leurs rapports, ne lui reconnaissant d'autre fonction que génitrice, celle de lui donner un fils qui, le moment venu, lui succéderait sur le trône. Pour le reste, il ne voit en elle qu'une étrangère que seules les conventions attachent à sa vie. Ne cherchant nullement à donner le change, ne cachant pas ses liaisons, il n'a pour elle qu'une froideur qui confine parfois à la grossièreté. Le spectacle des infidélités de son père a pu laisser chez Stéphanie une prédisposition à la jalousie qui la portera à réagir lorsque Rodolphe lui réservera le même sort.

L'amour qu'il refuse à sa femme, Léopold ne le prodigue pas davantage à ses filles. Il agit à leur égard comme s'il ne leur pardonnait pas de prendre la place du fils que le destin ne lui a pas conservé. Il ne s'est en effet jamais consolé de la perte du petit prince Léopold qu'une fièvre a emporté à l'âge de neuf ans, en 1869. Sans doute l'espoir renaît-il lorsque la reine est de nouveau enceinte en 1872, mais, une fois encore, elle met au monde une fille. Avec cet ultime coup du sort est aussi ruinée la dernière chance d'un rapprochement des deux époux. Comme elle y réagit en s'isolant dans une résignation indifférente aux autres, cette crise a également pour conséquence d'éloigner Marie-Henriette de ses enfants. Aussi, quand sa sœur Louise part pour Vienne en 1875, l'isolement affectif de Stéphanie est-il presque complet.

Lorsque la Cour de Vienne commence à s'intéresser à elle, Stéphanie est dans cet âge incertain où la jeune fille n'a ni dans son corps ni dans ses manières rompu les dernières attaches avec l'enfance. Au reste, la reine a dû avouer au comte Chotek, l'ambassadeur austro-hongrois à Bruxelles, qu'elle n'est pas encore formée. Des photos de l'époque se dégage une impression de fraîcheur un peu naïve. Stéphanie y apparaît avec un visage encore poupin esquissant un timide sourire. Ornés d'un bouquet de muguet, ses cheveux blonds sont tirés en arrière. Les sourcils sont à peine perceptibles, le nez en revanche prononcé. Stéphanie n'a certes pas le charme des femmes auxquelles Rodolphe est habitué. Rien de comparable également avec la beauté sensuelle de Mary Vetsera au même âge. Pourtant Stéphanie n'est pas sans grâce, même si celle-ci a encore un côté emprunté. Son décolleté découvre de jolies épaules, sa taille est bien prise et surtout la photo laisse déjà deviner ce teint d'albâtre qui fera l'admiration de tous.

Au début de 1880, les tractations entre les cours de Vienne et de Bruxelles sont suffisamment avancées pour que soit organisée une rencontre des deux jeunes gens. Se rendant en Irlande pour y retrouver l'Impératrice, Rodolphe s'arrêtera à Bruxelles où il sera l'hôte de la famille royale. Sans doute François-Joseph le laisse-t-il en principe libre de son choix. Mais il a déjà usé à deux reprises de cette liberté. Aussi est-il bien conscient qu'il lui est devenu difficile d'opposer un nouveau refus. S'il ne proteste pas, il a cependant du mal à se faire à l'idée du changement qui va bientôt intervenir dans sa vie, du moins si l'on en croit cette confidence à Latour : « Une nouvelle vie va bientôt commencer et je ne peux nier que j'en éprouve un certain malaise[6]. »

Rodolphe arrive à Bruxelles, le 5 mars, accompagné d'une suite de vingt et une personnes dans laquelle a pris discrètement place sa maîtresse du moment. Auparavant, il s'est arrêté à Munich où il a été reçu par sa sœur Gisèle qui, huit ans plus tôt, a épousé le prince Léopold de Bavière et mène avec lui une vie heureuse. Comprenant sans doute mieux que quiconque les sentiments qui l'agitent, Louis II, comme pour lui adoucir la suite du voyage, a organisé à son intention, dans le jardin d'hiver, une fête somptueuse. Savourant le plaisir de ce tête-à-tête dont l'occasion ne leur sera peut-être plus donnée, les deux cousins conversent jusqu'aux petites heures du matin.

A Bruxelles, tout se déroule selon le plan prévu. La veille de l'arrivée de Rodolphe, Stéphanie a enfin appris de ses parents ce qu'ils attendent d'elle. Certes il lui est laissé un temps de réflexion, en fait seulement vingt-quatre heures. Mais la liberté qui lui est accordée est purement théorique. Encore moins qu'à Rodolphe, il ne lui est possible d'opposer un refus. Comme elle y a été habituée depuis sa petite enfance, Stéphanie se soumet à la volonté du roi : « Je ne connaissais que trop l'inflexible volonté, la volonté d'acier de mon père pour élever un seul mot d'objection [7] », écrira-t-elle plus tard.

L'instant décisif intervient le 7 mars. La scène est relatée par le menu dans le rapport que le comte Chotek adresse aussitôt après à Vienne. Au terme d'un déjeuner de famille, le roi, la reine et leurs invités se retirent dans une pièce voisine, laissant Rodolphe et Stéphanie seuls. Toutefois on a pris soin de garder la porte entrouverte. Au bout de quelques secondes, raconte Chotek, « le prince héritier parut à la porte, le rouge aux joues et une expression de bonheur sur le visage [8] ». « Nous nous approchâmes de mes parents, poursuit Stéphanie, et leur demandâmes de bénir nos fiançailles. Ils embrassèrent leur futur gendre et nous autorisèrent à nous tutoyer. Mon fiancé me tendit alors une bague avec un gros saphir et de superbes diamants [9]. » Comme il se doit, l'émotion est à son comble. Attentif aux détails, l'ambassadeur ne manque pas de relever dans son rapport que la reine et la princesse ont les yeux rougis par les larmes.

Rodolphe a-t-il joué avec talent la comédie du bonheur, comme un premier mouvement porterait à le penser? On ne s'arrêtera pas au témoignage euphorique du comte Chotek. Son enthousiasme est trop apprêté pour ne pas être de commande. La joie affichée par Rodolphe dans les télégrammes qu'il adresse à plusieurs des têtes couronnées européennes n'a pas davantage valeur de preuve. Quel autre langage aurait-il pu tenir? Pourtant ses lettres à de proches amis, à commencer par Latour, montrent la même satisfaction : « J'ai trouvé ce que je cherchais, lui écrit-il le jour même. Stéphanie est jolie, bonne, intelligente, très distinguée. Elle deviendra une fille et sujette loyale de son Empereur et une bonne Autrichienne. Je suis très heureux et très satisfait [10]. » Quelques jours plus tard, il ajoute : « Je nage dans le bonheur et la satisfaction [11]. »

Ne nous laissons pas abuser. Il est clair que Rodolphe force son enthousiasme. Pourtant la qualité de l'amitié qui l'unit à Latour invite à penser que ces lettres contiennent une part de vérité. S'il avait eu une réaction de rejet, il ne l'aurait pas cachée à celui dont il a pris l'habitude de faire le confident de ses pensées et de ses sentiments, à qui, encore un mois auparavant, il confiait son trouble. En d'autres termes, il n'est sûrement pas question d'un coup de foudre. Mais Rodolphe a pu éprouver de la sympathie pour Stéphanie, trouver du charme à sa fraîcheur et considérer enfin, puisqu'il était condamné à se marier, qu'elle ferait une bonne compagne.

Quant à Stéphanie, il ne faudrait pas demander à ses Mémoires une analyse fidèle des impressions que lui ont laissées ses premières rencontres avec Rodolphe. Même trente-cinq ans après le drame de Mayerling, son ressentiment est trop fort pour qu'elle ne revoie pas cette partie de son passé à la lumière des déchirements ultérieurs. A l'en croire, elle aurait tout juste trouvé que Rodolphe n'était pas « antipathique ». Autant que par son intelligence, elle aurait été frappée par l'instabilité et la dureté de son regard au point qu'« il ne supportait pas qu'on le regardât dans les yeux [12]. »

La réalité semble avoir été sensiblement différente. Il n'est pas difficile d'imaginer que Stéphanie éprouve un sentiment d'anxiété à l'approche du moment où elle va rencontrer l'homme que son père lui a choisi pour époux. De même elle appréhende le saut dans l'inconnu qui s'annonce aussi bien dans sa vie de femme que dans son existence de princesse. Elle doit se préparer à affronter un monde qui lui est étranger, où elle sera la cible des regards et des commentaires. Alors qu'elle a jusqu'à présent vécu dans l'ombre, elle sera bientôt projetée sur le devant de la scène où il lui faudra entrer dans un nouveau personnage et s'habituer aux contraintes d'une vie de représentation.

Mais, si toutes ces pensées la plongent dans un état de trouble, le charme de Rodolphe n'est pas sans jouer sur elle. Sans qu'il faille là non plus parler d'un coup de foudre, le regard qu'elle porte sur lui n'est pas seulement de sympathie. Comme elle espère trouver auprès de Rodolphe l'affection dont elle est privée dans son milieu familial, elle veut, de son côté, apprendre à l'aimer. Enfin, élevée dans un milieu monarchique, elle en partage les valeurs. Aussi, lorsqu'elle connaît des moments de doute, est-elle soutenue par la perspective du destin glorieux qui l'attend : « Un nouveau monde, fascinant, se tenait devant mes yeux, confesse-t-elle [...] comme dans un rêve, je voyais une couronne [13]. »

A la nouvelle que Rodolphe a enfin arrêté son choix, François-Joseph est délivré d'un grand poids. Élisabeth, en revanche, ne montre pas la même satisfaction. Dès qu'il a paru prendre quelque consistance, elle s'est prononcée contre ce projet de mariage. Les raisons de cette opposition ne tiennent pas seulement à la personne de Stéphanie. Il y a déjà l'hostilité qu'Élisabeth s'est découverte pour l'institution du mariage. Mais son narcissisme suffirait à la faire réagir négativement à la décision de Rodolphe de prendre épouse. C'est là une attitude qui lui est coutumière. Le culte dont elle est l'objet ne souffre pas de partage. Aussi, à moins qu'elle n'ait elle-même arrangé leur union, ce par quoi elle dispose encore d'eux, est-elle portée à ressentir comme un affront le choix de celles et de ceux de ses proches qui, en entrant dans les liens du mariage, rompent le cercle magique dont elle est le centre. Ses confidentes, la comtesse Marie Festetics et Ida Ferenczy, en ont fait l'expérience. De peur de les perdre, elle s'est toujours opposée à ce qu'elles acceptent les partis qui s'offraient à elles. Il lui est donc pénible de savoir qu'elle devra maintenant partager son fils avec une autre femme. Comme elle n'a pas caché son irritation à Rodolphe, il en résulte une certaine froideur dans leurs relations.

L'hostilité d'Élisabeth s'explique encore par sa profonde antipathie pour les Cobourg dans lesquels elle voit avant tout des parvenus uniquement soucieux d'augmenter leur lustre par des alliances avec les plus grandes familles princières. Au reste, il est un précédent pour démontrer qu'une telle union risque d'être funeste, celui du mariage de Ferdinand-Maximilien avec la sœur de Léopold, la princesse Charlotte. Élisabeth a gardé un mauvais souvenir de cette belle-sœur qu'elle avait soupçonnée de vouloir profiter de ses absences pour lui disputer le premier rôle à la Cour. L'ambition de Charlotte avait ensuite entraîné le malheureux Ferdinand-Maximilien dans l'aventure mexicaine qui s'était achevée en tragédie à Queretaro.

Convaincue que ce mariage ne serait pas heureux, Élisabeth est intervenue, mais sans succès, auprès de son mari pour qu'on renonce à ce projet. Toutes ces raisons font que Stéphanie ne trouve pas grâce à ses yeux. Ne s'arrêtant pas à son âge, ne devinant pas la beauté qui percera bientôt sous cette enveloppe encore gauche, Élisabeth la juge insipide et ne se prive pas de le dire. Lorsque la comtesse Festetics note dans son Journal : « Nous ne pouvons pas comprendre ce que le prince lui trouve », on croit entendre en écho un propos de l'Impératrice [14].

Il faut encore attendre plus d'un an avant que le mariage ne soit célébré. D'abord prévu pour février 1881, il doit être repoussé de trois mois. L'attente des premières règles de Stéphanie explique la longueur de ce délai. Il en résulte une certaine gêne chez les parents de la fiancée, comme il ressort d'une lettre à Latour où Rodolphe laisse libre cours à son ironie :

> « Le roi me reçut fort aimablement, mais il était visiblement gêné; la reine était encore plus embarrassée. Comme j'insistais pour obtenir une réponse précise, on me dit qu'il était préférable de ne pas fixer de date ferme, parce qu'on serait peut-être dans l'obligation de décider d'un nouveau report. On trouvait certes tout à fait inutile d'attendre puisqu'ici des mariages sont conclus dans ces conditions, mais le roi et la reine ne souhaitaient pas se montrer trop pressants, car ils redoutaient qu'on ne les soupçonnât à Vienne de vouloir marier leur enfant à tout prix, au mépris de sa santé et de conséquences éventuelles. Je pensai en moi-même qu'ils se sont déjà acquis cette renommée, mais naturellement, en homme du monde accompli, je me gardai d'en rien dire [15]. »

Ce délai est mis à profit pour préparer Stéphanie à ses nouvelles fonctions. La tâche n'est pas simple, car, ayant été pratiquement tenue à l'écart de la vie de cour jusqu'à ses fiançailles, Stéphanie n'a aucune expérience des obligations auxquelles sa position la soumettra à Vienne. Les langues interviennent en bonne place dans son plan d'études. Une future princesse héritière d'Autriche doit parler couramment l'allemand, il lui faut encore se mettre à l'apprentissage du hongrois. Son programme comprend par ailleurs des cours de littérature, de philosophie, d'instruction religieuse. On veille aussi à lui donner un vernis de culture politique.

Reste à savoir si Stéphanie a pu assimiler cette masse de connaissances qui lui étaient ainsi assenées à la hâte. Il semble en tout cas que certains à la Cour de Vienne n'aient pas été impressionnés par ses moyens intellectuels. Toujours la voix de l'Impératrice, la comtesse Festetics trouve tout simplement qu'« elle manque complètement d'intelligence [16] ». Il faut toutefois se méfier de tels propos assassins. La Cour de Vienne est un milieu où l'on a facilement la dent cruelle et où les commérages vont bon train. Plus objectivement on relèvera que, sous réserve des compléments qui lui sont donnés précipitamment, l'éducation reçue par Stéphanie n'est ni plus ni moins que celle de la plupart des princesses de son temps.

Les premières années

Pour le mariage de Rodolphe et de Stéphanie, la Cour de Vienne déploie ses fastes. La capitale de l'Empire n'en a pas connu d'aussi grand depuis le mariage de François-Joseph et d'Élisabeth, en avril 1854. Célébrée, le 10 mai, dans l'église des Augustins, la cérémonie religieuse a été précédée de quatre journées harassantes. Dès son arrivée à Vienne, Stéphanie a été conduite à Schönbrunn où, comme naguère à Élisabeth, lui a été présenté, l'un après l'autre, chacun des membres de sa nouvelle famille. Dès ce premier contact, elle a pu prendre la mesure du poids de l'étiquette. Une nouvelle occasion lui en a été donnée, le lendemain, avec le bal de cour, organisé à la Hofburg, dont le déroulement a, comme toujours, répondu à un rituel strict. Deux jours plus tard, elle a fait son entrée solennelle à Vienne dans le somptueux carrosse du couronnement de Charles VI que tiraient huit superbes chevaux lippizans. Ce programme ne s'est cependant pas limité à ces cérémonies, une place y a été aussi faite aux réjouissances populaires. Le 8 mai, après une promenade en calèche au Prater, au milieu d'une foule innombrable et d'une indescriptible cohue, la journée s'est achevée par un feu d'artifice tiré dans le parc de Schönbrunn. La musique est aussi associée à l'événement. Johann Strauss a composé en l'honneur de Stéphanie une valse *Bouquets de Myrtes* qui, pour quelque temps, devient le refrain à la mode.

Il est peu probable, en revanche, que les sentiments des futurs époux soient à l'unisson de la liesse générale. Sans doute sa mémoire trompera-t-elle Stéphanie quand elle croira se souvenir avoir souffert « le martyre » au moment d'être conduite à l'autel [17]. Comme elle ne s'abandonne pas davantage à une félicité sans mélange, on sera plus près de la réalité, en la supposant habitée de sentiments seulement contradictoires en apparence : l'appréhension de l'avenir, l'espoir d'un mariage heureux, la fierté de devenir la princesse héritière de la plus vieille dynastie européenne.

De son côté, Rodolphe ne se sent pas plus à l'aise. Un nouveau témoignage de la comtesse Festetics invite à le penser. Même si son hostilité à Stéphanie la pousse peut-être à forcer le trait, elle n'a pu inventer la scène où elle nous montre Rodolphe incapable de cacher son anxiété, quelques instants seulement avant le début de la cérémonie religieuse. Après ses fiançailles, la vie de Rodolphe n'avait pour ainsi dire pas changé. Il avait d'autant mieux semblé s'accommoder de l'idée de son mariage que l'échéance paraissait encore lointaine. Mais, maintenant que cette longue période d'attente prend fin, il ne lui échappe pas que sa vie est arrivée à un tournant. La nouvelle existence qui s'ouvre devant lui est trop remplie d'inconnues pour s'il ne s'en effraie pas. Le voici donc revenu plus d'un an en arrière, avant son départ pour Bruxelles. Comme alors, le doute et le trouble s'empare de lui.

Bien qu'habités de pensées finalement voisines, Rodolphe et Stéphanie sont, l'un et l'autre, enfermés dans une solitude qui ne rend pas aisé un rapprochement. Leur voyage de noces n'a pas pour effet d'améliorer le climat entre les époux. En lui fixant pour cadre le château de Laxenburg, la Cour a fait preuve d'un manque total d'imagination, car les jeunes mariés ne font qu'y suivre les traces de François-Joseph et d'Élisabeth vingt-sept ans plus tôt. Encore la décision de François-Joseph de ne pas s'éloigner de la capitale pouvait-elle se justifier par des raisons politiques, la crise orientale en rapport avec la guerre de Crimée l'obligeant à rentrer chaque matin à Vienne. En revanche, de telles contraintes ne pèsent pas sur Rodolphe. Le choix de Laxenburg confirme en outre le complet désintérêt de l'Impératrice pour le sort de sa bru. Pourtant son séjour à Laxenburg, au lendemain de son mariage, où, durant les absences de François-Joseph, elle se croyait livrée à la surveillance de sa belle-mère, compte parmi ses pires souvenirs. De plus, malgré son superbe parc, le château de Laxenburg n'est pas un lieu particulièrement attractif pour un voyage de noces. Malgré la leçon de cette triste expérience, Élisabeth ne fait rien pour que la même désillusion soit épargnée à Stéphanie.

Dans la voiture qui les transporte vers Laxenburg, les deux époux se découvrent des étrangers l'un pour l'autre. Stéphanie a décrit cette scène où un silence pesant s'installe entre eux : « Seule avec un homme que je connaissais à peine, dans la pénombre du soir qui tombait, je fus envahie d'une angoisse affreuse [...]. Nous n'avions rien à nous dire, nous étions l'un pour l'autre de complets étrangers. En vain j'attendis un mot tendre ou gentil qui m'aurait sortie de mon abattement [18]. » Ce qu'elle découvre à Laxenburg n'est pas fait pour la réconforter. L'appartement réservé au jeune couple semble ne pas avoir été habité depuis des années. Dans ces grandes pièces froides, sans âme, Stéphanie ne relève nulle attention, nul geste destiné à lui souhaiter la bienvenue :

> « En entrant dans les pièces qui nous avaient été destinées, se souvient-elle, nous fûmes saisis par un air glacé de cave à couper la respiration, par une odeur de moisi. Pas une plante, par une fleur pour fêter mon arrivée, pour mettre un peu de chaleur et de gaieté dans ces pièces insuffisamment éclairées! Rien ne semblait préparé. Il n'y avait nulle part de tapis moelleux, de table de toilette, de salle de bains, tout juste une cuvette placée sur un trépied. Sans doute rien n'avait-il été changé à Laxenburg, depuis l'accouchement de l'Impératrice Élisabeth en 1858. Les lits, les matelas, les rideaux devaient, selon toute apparence, dater de ce temps-là. Rien n'éveillait une impression de chaleur et de confort [19]. »

Stéphanie n'est pourtant pas encore au terme de ses désillusions. C'est parfaitement innocente qu'elle aborde sa nuit de noces. Les responsables de son éducation n'ont pas cru bon de l'éclairer sur les réalités de l'amour physique. Or il semble qu'habitué à des conquêtes faciles, Rodolphe n'ait pas cherché à ménager la pudeur de sa jeune épouse, à respecter sa fragilité, du moins si on en croit la triple exclamation que le souvenir de ces moments arrache à Stéphanie: « Quelle nuit! Quel supplice! Quel dégoût [20]! »

S'il commence sous des auspices peu favorables, le mariage de Rodolphe et de Stéphanie n'est pourtant pas aussitôt emporté dans une spirale de l'échec. Les deux époux parviennent en effet à surmonter l'épreuve de ce mauvais départ. Pour sa part, Stéphanie entre rapidement dans son nouveau personnage. Les satisfactions qu'elle y trouve cicatrisent sa blessure. Loin de les ressentir comme un fardeau, Stéphanie accepte de bonne grâce les obligations qui pèsent sur elle. Retenant d'abord les aspects extérieurs de sa fonction, elle savoure les égards dont elle est l'objet. Le voyage qui, moins d'un mois après ses noces, la conduit en Hongrie, en compagnie de Rodolphe, la plonge dans la félicité. L'accueillant comme leur future reine, les Hongrois lui manifestent un enthousiasme qui la transporte: « L'accueil dépassa tout ce que j'avais attendu. J'étais comme grisée. Toutes mes angoisses semblaient envolées. J'étais heureuse [21]. »

De son côté, Rodolphe modifie son comportement. S'il n'a mis aucune tendresse dans ses premiers rapports avec Stéphanie, il l'entoure maintenant de prévenances, se montre pour elle un époux empressé. Il lui est aussi reconnaissant de l'intérêt qu'elle montre pour ses idées, de la part qu'elle prend à ses travaux et à ses projets, du soutien qu'elle veut lui apporter. Sans doute ne lui échappe-t-il pas qu'à travers lui, elle cherche à accomplir ses ambitions. Ne la décrit-il pas à Latour « pleine d'ambitions, une petite fille de Louis-Philippe et une Cobourg! Je n'ai pas besoin de vous en dire plus [22] ». Pour Rodolphe qui a toujours souffert de sa solitude au sein de sa famille, c'est là une situation qui lui fait chaud au cœur. En Stéphanie, il découvre la douceur d'un foyer, là encore une sensation qui lui est inconnue. Avec les meubles qu'il lui a offerts, ils ont aménagé les appartements mis à leur disposition au Hradschin, le palais royal de Prague. Nul doute qu'après la triste expérience de Laxenburg, Stéphanie n'ait été touchée par la délicatesse de cette attention.

Après des débuts difficiles, les relations entre les époux ont pris maintenant un autre tour. Les impressions pénibles des premiers jours ont cédé la place à une entente où s'accordent les sentiments et les sens, comme l'indiquent leurs confidences à des proches. « Je suis amoureux d'elle », écrit Rodolphe à Latour. La même lettre confirme l'influence bénéfique qu'a sur lui la présence de Stéphanie. Revenant sur le premier été passé en sa compagnie, il ajoute : « Jamais je n'ai été aussi heureux que cet été où, dans le calme d'une vie familiale heureuse, j'ai pu préparer le *Voyage en Orient*[23]. » De son côté, Stéphanie semble nager dans le bonheur : « Rudi * est vraiment un mari modèle, se confie-t-elle à sa sœur Louise. Nous nous comprenons admirablement. En un mot, ma chère sœur, je suis heureuse[24]. » Leur correspondance présente la même tonalité, ne serait-ce que par les petits noms qu'ils se donnent. Comme Rodolphe signe ces lettres du charmant petit nom de « Coco », Stéphanie, ne voulant pas être en reste, se forge le néologisme de « Coceuse ». Lorsque ses obligations l'éloignent de Stéphanie, Rodolphe se montre aussitôt impatient de la retrouver dans des termes sans équivoque sur l'intimité de leurs relations, témoin cet exemple : « Je me réjouis immensément de te retrouver après-demain matin; on s'embrassera, on s'enlacera, etc. Je peux à peine attendre[25]. »

La naissance de leur premier enfant aurait pu achever de cimenter leur union. De fait, Rodolphe exulte de joie quand Stéphanie lui apprend, à la fin d'avril 1883, qu'elle est enceinte. Durant les mois de la grossesse, il déborde d'attentions pour sa jeune femme. Il s'applique notamment à réduire ses déplacements au strict minimum compatible avec ses fonctions. Pendant les vingt-six heures que dure l'accouchement, il se fait un devoir de rester aux côtés de Stéphanie, un comportement alors peu habituel. L'espoir de tous est qu'elle mette au monde un fils. Ainsi un nouveau prince héritier serait donné à la Monarchie. L'accouchement, a-t-on prévu, aura pour cadre le château de Laxenburg, décidément lié à de grands moments dans la vie matri-

* Diminutif de Rodolphe (en allemand Rudolf).

moniale de la famille impériale. L'air y est sûrement meilleur qu'à Vienne, mais on n'oublie pas non plus que, vingt-cinq ans plus tôt, Élisabeth y a mis Rodolphe au monde et chacun se plaît à y voir un heureux présage. Au reste, durant tout le temps de la grossesse, Rodolphe et Stéphanie n'ont jamais voulu imaginer un autre dénouement. Ils ont déjà donné un prénom à l'enfant qui verra bientôt le jour. Il s'appellera Wenzel, un choix qui, certainement avec l'approbation de François-Joseph, se veut un geste à l'endroit des Tchèques. Forme allemande de Wenceslas, Wenzel fait en effet référence à saint Wenceslas, héros tutélaire de la Bohême. Dans les lettres des deux époux, c'est toujours sous ce nom qu'apparaît l'enfant que porte Stéphanie.

Pourtant, quand, le 2 septembre, les canons annoncent la naissance aux Viennois, ils ne tirent pas au-delà du vingt et unième coup, signifiant par là que Stéphanie a donné le jour à une fille. Une petite Élisabeth a pris la place de Wenzel. S'il est déçu, Rodolphe se garde d'en rien montrer à Stéphanie. Plus, c'est lui qui s'emploie à la consoler. Pourquoi faudrait-il en effet dramatiser? Avant de mettre Rodolphe au monde, l'Impératrice n'a-t-elle pas eu d'abord deux filles? Les chances pour le couple d'avoir un fils demeurent donc entières. De surcroît, si, connaissant l'importance des enjeux, Stéphanie est probablement portée à se culpabiliser, l'affection qu'il marque aussitôt à sa fille montre bien que, pour Rodolphe, il n'est pas question de reproches et que, chez lui, la joie l'emporte.

On se tromperait par conséquent à penser que cette naissance constitue un tournant dans les relations entre Rodolphe et Stéphanie. Sans doute, comme à beaucoup d'autres couples, leur arrive-t-il de connaître des moments de tension, mais sans que leur entente en soit encore ébranlée. Toujours prompte à des remarques acides sur le compte de sa belle-sœur, Marie-Valérie doit pourtant reconnaître dans son Journal que les deux époux continuent de donner l'image du bonheur. Dans le mémoire qu'il rédige aussitôt après le drame de Mayerling, le comte Hoyos, un familier du prince héritier, confirme que leur union « fut heureuse durant plusieurs années[26] ». De fait, les premiers signes d'altération dans leurs rapports n'apparaissent pas avant le courant de l'année 1885. Peut-être faut-il y voir d'abord les effets du temps et de l'habitude. Peu à peu, chacun découvre chez l'autre des traits qui lui avaient échappé, mesure l'ampleur du fossé qui le sépare en réalité de son partenaire.

Depuis son arrivée à Vienne, Stéphanie a pris de l'assurance. L'adolescente gauche et timide d'alors s'est transformée en une jeune femme à la beauté altière. Si ses contempteurs font toujours aussi peu de cas de son intelligence, rares, en revanche, sont devenues les voix qui l'attaquent sur son physique. Sa silhouette élancée rehausse encore son élégance, d'autant que sa croissance s'est poursuivie après son mariage. Stéphanie dépasse maintenant Rodolphe de quelques centimètres, une différence que les portraitistes de la Cour s'empressent de gommer quand ils doivent représenter les époux côte à côte.

Au surplus, le rôle de Stéphanie à la Cour s'est accru. Bien que toujours dans les mêmes sentiments à son égard, Élisabeth a aussitôt compris l'avantage qu'elle pourrait retirer de l'entrée d'une princesse héritière dans la famille impériale. Dès la fin d'octobre 1881, elle lui a demandé de la représenter lors des cérémonies officielles, durant ses périodes d'absence, après quoi, libérée de ses scrupules, elle a pu reprendre, avec une parfaite bonne conscience, ses pérégrinations à travers l'Europe. Il va de soi que Stéphanie ne s'est pas fait prier pour accepter. Cette proposition flattant sa vanité, elle n'a pas résisté au plaisir d'entrer dans le personnage de la première dame de la Monarchie, avant même d'en avoir le titre. Cette position lui donne de son importance un sentiment qui retentit sur la vie du couple. Elle l'aide en effet à se conquérir une autonomie qui lui a fait défaut aussi longtemps que sa solitude dans un milieu étranger pour elle l'a poussée à chercher la protection de Rodolphe.

Découvrant qu'elle existe par elle-même, Stéphanie se montre moins disposée à épouser des idées ou à partager des modes de vie qui ne sont pas les siens. Elle a fermé les yeux sur ces divergences tant que sa propre position demeurait fragile. Mais, désormais, elle n'en éprouve plus le même besoin. Or, pénétrée des valeurs monarchiques et attachée à la foi catholique, elle ne se reconnaît ni dans le libéralisme ni dans l'anticléricalisme de Rodolphe. Il y a là pour les époux un grave facteur d'éloignement. S'il a d'abord cru trouver en elle un soutien et une confidente, Rodolphe doit bientôt constater que Stéphanie se dérobe et prend ses distances. Conséquence de ce désaccord, elle reste en marge de la part de sa vie dans laquelle il investit le plus de lui-même. De son côté, Rodolphe ne voit plus de raison de l'y associer. Aussi, tout en en connaissant l'orientation générale, est-elle très mal informée sur ses activités politiques. De même, elle ne cherche pas à cultiver les amitiés qu'il entretient dans les milieux libéraux : « Ce qu'à l'occasion, j'observais et entendais était en contradiction absolue avec mes tendances profondes. J'ai toujours éprouvé une répugnance instinctive pour ces gens avec lesquels il était en relation étroite et qui le tenaient enfermé dans le cercle de leur libéralisme [27]. »

Stéphanie est également choquée par le mépris que Rodolphe affiche pour la religion. Ses sarcasmes répétés contre l'Église, le dogme, le « parti prêtre » la heurtent dans ses convictions les plus intimes : « Jamais il ne s'est pénétré de l'esprit du christianisme, soulignera-t-elle, revenant plus tard sur le sujet. Il lui manquait la véritable éducation du cœur, la crainte de Dieu, le sens moral du devoir, le sentiment de ses responsabilités [28]. »

Il est bien d'autres habitudes de Rodolphe qui creusent encore un peu plus le fossé entre les époux. C'est ainsi qu'il aime, lors de ses séjours à Vienne, à se mêler au public populaire des guinguettes des environs de la capitale et à y passer, au milieu d'une chaude ambiance, dans la griserie du vin, des violons et des chants, de longues heures volées au temps, à la Cour et à la rigidité de ses contraintes. Mais ces plaisirs sont trop débridés pour ne pas offenser chez Stéphanie le sens de sa dignité. Il lui a suffi d'accompagner Rodolphe dans une de ces sorties pour se promettre de ne pas renouveler l'expérience : « On resta assis, se souviendra-t-elle, jusqu'à l'aube à des tables sales qui n'avaient pas été desservies; près de nous, des cochers jouaient aux cartes, sifflaient et chantaient. On dansait, des filles sautaient sur les tables et les chaises, sans cesser de chanter les mêmes rengaines vulgaires [...]. Je ne comprenais pas ce que le prince héritier y trouvait [29]. »

Devant cette incompréhension qui, peu à peu, s'installe entre eux, Rodolphe et Stéphanie doivent s'avouer qu'ils se sont trompés sur leurs sentiments. Lorsque leurs premiers élans retombent, lorsque, repris par la logique de leurs convictions et de leur tempérament, ils commencent à s'écarter l'un de l'autre, force leur est d'admettre que leur union a reposé sur une série de malentendus et d'illusions. Illustration de ce divorce, Rodolphe retrouve son ancien style de vie. Sans doute, même dans les meilleures années, n'a-t-il jamais été un modèle de fidélité, mais désormais les scrupules ne le retiennent plus de s'accorder des aventures extraconjugales, et il ne s'en prive pas. Ces écarts ne restent pas ignorés de Stéphanie, surtout qu'il ne manque pas de bonnes âmes pour l'en informer. Elle y réagit par des explosions de jalousie.

Certains auteurs reprochent à Stéphanie de ne pas s'être accommodée de ses infortunes. Après tout, pourquoi aurait-elle dû dramatiser? De telles infidélités n'avaient rien d'exceptionnel dans le milieu aristocratique. Contrepartie presque obligée de mariages le plus souvent arrangés en dehors de la volonté des intéressés, elles y étaient même admises, pour autant qu'elles ne s'affichaient pas jusqu'à devenir objets de scandales. En s'en offusquant, Stéphanie n'aurait fait que donner une nouvelle preuve de son étroitesse d'esprit. C'est vite dit, car son éducation ne l'a pas préparée à cette élasticité du sens moral. Au surplus, le souvenir du drame vécu par sa mère ne la prédispose pas à accepter de connaître le même sort. Pourtant, le pire n'est pas encore inéluctable. Peut-être le naufrage pourrait-il être évité si, s'en remettant à l'action du temps pour panser ses blessures, Stéphanie lui laissait aussi le soin de dégager un compromis qui, sans restaurer l'entente des premières années, l'aiderait cependant à sauver son mariage.

La crise

Cette chance est ruinée par la catastrophe qui survient au début de 1886. En moins de deux mois, le destin du couple bascule lorsque Rodolphe contracte une gonorrhée et que, peu après, Stéphanie est contaminée. Chez Rodolphe, le mal est identifié à la mi-février, puis, quand le traitement commence à faire sentir ses effets, les médecins de la Cour lui prescrivent, au début de mars, pour la période de convalescence, un séjour sur l'île de Lacroma, au large de la côte dalmate, où il possède un château. C'est peu après l'arrivée à Lacroma que Stéphanie est à son tour saisie de douleurs. Il va de soi que, ni pour l'un ni pour l'autre, la nature exacte du mal n'est révélée par un communiqué de la Cour. De même, dans leurs correspondances, les intéressés et leurs proches se gardent bien de lui donner son nom. Il n'en est jamais question qu'à mots couverts. Les symptômes relevés chez Rodolphe (inflammation de l'urètre, troubles des voies urinaires accompagnées de fortes douleurs, état de grande fatigue) ne laissent cependant pas de place au doute. Tout aussi explicites sont les médications prescrites au prince héritier, telles que les révèlent les registres de la pharmacie de la Cour : tandis que, pour calmer ses douleurs, il prend de la cocaïne et de l'opium, le sulfate de zinc et le baume de copuha sont bien les thérapies alors utilisées contre la gonorrhée. Enfin, par la suite, Rodolphe ne sera pas épargné par les complications (troubles de la vue, douleurs dans les articulations) qui souvent accompagnent ce mal.

Probablement Stéphanie n'a-t-elle pas immédiatement connaissance de la nature exacte du mal qui l'a frappée. Les médecins ont diagnostiqué une péritonite. Quand son origine lui est révélée, Stéphanie en est effondrée. Comment ne serait-elle pas blessée dans sa fierté? En outre, elle se sent humiliée de porter jusque dans sa chair la preuve irréfutable de l'infidélité de Rodolphe. Mais un autre drame la menace. En effet, lorsqu'elle entraîne une inflammation de la trompe, cette maladie a normalement pour conséquence de frapper de stérilité les femmes qui en sont atteintes. L'inquiétude est vive, comme il ressort de cette lettre de la reine Marie-Henriette à sa fille Louise : « Veille à ce que Stéphanie se ménage, car ce qu'elle semble avoir est très sérieux pour son avenir. Sa position exige qu'elle offre des héritiers à la Couronne [30]. » Confirmant ses craintes, le diagnostic des médecins tombe bientôt, implacable : il faut renoncer à tout espoir d'une nouvelle grossesse.

Pour Stéphanie le coup est terrible. Maintenant qu'elle a été mise dans l'impossibilité de donner un héritier à la Monarchie, sa position à la Cour risque d'en être considérablement affaiblie. Si elle n'est plus en mesure de remplir sa fonction génitrice, que lui restera-t-il d'influence? Elle doit en outre se rendre à l'évidence. Alors que la naissance d'un fils aurait pu offrir au couple la chance d'une réconciliation, c'est le contraire qui menace de se produire. Cette nouvelle épreuve porte à l'union de Rodolphe et de Stéphanie un coup sans doute fatal. Les derniers liens qui le retenaient à sa femme risquent de se briser définitivement. Pour éviter ce naufrage, il faudrait que Stéphanie sache pardonner. Mais c'est au-dessus de ses forces.

Pour Rodolphe, le coup est également très rude. Il ressent aussi comme une catastrophe de ne pouvoir avoir d'héritier mâle. Nul doute encore qu'elle ne développe chez lui ce sentiment de culpabilité qui, sous diverses formes, s'était déjà manifesté dans le passé comme un des traits de son caractère. Il est une autre raison à son abattement. En ce milieu des années quatre-vingt, la différence se fait mal entre gonorrhée et syphilis. Il n'est donc pas surprenant que Rodolphe s'estime atteint d'une maladie incurable dont la mort est l'aboutissement inéluctable au terme d'une lente et dégradante déchéance. Il lui semble pouvoir en observer les premiers signes. Il ne lui échappe pas en effet, même après le séjour à Lacroma, que sa guérison n'est pas complète. Il en revient les traits creusés et se montre toujours vulnérable à la fatigue. Les douleurs sont certes moins vives, mais elles n'ont pas disparu. S'il ne s'attarde pas dans ses correspondances sur ces problèmes de santé, Rodolphe y fait cependant allusion, par la suite, à des troubles de la vue et à des quintes de toux dont il ne parvient pas à se débarrasser. L'année suivante, une rechute vient encore alimenter ses craintes. La maladie qui s'est emparée de son corps ne laisse pas son esprit en repos. Déjà sujet à des accès de mélancolie, Rodolphe, sous le double effet d'un sentiment d'échec et d'angoisse devant l'avenir, cède maintenant à des moments de dépression, ce qui n'est pas sans retentir sur sa perception du monde. Le regard désabusé qu'il porte sur son temps s'assombrit encore du pessimisme que lui inspire son propre état.

Avec ce drame, un point de non-retour semble avoir été atteint dans les rapports entre Rodolphe et Stéphanie. Sans doute s'obligent-ils à donner le change quand ils doivent paraître côte à côte dans des cérémonies officielles. Mais la tonalité de leur vie privée est toute différente. Stéphanie marque à Rodolphe un ressentiment sur lequel le temps n'a pas de prise. Des scènes pénibles éclatent régulièrement entre les époux au cours desquelles elle lui reproche son inconduite. Allant plus loin, elle refuse d'avoir dorénavant des relations sexuelles avec lui. Le comte Hoyos, qui devait avoir reçu sur ce point des confidences de Rodolphe, rapporte dans son mémoire que, « sous l'effet d'une jalousie fondée ou non, Stéphanie lui aurait refusé certains droits [31] ».

S'est-elle montrée toujours aussi intraitable? Manifestation de mauvaise conscience ou nouvel élan de désir, Rodolphe cherche à renouer avec elle des rapports normaux. Certaines de ses lettres à Stéphanie découvrent un contenu sans ambiguïté. Avant de la rejoindre, en avril 1887, à Abbazzia, la station balnéaire austro-hongroise à la mode sur la côte adriatique, il lui écrit : « Je voudrais te demander de m'indiquer par télégramme, dès réception de cette lettre, à quelle date tu attends tes prochaines règles [32]. » L'année suivante, encore à la veille d'un départ pour Abbazzia, il se montre tout aussi direct : « Je trouve que nous pourrions dormir ensemble cette nuit-là à Abbazzia [...]; ce serait si agréable de s'enlacer de nouveau au lit [33]. » La suite ne dit pas l'accueil réservé par Stéphanie à cette avance. Notons cependant qu'elle donnera pour instruction d'écarter cette lettre lorsque, beaucoup plus tard, elle fera le tri dans la correspondance de Rodolphe, en vue d'en publier certains morceaux significatifs dans ses Mémoires. Peut-être sa tonalité un peu crue n'aurait-elle pas été concevable dans un tel livre. Mais surtout cette impétuosité plutôt sympathique ne cadrait pas avec l'image très négative que Stéphanie voulait donner de Rodolphe dans les dernières années de leur union. La publication de ce passage aurait pu suggérer que leur rupture n'avait pas été aussi totale qu'elle souhaitait le faire croire.

Quoi qu'il en soit de ces éventuels regains de flamme, il reste que les chemins des époux se sont bel et bien séparés. C'est à cette époque que débute la liaison de Rodolphe avec Mizzi Caspar, une demi-mondaine que lui a fait connaître Frau Wolf, une maquerelle de luxe très introduite dans la haute société viennoise. Mizzi possède un type physique à l'opposé de celui de Stéphanie. Aussi brune que Stéphanie est blonde, elle a cette beauté pulpeuse, cette sensualité populaire vers lesquelles Rodolphe s'est toujours senti attiré. Ce qu'il n'avait encore fait avec aucune de ses maîtresses, depuis son mariage, il n'hésite pas à s'afficher ostensiblement avec elle. Avec le concours de son ami le baron Hirsch qui l'aide à réunir les 50 000 florins nécessaires à cet achat, il l'installe dans une maison du quartier de Wieden où il ne le gêne pas de lui rendre visite au su et au vu de tous. De même, il ne craint pas de se montrer en sa compagnie dans ces guinguettes des environs de Vienne dont l'ambiance bruyante et débridée avait tant déplu à sa femme. Il arrive également qu'elle l'accompagne dans ses déplacements en province.

Pour Stéphanie, sa rivale a enfin pris un nom et un visage. Aussi lui marque-t-elle une haine qui, cinquante ans plus tard, n'aura rien perdu de sa virulence. On la devine dans ce surnom de « grande cocotte de Vienne » qu'elle lui appliquera dans ses Mémoires. Cette réaction est d'autant plus violente que Rodolphe est manifestement attaché à Mizzi. Il ne s'agit plus cette fois d'une simple passade dictée par la quête du plaisir. A ce tournant de son existence où ses rapports avec son épouse s'aigrissent, où, confronté à l'épreuve de la maladie, il est assailli par l'inquiétude, Rodolphe trouve auprès de Mizzi cette tendresse que Stéphanie ne sait plus lui donner. L'importance prise par la jeune femme dans sa vie se mesure à la longueur de cette liaison qui ne prendra fin qu'avec sa mort. Rodolphe passera encore avec Mizzi la nuit qui précédera son départ pour Mayerling.

De son côté, Stéphanie ne se borne pas à se lamenter sur son sort. Elle s'est éprise d'un aristocrate polonais, le comte Arthur Potocki dont elle a fait la connaissance durant le voyage qui, en compagnie de Rodolphe, l'a menée en Galicie, au début de l'été 1887. Cet amour reste entouré de zones d'ombre. Le peu que nous en sachions nous vient de la correspondance de Stéphanie avec sa sœur Louise, la seule personne de son entourage à qui elle ait osé ouvrir son cœur « *Io l'amo tanto.* Toi seule le sais. Je ne pourrais avoir de gardienne plus sûre du secret de mon cœur qui manque parfois d'éclater quand je pense à lui », lui écrit-elle à la fin de 1889, alors qu'Arthur Potocki est déjà atteint du cancer qui va l'emporter l'année suivante[34]. Mais, dès le début de 1888, le comte Potocki est apparu dans ses lettres sous le pseudonyme d' « Hamlet », alors qu'elle-même s'identifie à Ophélie. Cet amour occupe les pensées de Stéphanie tout au long de la dernière année qu'elle a à vivre avec Rodolphe.

Encore dans une lettre en date du 5 janvier 1889, soit seulement un peu plus de trois semaines avant le drame de Mayerling, elle déclare se languir de son ami de cœur. Pour le reste, faute d'autres sources d'informations, il est impossible de s'avancer plus loin.

Six ans après leur mariage, Rodolphe et Stéphanie sont devenus des étrangers l'un pour l'autre. On se gardera d'en imputer la responsabilité au seul Rodolphe. Les torts sont à l'évidence partagés. Bien plus, Rodolphe et Stéphanie sont d'abord les victimes d'un mode de mariage où priment les préoccupations dynastiques et politiques. Sans doute les unions de ce type n'ont-elles pas toutes connu de semblables déchirements. Rodolphe et Stéphanie ont au reste bien commencé par tenter de donner à leur union des fondations solides. Mais la première crise grave survenue dans leur vie de couple leur a découvert la fragilité de leur entente. Enfermés dans leur logique, ni l'un ni l'autre n'ont alors une plasticité d'esprit suffisante pour trouver les mots, les gestes, les comportements qui leur auraient permis de surmonter cette secousse. Après les déceptions qui se sont accumulées dans le domaine politique, Rodolphe vit, avec le naufrage de son mariage, une nouvelle situation d'échec. Elle est encore aggravée par une maladie qui l'oblige aux plus cruelles interrogations sur son avenir. C'est donc privé du soutien de Stéphanie et miné par le doute qu'il va affronter les orages de l'année 1888.

CHAPITRE V

« La torpeur de l'orage avant la tempête »

Rodolphe n'est pas encore arrivé au terme de ses épreuves. Le destin lui réserve d'autres coups. Pourtant, au cours de l'année 1887, bien qu'il ait déjà essuyé une série de déconvenues, Rodolphe garde toujours l'espoir de prochains changements. A brève échéance s'annoncent notamment des bouleversements en Allemagne. L'accession au trône de Frédéric de Prusse dont l'hostilité à Bismarck est de notoriété publique devrait entraîner une révision de la politique allemande qu'il serait impossible à l'Autriche-Hongrie, le principal allié du Reich, d'ignorer. La voie serait ainsi ouverte à cette entente des grandes puissances de l'Europe de l'Ouest et du Centre souhaitée par Rodolphe pour faire barrage à la Russie. En outre, sur son front intérieur, l'Autriche ne pourrait se dérober longtemps aux conséquences d'une victoire du libéralisme en Allemagne. Rodolphe en attend d'abord la fin de l'ère Taaffe. Il se berce aussi de l'espoir que cette nouvelle donne mettrait son père dans l'obligation de reconsidérer son comportement à son égard. Si la roue devait tourner en faveur du libéralisme, quel autre choix François-Joseph aurait-il que de se ranger aux avis d'un fils auquel les événements auraient donné raison?

Le conflit avec Guillaume II

Pourtant, une fois encore, les espérances de Rodolphe sont déçues. S'il monte sur le trône, en mars 1888, Frédéric est emporté par un cancer, après avoir seulement régné trois mois. Or son successeur, l'empereur Guillaume II, radicalement opposé aux idées de son père, n'a nullement l'intention de faire sienne la politique qu'il aurait menée. Force est alors à Rodolphe de constater que l'ouverture tant attendue ne s'est pas produite et que l'horizon reste toujours aussi désespérément bouché. Ce nouvel échec accroît encore son isolement et l'enfonce dans une crise à laquelle il ne finira par ne plus voir d'issue.

Rodolphe n'a pas à attendre ces changements répétés de monarque pour comprendre que le scénario dont il a rêvé ne prendra jamais corps. Avant même qu'il ne succède à son père, la maladie a posé ses griffes sur Frédéric de Prusse et son règne ne sera qu'une douloureuse agonie. Quant à son cousin Guillaume qui vient d'accéder à la dignité impériale, voici bien longtemps que Rodolphe a formé son jugement sur lui. Les deux princes se connaissent de longue date. Leurs fréquentes rencontres ont une valeur symbolique. A l'usage de l'opinion, elles se veulent une illustration de la réconciliation, puis de l'alliance scellée entre les Habsbourg et les Hohenzollern. Des impératifs politiques obligent Rodolphe à jouer la comédie de l'amitié, mais ses sentiments réels sont tout autres. En fait les deux cousins n'ont rien en commun, si ce n'est leur âge (quelques mois seulement les séparent). Pour le reste, à travers eux, ce sont deux systèmes de pensée antagonistes qui s'affrontent. Rodolphe voit dans Guillaume l'incarnation de la Prusse réactionnaire, l'archétype du *Junker* arrogant et borné. De son côté, Guillaume n'a que mépris pour le libéralisme affiché par Rodolphe, et c'est peu de dire que son anticléricalisme le scandalise.

L'opposition est si forte que Rodolphe fait une véritable fixation sur Guillaume. Elle explique le traumatisme où le plonge son accession au trône en mai 1888. Mais, déjà auparavant, il a usé à son encontre de procédés très spéciaux qui en disent long sur la violence de ses sentiments. Témoin le piège qu'il a imaginé de tendre à son cousin berlinois lorsque celui-ci est de passage à Vienne. En bon camarade, il s'empresse de le faire profiter des relations qu'il entretient avec la célèbre Frau Wolf. Il n'y aurait là qu'une banale manifestation de solidarité masculine si les prostituées de luxe chargées d'agrémenter le séjour viennois de

Guillaume n'avaient aussi pour mission de renseigner Rodolphe sur les confidences auxquelles il se laisse aller dans ces moments d'épanchement. Ce qu'il en apprend est peu édifiant. Dans le secret de l'alcove, le prince héritier d'Allemagne ne cherche pas à cacher le mépris dans lequel il tient l'Autriche-Hongrie, selon lui un ensemble politique dégénéré promis tôt ou tard à l'éclatement. Nul ne trouve grâce à ses yeux, pas même François-Joseph.

Quant à Rodolphe, il reçoit aussi son paquet. Est-il besoin d'ajouter que ces renseignements le renforcent encore dans son aversion pour son cousin de Prusse? Que celui-ci le prenne à partie, passe encore. Mais il ne lui pardonne ni son irrespect pour l'Empereur ni ses propos injurieux contre l'Autriche. Pourtant le profit politique qu'il retire de ces indiscrétions est pour ainsi dire nul. Il a certes la satisfaction de s'être joué de Guillaume. Mais, en raison même des conditions dans lesquelles elles ont été obtenues, il ne peut les communiquer qu'à un petit nombre d'intimes. En revanche elles ne parviennent pas aux responsables de la diplomatie austro-hongroise, qu'il s'agisse de François-Joseph ou de Kálnoky.

Avant même la disparition de Frédéric III, Rodolphe en sait assez long sur les pensées et arrière-pensées de Guillaume pour reconsidérer sa réflexion sur les alliances de l'Autriche. Son hostilité allait moins à l'Allemagne qu'à la Prusse réactionnaire et militariste. Il avait justement attendu de Frédéric qu'il libérât l'Allemagne de la domination de ce mauvais démon. En outre, avec lui, s'était-il plu à espérer, l'alliance conclue en 1879 pourrait prendre cette orientation antirusse que Bismarck se refusait à lui donner. La voie serait ainsi ouverte à cette coalition des grandes puissances européennes qui, selon le vœu de Rodolphe, serait tournée contre Saint-Petersbourg. Mais, maintenant, il n'y faut plus songer. Avec la maladie de Frédéric, ce plan perd toute espèce d'actualité.

Rodolphe ne se borne pas à prendre acte de cette impossibilité. Allant plus loin, il soumet ses conceptions à une révision brutale et conclut à la nécessité pour l'Autriche-Hongrie d'une redéfinition de sa politique extérieure. Il reste certes favorable à un système quadripartite, mais l'ennemi potentiel a changé de visage : le Reich allemand a pris la place de la Russie. Ces vues sont développées dans une brochure publiée en allemand, à Paris, par l'éditeur Auguste Ghio, en avril 1988, sous le titre *L'Autriche-Hongrie et ses alliances. Lettre ouverte à S.M. l'Empereur François-Joseph Ier par Julius Felix*, un pseudonyme sous lequel se cache probablement Rodolphe. Le choix de Paris s'explique sans doute déjà par le souci de brouiller les pistes. En outre, il n'est pas interdit de supposer que Rodolphe a pu utiliser les amitiés françaises de Moritz Szeps pour la publication de ce texte.

L'auteur de la brochure se présente comme un patriote autrichien qui, consterné par les options de son pays en matière de politique extérieure, s'adresse à son empereur pour l'adjurer de s'en détourner :

> « Je suis autrichien comme Vous, Majesté, mais mon cœur est rempli de tristesse et d'amertume, mes poings se serrent, mes dents grincent de rage impuissante à l'annonce de si tristes nouvelles en provenance de ma patrie. Si j'étais ministre, je déploierais toute la force de mon discours pour toucher Votre cœur ou ouvrir Vos yeux! Si j'étais général, je déposerais avec enthousiasme mon épée à Vos pieds, en Vous demandant de pouvoir la dégainer contre Vos ennemis! Si j'étais millionnaire, je mettrais ma fortune à Votre disposition pour tirer l'Autriche de ce piège diabolique. Mais je ne suis ni ministre, ni général, ni millionnaire, je ne peux qu'étouffer en silence ma fureur ou tout au plus écrire une lettre à mon empereur [1] »,

lignes sous lesquelles il n'est pas difficile de reconnaître l'amertume de Rodolphe de n'être ni associé à l'action politique de la Monarchie ni écouté dans ses avis ou ses critiques.

Dans la tradition de Marie-Thérèse et de Kaunitz, Rodolphe se prononce pour un renversement des alliances. « Détachez-vous de l'Allemagne, Majesté, pendant qu'il en est encore temps! Entendez-vous directement avec la Russie! », lance-t-il à son père [2]. Tenant pour acquis, à la lumière de ses entretiens avec Bismarck et des enseignements de la crise bulgare, que l'Allemagne ne soutiendrait pas l'Autriche-Hongrie dans une guerre avec la Russie, il en conclut que cette alliance est devenue sans objet pour la Monarchie. Bismarck, poursuit-il dans son analyse, s'est même ingénié à entretenir un climat de tension entre Vienne et Saint-Petersbourg pour s'assurer une position d'arbitre entre les deux empires et mieux tirer les marrons du feu. Son intérêt vital exige donc de la Monarchie qu'elle

La petite enfance (1864)

Avec sa sœur Gisèle (1867)

A l'âge de 12 ans (1870)

Après la fin des études (1878)

François-Joseph (1888)

Élisabeth en *Mater dolorosa*
après le drame de Mayerling

Sur ces portraits séparés seulement d'un an (1887 et 1888) se lit la progression rapide de la maladie et de la crise intérieure vécue par Rodolphe

Rodolphe et Stéphanie au début de leur mariage

Quatre ans plus tard, Stéphanie est devenue une princesse héritière sûre d'elle-même

Noël en famille (1887)

Le général Josef von Latour (1820-1903)

Moritz Szeps

Le comte Eduard Taaffe (1833-1895)

Le comte Josef Hoyos (1839-1899)

La passion de l'ornithologie

"Comme un océan de lumière"

Une délégation de l'Université de Vienne remet à Rodolphe le diplôme de docteur (1884)

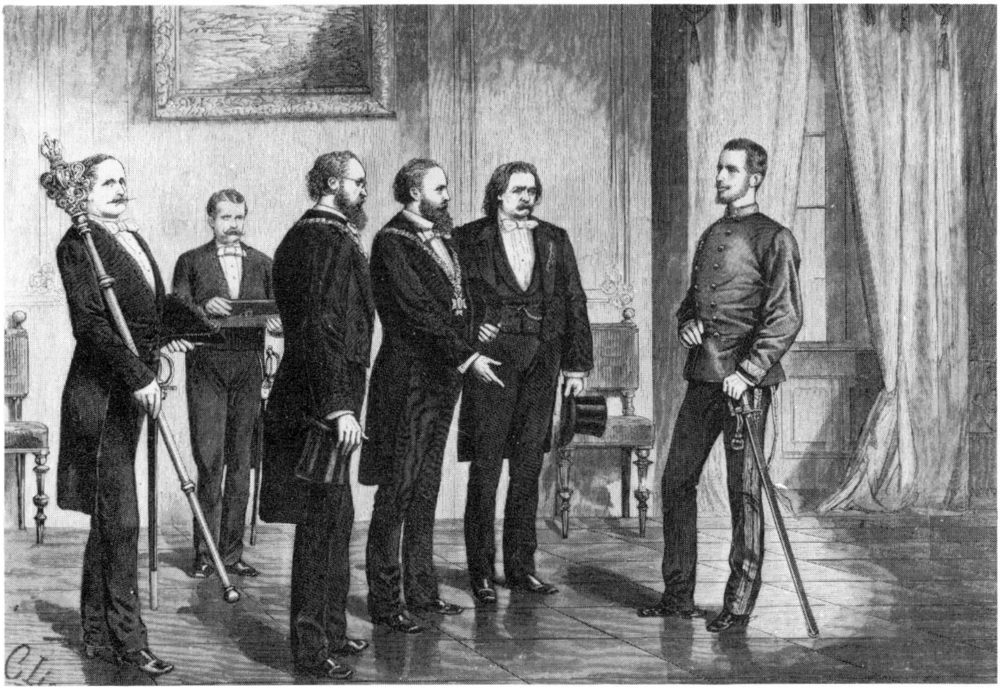

Mizzi Caspar (1861-1907)

La baronne Hélène Vetsera

Mary Vetsera (hiver 1888)

La dernière photo de Mary Vetsera (janvier 1889)

Le salon turc

Le pavillon de chasse de Mayerling

Les obsèques (5 février 1889)

La descente du cercueil dans la Crypte des Capucins

se dégage du piège où Bismarck veut l'enfermer. Pour cela il lui faut rechercher une entente avec la Russie que compléterait un rapprochement avec la France : « Il n'y a qu'une alliance en Europe qui soit justifiée, c'est l'entente officielle ou secrète de l'Autriche avec la Russie et la France[3]. » De cette alliance, Rodolphe attend qu'elle permette à l'Autriche d'annuler, quand l'occasion s'en présentera, les conséquences de Sadowa et de recouvrer son ancienne influence en Allemagne.

Il n'échappe pas à Rodolphe qu'un tel accord austro-russe n'est concevable qu'à la condition que Vienne reconsidère sa politique dans les Balkans. Si dur qu'il lui soit de l'admettre, il en vient à estimer que l'Autriche-Hongrie doit tout bonnement s'en retirer. « Abandonnez les Balkans, Majesté, pendant qu'il en est encore temps », adjure-t-il François-Joseph[4]. Par rapport aux positions qu'il a défendues depuis son adolescence, c'est un complet retournement. Lui qui, en mai 1884, écrivait, au retour de son voyage dans les pays de la région : « Le destin des États balkaniques est pour nous une question vitale [...]. Par la diffusion de la culture, nous devons les placer sous l'orbe de notre influence directe et nous les attacher[5] », lui qui reprochait aux responsables de la diplomatie austro-hongroise d'y mener une action timorée, le voici qui presse la Monarchie de s'en retirer : « La Russie et la Russie seule a la mission de jeter hors de notre continent le cadavre de l'Empire turc qui empeste l'Europe depuis si longtemps. Et non Vous, Majesté, ni l'Autriche! C'est ce qu'enseignent la géographie et l'histoire[6]! »

Rodolphe n'est certes pas le seul dans les milieux dirigeants de la Monarchie à garder un sentiment de méfiance contre l'Allemagne et à se prononcer pour un rapprochement avec la Russie. Il existe notamment dans l'armée un parti qui, derrière l'archiduc Albert, n'a jamais marqué d'enthousiasme pour l'alliance allemande et souhaite, à l'inverse, une détente dans les relations avec la Russie. Déjà, au début de 1878, alors que la crise orientale menaçait de dégénérer jusqu'à mettre face à face l'Autriche-Hongrie et la Russie, l'archiduc Albert et le général Beck, le chef de la chancellerie militaire de l'Empereur, s'étaient employés à freiner les ardeurs d'Andrássy que semblaient ne pas effrayer les perspectives d'une confrontation militaire avec la Russie. A l'époque, les plus hauts dignitaires de l'armée poussaient en revanche à une guerre préventive contre l'Italie dans laquelle ils voyaient une menace autrement grave pour la Monarchie, en raison de ses aspirations irrédentes, ce qui n'allait pourtant pas l'empêcher de devenir son allié quatre ans plus tard.

Sans doute l'archiduc Albert a-t-il maintenant pris son parti de ce nouveau système d'alliances, mais il se montre attentif à ce que l'Autriche-Hongrie ne se laisse pas imposer de nouvelles obligations. Il est intervenu en ce sens auprès de Rodolphe, en l'engageant, à la veille de son voyage de 1883 à Berlin, à se tenir sur ses gardes lors de ses entretiens avec le chancelier. Dans le même temps, il déplore que les rapports avec la Russie se soient dégradés. Mais son inquiétude tient à des raisons qui, hier encore, lui valaient l'hostilité de Rodolphe. Il redoute en effet que la rivalité des deux puissances n'affaiblisse gravement le camp conservateur pour le seul profit du libéralisme, c'est-à-dire, dans son esprit, de la révolution. Formé dans la tradition de la Sainte Alliance, il appelle de ses vœux la fin du différend. En cela, il annonce François-Ferdinand qui, convaincu qu'une guerre entre l'Autriche-Hongrie et la Russie serait suicidaire pour elles, souhaitera la reconstitution d'un front conservateur des empires de l'Europe du Centre et de l'Est. Mais, jusqu'alors, Rodolphe avait toujours associé à la réaction ce souci d'un rapprochement avec la Russie. Or, en ce courant de l'année 1888, le régime tsariste n'est pas brusquement entré dans la voie du changement. Si un processus de modernisation économique s'amorce, Alexandre III reste imperturbablement fidèle à son credo autocratique et, sur ce point, son règne marque un recul par rapport à celui de son père.

Il faut donc que la secousse subie par Rodolphe soit profonde pour qu'il renonce à ce qui a été l'une de ses convictions les plus fortes, la mission balkanique de l'Autriche-Hongrie, et, opérant un changement de cap complet, plaide maintenant pour une entente avec la Russie. On en revient ici à la montée de Guillaume II sur le trône. Rodolphe fait sur lui une véritable fixation. Celle-ci se devine à la violence des mots et des images auxquels il recourt dès qu'il est question de son cousin de Prusse. Témoin ce passage de la lettre ouverte à François-Joseph :

> « A l'arrière-plan se tient prêt un Augustule, créature de Bismarck. Mu par une ambition dévorante et criminelle, il travaillera à détruire tout ce que Bismarck, son seigneur et maître, a construit pour le malheur de l'Europe. Mais cela ne pourrait se faire que dans un bain de sang où l'Autriche et l'Allemagne, telle qu'elle est aujourd'hui, sombreraient[7]. »

Ces lignes sont écrites alors que Guillaume attend encore de succéder à son père. Mais les premières réactions de Rodolphe, après qu'il a été investi de la dignité impériale, sont tout aussi sévères :

> « Guillaume II se fait; il devrait bientôt plonger la vieille Europe dans une grande confusion; pour cela il est l'homme parfait. D'une bêtise de droit divin, mais avec cela énergique et obstiné, à la manière d'un taureau, se tenant lui-même pour le plus grand génie, que veut-on de plus? En l'espace de quelques années, il devrait amener l'Allemagne des Hohenzollern au niveau qu'elle mérite[8] ».

Ce jugement ne manque pas de clairvoyance. A certains égards, il est même prémonitoire. Pourtant cette lucidité ne doit pas masquer l'importance du facteur émotionnel. Celui-ci est particulièrement net dans la lettre ouverte à François-Joseph. Ses premiers écrits politiques avaient révélé chez Rodolphe un indiscutable talent de polémiste. Il s'y ajoute maintenant une violence verbale qui, pour n'être pas nouvelle, devient ici presque un système. Rodolphe lâche la bonde à ses haines. En témoigne le ton des formules appliquées à Bismarck. Il n'est plus question de convenances diplomatiques. Assimilé à « Dionysos », Dieu de la démesure possédé par l'hybris, Bismarck est cloué au pilori comme « le plus grand des tyrans », « le plus sanguinaire des despotes », dénoncé comme un hypocrite et un voleur.

Son style souvent haletant, ponctué d'exclamations et d'interrogations, est un indice de la passion que Rodolphe met dans ces pages comme de la crise qu'il traverse. Il faut ici tenir compte en effet de réactions qui, dépassant les catégories politiques, touchent aux zones les plus profondes de l'être. Comment Rodolphe ne serait-il pas cruellement atteint par l'ascension de son ennemi intime? Il ne peut au surplus manquer de mettre son destin en parallèle avec celui de Guillaume. Le contraste est saisissant. Tandis que Guillaume va pouvoir imprimer sa marque aux événements, Rodolphe, condamné à l'inaction, doit ronger son frein.

Mais la Monarchie pourra-t-elle attendre les échéances normales alors que sa situation, estime-t-il, ne cesse d'empirer. Et lui-même résistera-t-il aussi longtemps au mal qui le ronge. Avec toutes les interrogations qu'elle suscite, cette comparaison l'accule encore un peu plus à ce sentiment d'échec dont il ne parvient pas à se libérer.

La confrontation se poursuit encore après que Guillaume est monté sur le trône. Les passes d'armes auxquelles donne lieu sa visite à Vienne, au début d'octobre 1888, en témoignent. Les dirigeants autrichiens n'ont pas vu approcher cette échéance sans une certaine appréhension. Sa fidélité à l'alliance austro-allemande ne signifie pas que François-Joseph éprouve de la sympathie pour ce souverain bruyant et volontiers arrogant. Mais cette absence d'enthousiasme s'explique aussi par des raisons politiques. On n'a pas relevé sans irritation à Vienne que le nouvel empereur avait réservé à la Russie sa première visite à l'étranger. Sur le front intérieur, grande est également l'inquiétude que les partisans de Schönerer, tenants d'un rattachement des provinces allemandes au Reich, ne profitent du séjour de Guillaume II pour lui manifester leur allégeance. Face à cette menace, l'entente entre le père et le fils est parfaite. Rodolphe n'a jamais caché son hostilité radicale à Schönerer et à ses amis dont lui répugnent les idées pangermanistes et antisémites, ce qui lui a d'ailleurs valu d'être la cible d'attaques dans leur presse. De son côté, François-Joseph ne montre aucune indulgence pour des thèses qu'il assimile à de la haute trahison. Aussi est-il résolu à ne pas tolérer de débordements séditieux. Les apparitions de Guillaume II pouvant servir de prétexte à de telles manifestations, il est convenu entre François-Joseph et Rodolphe de ne pas lui fournir l'occasion de se trouver seul :

> « S.M. l'Empereur m'a ordonné de vous faire savoir, communique Rodolphe à Kálnoky, qu'il est tout à fait d'accord pour que je participe au déjeuner chez le prince Reuss *, mais, a-t-il été précisé, il faut veiller à présenter l'affaire de manière que la raison réelle, le souci de ne pas laisser l'Empereur allemand se déplacer seul à Vienne, n'apparaisse pas [9] ».

De son côté, Guillaume II a des exigences dont les autorités austro-hongroises doivent s'accommoder. Il lui suffit

* Ambassadeur d'Allemagne à Vienne.

d'apprendre la présence du prince de Galles à Vienne pour en réclamer aussitôt le départ. Il ne saurait souffrir que le premier rôle lui soit disputé par un autre prince de sang royal. Son antipathie pour la Cour d'Angleterre fait le reste. Il faut y voir une conséquence des rapports tendus que Guillaume entretient depuis longtemps avec sa mère, une fille de la reine Victoria. A quoi s'ajoute qu'il exècre le libéralisme affiché par le prince de Galles dans lequel il devine, à juste titre, un adversaire potentiel. Enfin il n'ignore pas les liens d'amitié qui l'unissent à Rodolphe. Pour éviter de provoquer un incident diplomatique, Édouard choisit de s'effacer. L'Empereur allemand occupera donc seul le devant de la scène.

L'occasion est cependant trop belle pour que Rodolphe ne fasse connaître par un geste significatif où se situent ses sympathies. En guise de réponse à cet affront, il ne se contente pas de mettre à la disposition du prince de Galles le pavillon de chasse qu'il possède en Transylvanie. Il pousse encore plus loin l'attention à l'égard de son hôte, puisqu'il va l'y rejoindre avant même la fin de la visite de Guillaume à Vienne. Ce geste ne laisse pas d'être relevé par les observateurs, tel Albert Decrais, l'ambassadeur de France, qui, à l'évidence, n'est pas dupe des raisons de ce départ : « Avec une précipitation qui ne pouvait passer inaperçue, le prince impérial d'Autriche a quitté les chasses de Styrie dès le lendemain de l'arrivée. Le motif mis en avant a été une excursion au fond de la Transylvanie et un rendez-vous donné au prince de Galles, à son retour de Sinaia, pour des chasses à l'ours. Bien que les apparences aient été soigneusement gardées, il est probable que ce voyage n'a guère été qu'un prétexte allégué par l'archiduc Rodolphe afin d'éviter un long tête-à-tête avec l'Empereur d'Allemagne [10]. »

Avec cette affaire, le contentieux entre Rodolphe et Guillaume n'est pas épuisé. Un nouvel incident éclate bientôt sur un terrain éminemment sensible, celui de la défense. Un volet militaire a en effet été inscrit au programme du voyage. Or, au terme de ces visites, loin de se déclarer satisfait de ce qui lui a été donné de voir, Guillaume, arguant de sa qualité d'allié soucieux de la qualité de l'outil militaire de son partenaire, s'estime autorisé à s'ériger en juge. Stupéfait, François-Joseph entend son hôte reprocher de graves carences à l'armée impériale et royale. Bien que distribuant sans retenue les blâmes, Guillaume n'en concentre pas moins ses critiques sur l'infanterie. Ce choix n'est pas innocent, puisque, voici peu, Rodolphe a été nommé inspecteur général de cette arme. Attaques à l'évidence injustifiées, car, à supposer que l'infanterie austro-hongroise soit dans un état aussi calamiteux, Rodolphe n'a pas encore eu le temps d'y remédier. Elles n'en risquent pas moins de le placer dans une situation inconfortable, ce qui est précisément l'objectif visé. Nul doute que François-Joseph ne soit fortement remué par cet affront. Pourtant, habitué depuis longtemps à maîtriser ses émotions, il n'en laisse rien paraître. Mais également attaché à un respect scrupuleux des formes, il n'a pas de mal à se convaincre, devant la grossièreté du procédé, du manque de manières de cet empereur chez qui il y a décidément du parvenu.

Si, par cet esclandre, il a voulu faire pression sur François-Joseph pour obtenir de lui que Rodolphe soit relevé de son commandement, Guillaume a manifestement surestimé son pouvoir. Quel que soit, dès ce moment, le rapport réel des forces entre les deux alliés, François-Joseph n'est nullement disposé à se laisser enfermer dans le rôle du vassal prêt à obtempérer à la moindre injonction de son suzerain. Il est donc possible qu'une explication ait eu lieu entre le père et le fils. Pourtant, lorsque surviendra le drame de Mayerling, Rodolphe occupera toujours les fonctions dans lesquelles il s'était attiré les critiques de son cousin de Prusse. Cet incident va cependant laisser des traces. Rodolphe a souffert que son père n'ait pas pris publiquement sa défense. D'une sensibilité désormais à fleur de peau, il est sans doute porté à en tirer des conclusions extrêmes sur sa solitude. D'autre part, la rupture avec Guillaume est maintenant définitive. Comment imaginer en effet qu'après cette agression une réconciliation soit encore possible? Rodolphe ne peut que s'en trouver conforté dans son aversion pour une Allemagne commandée par un tel chef.

Maintenant qu'il est arrivé à la conclusion que la monarchie austro-hongroise doit se détacher sans retard de l'Allemagne, Rodolphe enfonce le clou. Ce faisant, malgré les incidents qui ont émaillé le séjour de Guillaume II à Vienne, il s'avance sur un terrain miné, car il se met en contradiction avec son père qui reste attaché à l'alliance allemande.

Voici peu François-Joseph a encore répété à son ami Albert de Saxe que celle-ci demeure la pierre angulaire de la politique étrangère de la Monarchie : « Je considère l'entente la plus large et la solidarité la plus étroite avec l'Allemagne comme l'axe de notre politique [11]. » Le souci de ne pas exposer l'alliance à une secousse grave explique justement sa retenue face à l'insolence de Guillaume. Sans doute Rodolphe n'est-il pas le seul membre de la famille impériale à éprouver pour l'Allemagne des sentiments dénués de chaleur. L'archiduc Albert notamment partage plusieurs de ses craintes. Il n'a d'ailleurs pas manqué de porter à l'attention de François-Joseph les raisons qui motivent son inquiétude. Mais il s'est arrêté là. En revanche Rodolphe s'engage, une fois de plus, sur des chemins où il transgresse son devoir de réserve. Il ne se borne plus à publier des articles dans le journal de Moritz Szeps. Franchissant un échelon supplémentaire, il commandite un hebdomadaire *Schwarzgelb* (*« Noir et Jaune »*) qui, en opposition radicale avec la ligne de la diplomatie austro-hongroise, se fixe pour programme le renversement des alliances.

Schwarzgelb

De nouveau l'anonymat est la règle. Aussi est-il impossible de déterminer avec certitude les articles dus à la plume de Rodolphe, même s'il paraît vraisemblable qu'il soit l'auteur de certains articles de fond. Pas davantage Rodolphe n'apparaît dans l'organigramme du journal. Pourtant plusieurs faits autorisent à le supposer dans la coulisse. Il y a d'abord la personnalité d'Heinrich Bresnitz, le rédacteur en chef de *Schwarzgelb*. Celui-ci collabore en effet par ailleurs au *Wiener Tagblatt* de Moritz Szeps. On ne peut imaginer qu'il s'agisse là d'une simple coïncidence, surtout quand on considère que, tout en usant d'un ton plus violent, *Schwarzgelb* défend la même ligne que son aîné. Autre fait significatif, Bresnitz collabore également à un quotidien de Varsovie, le *Warschawki Dniewnik* qui, sous la houlette de son inspiratrice, une française mariée au gouverneur général de la partie russe de la Pologne, s'est fait le champion d'une alliance franco-russe. Cette relation journalistique s'accorde parfaitement avec le revirement opéré, quelques mois plus tôt, par Rodolphe en faveur d'un front commun austro-russe élargi à la France. Ces liaisons n'ont d'ailleurs pas échappé aux services allemands qui ne sont pas loin de soupçonner *Schwarzgelb* d'être financé pour partie de l'étranger. Que ces diverses pistes ramènent à Rodolphe, beaucoup de contemporains en acquièrent rapidement la conviction. Divers quotidiens français et allemands se font, dans les derniers mois de 1888, l'écho de cette rumeur.

Le titre du journal porte déjà la griffe de Rodolphe. Avec sa référence aux couleurs de la Monarchie, il annonce un programme politique en accord avec les idées qui ont inspiré la collection *Die österreichische-ungarische Monarchie in Wort und Bild*. D'emblée il apparaît qu'il se veut le porte-parole des idées grand-autrichiennes à l'intérieur comme à l'extérieur :

> « Le titre de notre journal est notre programme, lance fièrement l'éditorial du premier numéro. Nous brandissons le drapeau noir et jaune qui est le drapeau de la Monarchie tout entière. Sous la bannière noire et jaune, les grands monarques de cette illustre dynastie ont bâti le fier édifice de l'Empire des Habsbourg. Sous le drapeau noir et jaune, Vienne peut redevenir ce qu'elle a été, la capitale florissante d'un empire un et indivisible [...].
>
> « Il n'est qu'un seul drapeau qui nous sorte du labyrinthe des confusions politiques, qui nous protège de l'émiettement, de la consomption et, pour finir, de la ruine, c'est le drapeau noir et jaune, l'emblème de l'Empire et de la dynastie, l'emblème du droit et de la force [...].
>
> « Unis dans la tradition de notre auguste maison impériale et dans les traditions de l'armée impériale, nous plantons dans les luttes pacifiques ce drapeau qui, dans le tonnerre des batailles, a toujours conduit à la victoire [12]. »

Pour l'organisation interne de la Monarchie, cet éditorial en forme de manifeste pose les principes qui, tout en restant généraux, sont en opposition avec certains aspects du système existant. En accord avec la conception de Rodolphe d'une Autriche protectrice des peuples d'Europe centrale, il proclame :

> « Pas de privilèges nationaux et pas d'hégémonie nationale. A chaque pays, sa position historique, à chaque peuple son droit national. La politique autrichienne, c'est cela et rien que cela! [...] La bannière noire et jaune rejette toute oppression nationale. Elle promet protection aux faibles et émancipation aux opprimés [13]. »

Schwarzgelb n'est pas uniquement préoccupé par la situation faite aux nationalités du royaume de Hongrie. Il se montre également attentif au sort des Ruthènes qui, en Galicie, ont à souffrir de la domination des Polonais. Plusieurs articles leur sont consacrés, un intérêt qui s'explique d'autant mieux que les conservateurs polonais comptent parmi les soutiens les plus solides du cabinet Taaffe. La sollicitude du journal ne s'en adresse pas moins en priorité aux peuples soumis à la tutelle des Magyars, une attitude déjà propre à le rendre suspect aux autorités hongroises. Que dire alors des professions de foi antidualistes qui le mettent franchement en contradiction avec les amitiés hongroises de Rodolphe?

Schwarzgelb part en guerre avec véhémence contre le compromis de 1867 qui a brisé l'unité de la Monarchie. De même il s'indigne qu'ait été reconnu à la Galicie un statut particulier qui a non seulement livré les Ruthènes à l'arbitraire des Polonais, mais a également consenti à la polonisation de l'administration et des universités du pays. Le salut de la Monarchie passe par l'abrogation de ce système néfaste et par la restauration d'un pouvoir central fort. Inscrivant ses pas dans la tradition centralisatrice du joséphisme, *Schwarzgelb* réclame la constitution d'un Parlement commun à l'ensemble des pays habsbourgeois, Hongrie comprise. De nouveau appuyé sur des bases solides, l'État pourrait déléguer une partie de ses compétences aux diètes locales et répondre au vœu d'autonomie des peuples, sans que l'unité de la Monarchie en soit menacée :

> « Une unité qui livre à elle-même la Hongrie et la Transylvanie ainsi que la Croatie, qui remet la Galicie aux mains de l'oligarchie impuissante des Stancyczi * cracoviens, une telle unité, nous ne l'acceptons pas. Un parlement central pour toute la Monarchie à Vienne, pas de parlements intermédiaires en Cisleithanie et en Transleithanie, mais des diètes pourvues de compétences, voilà le système parlementaire dans lequel l'unité de l'État trouvera un fondement solide. Nous voulons une Autriche une et puissante, mais nous voulons aussi le respect de la position historique de chaque pays et du droit national de chaque peuple [14]. »

Ce projet de réorganisation de la Monarchie appelle plu-

* Nom générique donné aux conservateurs cracoviens qui exercèrent une influence dominante sur le conservatisme polonais en Galicie.

sieurs remarques. On observera tout d'abord qu'il demeure très traditionnel. Il semble s'inspirer du modèle mis au point, au début des années soixante, par Anton von Schmerling qui reposait sur un partage des compétences entre un parlement où étaient représentés tous les pays de la Couronne, et les diètes locales. D'autre part, s'il se montre attentif au sort des nationalités, s'il marque à leur endroit des dispositions généreuses, il avance en ce domaine un programme qui ne paraît pas remettre en cause les limites territoriales héritées de l'histoire. Ce faisant, il respecte une division de la Monarchie en royaumes et pays qui n'épouse que très rarement la répartition des peuples à travers l'espace habsbourgeois. Il ne prévoit donc pas, comme le proposera bientôt le publiciste roumain Aurel Popovici, un redécoupage de la Monarchie en unités politico-administratives plus homogènes dont l'association formerait les États-Unis de la Grande-Autriche. A fortiori n'y a-t-il rien dans ce plan qui annonce l'idée d'autonomie personnelle dans laquelle certains, comme le social-démocrate Karl Renner, verront, en dehors du cadre contraignant des pays de la Couronne, la solution aux problèmes nationaux.

Enfin il est exclu que ces thèses puissent recevoir l'approbation des Hongrois. Déjà, rejetant tout organe législatif commun à l'ensemble de la Monarchie comme contraire à la souveraineté de la Hongrie, ils avaient boycotté le parlement central institué, à l'initiative de Schmerling, par la Patente de février 1861. Il va de soi que cette opposition serait tout aussi catégorique si, en contradiction avec le dualisme, des dirigeants autrichiens cherchaient à restaurer une assemblée du même type. On notera encore que ces articles s'accordent mal avec la thèse de la conspiration hongroise dans laquelle certains ont voulu trouver la clef du drame de Mayerling. On imagine mal le protecteur de *Schwarzgelb* se compromettre dans un complot qui aurait eu pour finalité la sécession de la Hongrie!

Comme il fallait s'y attendre, *Schwarzgelb* développe une campagne virulente contre l'Allemagne à direction prussienne. Il serait indigne du passé de l'Autriche, proteste-t-il, qu'elle s'abaisse devant cet État sans véritable tradition:

> « Qu'avons-nous accompli dans l'histoire du monde et, à l'opposé, qu'ont à offrir les Prussiens? s'indigne-t-il. Depuis quand d'ailleurs y a-t-il une histoire prussienne? Quel passé

brillant présente Vienne et, en revanche, quel parvenu ridicule est Berlin! Et nous devrions nous courber devant cette grandeur improvisée qui est née juste d'hier et qui peut s'effondrer dès demain. Non, jamais, nous ne renoncerons ni n'abdiquerons [15]! »

Si l'Autriche-Hongrie et l'Allemange sont entrées en 1879 dans les liens d'une alliance, celle-ci ne constitue certainement pas l'état définitif de leurs relations. Elle n'en représente qu'une étape, ce qui revient à dire qu'une fois monté sur le trône, Rodolphe ne s'estimerait pas tenu, à l'expiration du traité, de le renouveler. Sans doute les dirigeants de Berlin brandissent-ils le spectre d'un conflit avec la Russie pour mieux s'attacher et se soumettre l'Autriche-Hongrie. Mais Vienne doit se garder de tomber dans le piège. La véritable cause des tensions internationales en Europe est ailleurs. Elle réside bien davantage dans la politique expansionniste menée par la Prusse depuis 1866 :

« Berlin propage l'idée selon laquelle les causes de la crise se trouveraient en Orient. Les reptiles prussiens assurent que le siège du mal se trouve dans les Balkans et sur le Bas-Danube. L'Autriche et la Russie devraient se déchirer à cause de la Bulgarie. Tel est le plan de la diplomatie berlinoise. Mais l'Europe sait que tout cela est une fable. L'Europe est troublée depuis que le prussianisme a franchi les limites qui lui ont été tracées sur le Rhin et sur le Main [16]. »

Poussant l'analyse jusqu'au point où il succombe à la tentation de confondre ses désirs avec la réalité, l'auteur de ces articles ne craint pas d'imaginer un prochain effondrement de l'Empire bismarckien. A l'en croire, celui-ci n'aurait jamais pris racine en Allemagne du Sud. Leur inféodation à Berlin serait tout aussi insupportable aux Wurtembergeois qu'aux Bavarois. De même avec la brutale annexion de l'Alsace-Lorraine, la nouvelle Allemagne s'est rendue coupable d'un rapt radicalement contraire au droit des gens qui ne restera pas longtemps impuni. Or, toutes ces conquêtes ont été accomplies en violation du traité de Prague qui, au terme de la guerre austro-prussienne, avait fixé, en août 1866, au Main la limite de l'expansion prussienne. Aussi l'Autriche ne pourrait-elle se solidariser avec l'Empire allemand sans se mettre en contradiction avec sa propre parole ni sans renier ses intérêts : « Ce n'est vraiment pas dans l'intérêt de l'Autriche, argumente *Schwarzgelb*, que nos frères d'Allemagne du Sud gémissent sous l'oppression des casques à pointe prussiens ou que l'Alsace-Lorraine demeure séparée de sa mère patrie française [17]. »

Le cours de l'histoire pourrait au demeurant ne plus tarder à s'inverser. Si elle devait se lancer dans une guerre préventive contre la France, l'Allemagne de Bismarck aurait à redouter l'ouverture d'un second front. Avertie désormais des dangers d'une hégémonie prussienne en Europe, la Russie ne laisserait probablement pas se répéter le scénario de 1870. L'Allemagne serait-elle alors en mesure de résister à la conjonction des forces françaises et russes? Et dans cette hypothèse, quelle serait l'attitude de l'Autriche? Devrait-elle se sacrifier pour sauver le prussianisme du désastre? Il va de soi que *Schwarzgelb* n'y songe pas un seul instant. Ce cas de figure offrirait au contraire l'occasion du renversement d'alliances tant souhaité par Rodolphe: « Nous nous allierons aux vainqueurs. Quant au vaincu, nous aurons pour lui tout au plus le pleur qu'exige le respect des convenances [18]. »

Schwarzgelb ne tarde pas à publier des bulletins de victoire. Se félicitant que l'écho rencontré par ses premiers numéros, il ne craint pas de proclamer:

> « Nous nous trouvons devant un phénomène sans précédent dans l'histoire du journalisme moderne. Avec notre hebdomadaire, nous avons remporté un succès tellement énorme qu'aucun journal au monde n'en a connu de pareil dès les débuts de sa parution [19]. »

Cette autosatisfaction ne doit cependant pas faire illusion. La réalité est bien différente. Sans doute, en raison des questions liées à l'identité du prince que beaucoup devinent dans les coulisses, *Schwarzgelb* s'est trouvé placé au centre d'une controverse qui lui vaut une certaine notoriété. Son audience n'en reste pas moins limitée. De toute évidence, le journal est confronté à des difficultés financières. Conçu à l'origine comme une publication bi-hebdomadaire, il lui faut rapidement se résoudre à ne paraître qu'une fois par semaine. La modestie de son format et de sa taille (huit pages dont deux réservées à des insertions publicitaires) est révélatrice de ses limites. Avec ces moyens, il ne peut être question de concurrencer les ténors de la presse viennoise.

Sans compter que les embûches ne manquent pas. Après la confiscation de sa lettre ouverte, interdite d'entrée sur le territoire de la Monarchie, Rodolphe doit, à l'occasion, subir la même mésaventure avec *Schwarzgelb* quand l'outrance des attaques contre l'Allemagne dépasse les bornes. De leur côté, les autorités hongroises, pour le punir de ses sympathies à l'endroit des nationalités sous la tutelle de Budapest, retirent au journal, au début de janvier 1888, des facilités postales sans lesquelles sa diffusion en Hongrie devient problématique. Pour Rodolphe, cependant, le plus grave est qu'il ait été démasqué. Le succès de l'entreprise supposait en effet que son rôle restât caché. Or, maintenant qu'il a été découvert, l'affaire se retourne contre son auteur. Rodolphe avait espéré faire progresser ses idées sans apparaître lui-même sur le devant de la scène. Par la persuasion, escomptait-il, s'élargirait le cercle des partisans de ses thèses. Désormais il est désigné comme l'inspirateur de l'entreprise, et cet espoir s'effondre. Ce qui reste de l'affaire est qu'il s'est gravement compromis dans une opération en contradiction avec la politique officielle de la Monarchie. A vrai dire, ce risque existait depuis le début. On n'imagine pas que Rodolphe, même emporté par l'enthousiasme ou la passion, n'en ait eu conscience. Qu'il se soit malgré tout exposé à ce péril était déjà un signe de désarroi. Après cela, il ne faut pas attendre longtemps pour que le piège se referme. Au bout seulement de quelques semaines, Rodolphe doit se rendre à l'évidence et admettre qu'il a subi une nouvelle déconvenue.

La chute

Face à cet échec, Rodolphe peut penser que le destin a décidément basculé. S'il en doutait encore, la dégradation de son état de santé achèverait de l'en convaincre. En avril 1887, il a connu une rechute qui s'est accompagnée de troubles oculaires tenaces. Il commence d'autre part à souffrir de rhumatismes qui lui rendent certains mouvements très pénibles. Il se plaint aussi de fréquentes quintes de toux qui ne s'expliquent pas seulement par une tendance à faire des bronchites contractées dès l'enfance, mais qui ont également une origine psychosomatique. Ainsi, de Berlin où il représente son père aux fêtes organisées à l'occasion du quatre-vingt-dixième anniversaire de Guillaume Ier, il écrit à

Stéphanie : « Je ne peux me débarrasser de ma toux; elle dure souvent pendant des heures, puis me reprennent de vrais spasmes qui, notamment dans les dîners ou autres manifestations de ce genre, sont très désagréables[20]. » Enfin, si on en croit des révélations publiées dans la presse après le drame de Mayerling, Rodolphe aurait été victime, dans le courant de novembre 1888, d'une chute de cheval. Il aurait gardé de cette chute de terribles maux de tête qui ne l'auraient pas quitté jusqu'à sa mort.

Pour des soulagements passagers, Rodolphe s'applique un traitement qui a, en réalité, pour effet d'aggraver son état. Dès l'apparition des symptômes de la maladie, il lui a été prescrit de prendre de la morphine. Il ne devait alors s'agir que d'une thérapie exceptionnelle. Or, très vite, ce stade est dépassé. Avec la rechute en 1887, le retour périodique de troubles divers, Rodolphe ne cesse plus de recourir à ce remède pour calmer les douleurs qui l'assaillent. Dans la même lettre à Stéphanie où il se plaint des quintes de toux auxquelles il est sujet, il ajoute : « Je les combats par la morphine, ce qui est en soi dangereux, je m'en déshabituerai à Abbazia[21]. »

Espoir sûrement sincère, mais rapidement démenti par les faits. Rodolphe suit alors encore les prescriptions de son docteur. Pourtant, conscient des dangers d'une trop grande consommation de morphine, Widerhofer, le médecin de la Cour, essaie de le détacher de cette servitude, en prévoyant une réduction des doses. Mais cette médication douce reste sans effet. Lorsque la douleur s'empare de son corps, Rodolphe connaît trop bien le moyen de l'apaiser pour résister à la tentation de s'en servir. Maintenant il se fait régulièrement des injections en cachette, avec l'aide de Loschek, son fidèle serviteur, qui est chargé de lui procurer de la morphine. Cette accoutumance à la drogue n'est pas la seule à laquelle il succombe. Il demande aussi à l'alcool une forme d'oubli. Le vin, le champagne, le cognac lui ouvrent les portes d'un monde où ses peines n'ont plus le même poids. Aux effets dévastateurs de ces paradis artificiels s'ajoute le manque de sommeil. Il arrive souvent que, revenant aux petites heures à la Hofburg, Rodolphe s'installe encore à son bureau pour travailler!

Les conséquences de ces excès ne tardent pas à se lire sur le visage de Rodolphe qui, dans les derniers mois de sa vie, prend les traits d'un homme prématurément usé. C'est le souvenir que l'archiduc Léopold-Ferdinand en garde, dans le récit de leur dernière rencontre : « La lumière du lustre tombe sur son visage et il paraît vieilli et las. Ses yeux sont creusés; aux commissures des lèvres se sont formées des rides qui ne s'y trouvaient pas lors de notre précédente rencontre à Abbazia[22]. » Retrouvant son mari après seulement quelques semaines de séparation, Stéphanie est frappée par cette transformation :

> « Sa déchéance, se rappelle-t-elle, avait fait de tels progrès qu'elle était évidente à son aspect physique. Je trouvais le prince héritier affreusement vieilli. Son teint était terreux, sa peau flasque, son regard fiévreux. Ses traits avaient complètement changé, comme s'ils avaient perdu le ressort intérieur que la volonté doit leur donner, comme s'ils se défaisaient de l'intérieur[23]. »

Cette déchéance physique atteint Rodolphe jusque dans sa vie la plus intime. La tradition a retenu l'image d'un Don Juan friand du beau sexe et collectionneur de bonnes fortunes. Si elle appelle des nuances, cette réputation n'est pas usurpée, à condition toutefois de mettre à part les derniers mois de la vie du prince héritier. Ses performances amoureuses n'ont alors plus rien de glorieux. A en croire les confidences de Mizzi Caspar à Frau Wolf qui s'empressait de les rapporter à la police, Rodolphe serait devenu un piètre amant, cherchant un stimulant dans l'alcool, procédé à vrai dire étrange, car, selon toute logique, il devait avoir pour effet d'obtenir le résultat inverse. On est porté à supposer que, semblable à tout homme torturé par la hantise de l'impuissance, il a vécu cette situation comme un drame et comme une humiliation.

Devant cette accumulation d'échecs, le découragement s'est emparé de Rodolphe. Sous ces coups répétés, le ressort vient à lui manquer pour des efforts qui demandent une attention soutenue, a fortiori pour des entreprises à concevoir et à gérer en termes de durée. Exemple ponctuel, mais significatif de ce relâchement de la volonté, ses lettres se reduisent maintenant le plus souvent à quelques lignes, là où auparavant elles couvraient fréquemment plusieurs feuillets. Sa lassitude se lit dans cette réponse aux vœux que Moritz Szeps lui avait adressés pour son trentième anniversaire :

> « Trente ans, c'est une grande échéance, mais pas vrai-

ment réjouissante; beaucoup de temps a passé, avec plus ou moins de profit, mais il a été vide d'actions véritables et de succès.

« Nous vivons dans une époque qui se traîne et s'embourbe; qui sait combien de temps cela pourra encore continuer ainsi? Chaque année qui passe me vieillit, me rend moins alerte, moins dynamique, car le travail de tous les jours, sans doute nécessaire et utile, mais à la longue fastidieux, épuise la capacité créatrice. Il en est de même d'avoir à se préparer éternellement et d'attendre en permanence de grands événements, porteurs de bouleversements [24]. »

S'il met bien une note d'espoir dans son propos, on devine cependant qu'il se force pour ne pas trop décevoir son ami, car, même alors, le ton de sa lettre reste morne et résigné : « Courte est une vie entraînée dans un mouvement sans relâche et souvent, pour ne pas dire presque toujours, absorbée par des activités épuisantes, accaparantes parce que tournées dans de multiples directions. Mais, quoi qu'il en soit, il faut croire en l'avenir [25]. »

Rodolphe a touché ce point où les défenses naturelles de l'être ne sont plus assez fortes pour résister aux agressions de l'existence. S'abandonnant à la résignation, en proie à l'abattement, il cède à des crises de dépression de plus en plus fréquentes. Sans doute avait-il marqué, dès l'enfance, une propension à la mélancolie. Pourtant la tonalité dominante de sa personnalité a longtemps été l'optimisme. Dans ses belles années, la victoire du progrès paraît à Rodolphe inscrite dans le sens de l'histoire. Sans doute intègre-t-il dans sa réflexion l'existence de forces hostiles, mais celles-ci, calcule-t-il, ne peuvent au pire que retarder la marche du temps. Leurs succès, comme présentement en Autriche, ne sauraient être que passagers. Quant à lui, le destin l'appelle à accomplir de grandes choses au service de cette cause. Le moment venu, il conduira les changements indispensables qui mettront la Monarchie en accord avec son époque et lui rendront son rang.

Sous le coup des épreuves, son bel optimisme a cependant peu à peu cédé la place au pessimisme. Il a dû se convaincre que la machinerie du monde est plus complexe qu'il ne l'avait imaginé. Il a découvert qu'il ne suffit pas de l'élan de l'enthousiasme ou des arguments de la raison pour venir à bout des résistances au progrès. Mais surtout l'idée ne l'abandonne plus qu'il a déjà perdu, avant même de l'avoir livrée, la bataille à laquelle il voulait consacrer sa vie. Ces révélations ont sur Rodolphe l'effet d'un choc qui le conduit au bord de l'effondrement. Si les certitudes sur lesquelles il s'appuyait sont ébranlées, si les perspectives qui s'offraient à lui se dérobent, quel sens peut-il encore donner à sa vie? D'autant que la maladie gagne chaque jour du terrain. Angoissé par la déchéance qui le menace, Rodolphe lie plus que jamais son destin à celui de l'Empire. Comme à la Monarchie, le temps lui est désormais compté. Comme sur l'édifice habsbourgeois, la mort a déjà posé ses griffes sur lui. Aussi la hantise le gagne-t-elle d'être terrassé par la maladie avant d'avoir donné sa mesure, d'avoir entrepris les réformes qui seules, selon lui, pourraient encore sauver la Monarchie de sa désagrégation.

Nourrie par l'angoisse qui le ronge, l'idée de la mort s'est emparée de l'esprit de Rodolphe. Sa rédaction d'un nouveau testament en mars 1887 avait déjà la valeur d'un signe. Dans la décomposition de la Monarchie, dans la déchéance qui menace son corps, la mort impose maintenant à Rodolphe sa présence obsédante. Mais, s'il ne peut plus donner de sens à sa vie, à quoi bon poursuivre la lutte? Puisque les autres remèdes ont fait faillite, le suicide ne s'offre-t-il pas comme la seule issue? De nombreux témoignages laissent apparaître que, dans les derniers mois de sa vie, Rodolphe est habité par cette tentation. Sans doute, découvrant ainsi chez lui une morbidité latente, son intérêt pour le suicide n'est pas nouveau. Comme l'Impératrice, il a été frappé par les conditions de la mort de Louis II. D'autre part, il n'a pas manqué d'être impressionné par l'importance du suicide comme phénomène social. De toutes les capitales européennes, Vienne est celle où le taux en est le plus élevé.

Sous l'effet de la crise morale à laquelle Rodolphe finit par succomber, cet intérêt se change en fascination. Il lit de nombreux ouvrages consacrés au sujet et se montre attentif aux divers cas de suicides rapportés dans la presse, notamment aux méthodes employées par leurs auteurs pour mettre fin à leurs jours. Après Mayerling, le comte Pista Károlyi se souviendra que Rodolphe avaient été frappé par le choix du Hongrois Stephan von Kegl qui, pour mieux guider son coup, s'était aidé d'un miroir pour se tirer une balle dans la tempe droite, c'est-à-dire, précisément, le procédé qu'il s'appliquera à lui-même quelques mois plus tard.

Et surtout Rodolphe laisse percer dans ses conversations qu'il se familiarise avec l'idée de se donner la mort. Certes, ce n'est pas la première fois qu'il en évoque la possibilité. Par la suite, l'archiduc Johann Salvator révélera qu'il en parlait depuis plusieurs années. Mais probablement ne faisait-il alors que jouer avec cette idée sans vraiment s'y arrêter. La nouveauté est qu'il revienne maintenant fréquemment sur le sujet, montrant par là que cette pensée le travaille. Le comte Hoyos note dans son rapport rédigé juste après la tragédie qu'il lui a alors entendu exprimer à plusieurs reprises l'intention de mettre fin à ses jours. D'autres familiers du prince héritier confirmeront son témoignage, sans avoir, il est vrai, prêté, sur le moment, à ces propos toute l'attention qu'ils méritaient.

Ce qu'aucun d'entre eux ne sait alors, c'est que Rodolphe a déjà essayé de passer à l'acte. Dans le courant de l'été 1888, il demande en effet à Mizzi Caspar de mourir avec lui. Devant un premier refus de la jeune femme, il revient peu après à la charge, mais sans plus de succès. L'étrangeté de cette démarche ne laisse pas de retenir l'attention. Il faut d'emblée écarter la piste du suicide par amour. Certes Rodolphe se plaît en la compagnie de Mizzi, sans doute a-t-il pour elle une certaine forme de tendresse. Pourtant il n'entre pas de passion dans la liaison qu'il entretient avec elle. S'il cherche à l'associer à son dessein, c'est tout bonnement qu'il a une juste connaissance de ses propres limites. Il doute d'avoir la force d'aller jusqu'au bout de sa résolution, s'il n'a pris soin de créer l'irréparable. Après la mort de sa maîtresse, toute possibilité de retour en arrière lui deviendrait impossible.

Le site retenu pour ce suicide est également lourd de sens. Rodolphe a prévu de se donner la mort dans le Temple des Hussards de Mödling, une petite localité située à l'entrée de la forêt viennoise. Choix symbolique, s'il en est, puisqu'il répond à la fonction de ce monument dédié à la mémoire des soldats autrichiens tombés aux batailles d'Aspern et de Wagram d'exalter la gloire de la Monarchie. L'intention de Rodolphe est claire. Par ce geste, en ce lieu, il veut délivrer un ultime message : lancer un cri d'angoisse contre le désastre qui menace la Monarchie et, faute d'avoir pu, de son vivant, l'empêcher par des actes, protester par sa mort contre la politique néfaste qui, selon lui, y conduit inéluctablement.

Pourtant il apparaît que, dès ce moment, il aurait été possible de prévenir le drame. Si elle n'a, semble-t-il, pas pris au sérieux la proposition de Rodolphe quand il la lui a présentée pour la première fois, Mizzi s'inquiète en revanche quand il revient à la charge. Redoutant qu'il ne mette vraiment son projet à exécution, elle décide d'en instruire la police. Mais, répétion du scénario qui se déroulera quelques mois plus tard, l'information s'arrête à ce niveau. Faut-il penser qu'on n'a pas cru devoir prêter foi à ces révélations? Ou bien, sachant qu'on s'avancerait là sur un terrain sensible, a-t-on pris le parti de les retenir par souci de ne pas s'attirer les foudres impériales, voire de ne pas s'exposer au ressentiment de celui qui pourrait monter demain sur le trône?

Quelle qu'en soit la raison, l'information n'est pas remontée jusqu'à François-Joseph. Sinon on ne s'expliquerait pas sa réaction lorsque Stéphanie prend sur elle de lui confier ses alarmes dans le but d'obtenir son intervention. Il s'emploie seulement à dissiper ses inquiétudes, en mettant l'état de Rodolphe sur le compte du surmenage : « Tu te fais des idées, lui aurait-il répondu! Rodolphe ne manque de rien. Il a simplement le teint pâle. Il se surmène. Il devrait rester davantage près de toi; ne te fais pas de souci [26]. »

Dans une lettre adressée à Moritz Szeps dans les derniers jours de 1888, Rodolphe évoque « la torpeur de l'orage avant la tempête [27] ». Cette image s'applique certes à la situation internationale où paraissent se dessiner d'importants bouleversements. Les rapports entre l'Allemagne et la Russie ont commencé de se dégrader. En France, portée par une vague d'enthousiasme populaire, l'ascension du général Boulanger s'annonce irrésistible. Sa victoire à la prochaine élection partielle de Paris devrait lui ouvrir toutes grandes les portes du pouvoir. Appelé à provoquer dans les relations franco-allemandes un brutal accès de fièvre susceptible d'entraîner les deux pays jusqu'à la rupture, un tel dénouement serait de nature à hâter une redistribution des cartes sur la scène européenne. Mais cette image peut aussi bien valoir pour Rodolphe lui-même. Marqué cruellement par la succession de ses échecs, désormais convaincu que toute perspective d'avenir lui est interdite dans l'ordre politique, livré à la progression de la maladie, il a atteint un tel point d'épuisement physique et moral qu'il lui arrive de ne plus voir d'autre issue que le suicide.

Pourtant le destin n'a pas encore basculé. Si la tentation du suicide l'habite, Rodolphe balance toujours. Au plus fort de ses crises de dépression, il en caresse l'idée. A d'autres moments, il retrouve une certaine forme de calme. L'instinct vital reprend le dessus. Mais surtout il lui manque la partenaire qui accepterait de l'accompagner jusque dans la mort. Il a sans doute essuyé un échec auprès de Mizzi Caspar chez qui le goût de la vie a été le plus fort. Qu'adviendra-t-il cependant si le hasard place sur son chemin une jeune femme prête, par amour pour lui, à aller jusqu'à l'ultime sacrifice?

CHAPITRE VI

Mary Vetsera

Ce hasard – qu'elle s'est, à vrai dire, chargée de guider – prend les traits de la jeune baronne Mary Vetsera. Celle-ci traverse l'histoire comme un météore. Entrée dans la vie de Rodolphe au début de novembre 1888, elle disparaît avec lui, moins de trois mois plus tard, alors qu'elle est seulement âgée de dix-sept ans. Dans la mémoire collective, elle reste à jamais associée au prince héritier de la Maison d'Autriche. Auréolée par la légende, elle figure, en bonne place, à ses côtés dans le panthéon des amants célèbres, car, pour l'imagination populaire, elle demeure inaltérablement l'héroïne d'un tragique roman d'amour dont, en notre siècle, la littérature et le cinéma se sont emparés jusqu'à le dégrader souvent en un roman-photos. A l'autre extrême, la tentation existe de minimiser son rôle, sous le prétexte qu'elle aurait été manipulée par Rodolphe.

La simple équité interdit pourtant de traiter comme une banale comparse celle qui accepta de lui faire le don de sa vie. De surcroît Mary Vetsera n'est pas un personnage central pour la seule raison qu'elle partage le sort de Rodolphe. On n'oubliera pas en effet que, sans son accord, celui-ci ne serait peut-être jamais allé jusqu'au bout de son projet. Aussi mérite-t-elle mieux qu'un intérêt distrait ou distant. Il ne suffit donc pas de la suivre dans les derniers moments de son existence. Il faut encore prendre le temps de brosser son portrait, de préciser ses origines, de la replacer dans son milieu, de tenter enfin de saisir les grandes lignes de sa personnalité.

L'ascension des Vetsera

Mary * Vetsera vient au monde, le 19 mars 1871, à Vienne, comme troisième enfant du mariage d'Albin Vetsera et d'Hélène Baltazzi, après son frère Ladislaus communément nommé Laszlo dans la famille, et sa sœur Hanna, nés respectivement en 1865 et en 1868. Les Vetsera n'appartiennent pas à ce qu'il est convenu d'appeler « la crème de la crème » de la société autrichienne. Ils ne peuvent se prévaloir ni d'un lignage prestigieux ni d'alliances avec d'illustres familles. Leur noblesse est toute récente. A la naissance de Mary, voilà seulement un an que son père a été élevé au titre de baron. Au reste, la modestie de la famille se lit dans le fait qu'elle ne possède pas l'*Hoffähigkeit*, indispensable pour avoir accès à la Cour.

S'ils ont des origines slovaques, les Vetsera ont maintenant rompu les attaches qui les liaient à ce groupe national. A vrai dire, dès les générations précédentes, l'élément slave a été pondéré par les mariages des grand-père et arrière-grand-père paternels de Mary avec des Allemandes. Au surplus, avec Hélène Baltazzi, la famille s'est ouverte à des apports italien et anglais qui l'éloignent encore de ses racines slovaques. A cet égard, il est significatif de ce processus de dénationalisation que, après avoir vécu durant plusieurs générations à Presbourg, elle se soit maintenant établie à Vienne.

L'ascension sociale des Vetsera a commencé deux générations plus tôt avec le grand-père de Mary qui, issu d'un milieu d'artisans, est parvenu à occuper, avant 1848, des responsabilités dans l'administration locale. Le tournant décisif intervient cependant en 1848 quand, balayée par la tourmente révolutionnaire, la Hongrie ** fait séces-

* Bien que baptisée sous le prénom de Marie, l'enfant est toujours appelé Mary par sa famille. Cette habitude renvoie aux attaches britanniques d'une partie des siens. Née Sarell, sa grand-mère maternelle est d'origine anglaise. Ces liens se sont maintenus à la génération suivante : sa mère, la baronne Hélène, est restée fidèle à la confession anglicane, tandis que sa tante Élisabeth épousait un officier anglais.

** La ville où, depuis des siècles, sont couronnés les rois de Hongrie, Presbourg, Poszony en hongrois, aujourd'hui Bratislava, relève jusqu'en 1918 de la souveraineté hongroise.

sion. Durant cette période troublée, Bernhard Vetsera, le grand-père de Mary, demeure en effet loyal à la cause des Habsbourg. Son fils Albin tire avantage de cette fidélité. Fort de la faveur impériale, il est admis à l'Académie orientale, une des pépinières où se recrutent les diplomates autrichiens. C'est le début d'une carrière qui le trouve en 1871 comme représentant de la Monarchie auprès de la Cour de Hesse-Darmstadt. Parcours honorable si l'on considère que son absence de notoriété et des moyens financiers insuffisants lui interdisent de prétendre à des postes plus élevés.

A Constantinople où il séjourne plus de dix ans, Albin Vetsera se lie d'amitié avec Theodor Baltazzi, un riche banquier qui compte parmi les personnalités les plus en vue de la colonie européenne de la capitale ottomane. Issu d'une famille de marchands vénitiens installés à Constantinople depuis le XVIIIe siècle, Theodor Baltazzi est à la tête d'une grosse fortune. A sa mort, en 1860, il lègue à ses dix enfants plus de dix millions de florins autrichiens. Il faut en tout cas qu'il ait tenu son ami en haute estime pour l'avoir désigné auparavant comme le tuteur de ses enfants. Peut-être l'a-t-il aussi choisi parce qu'il songeait à établir sa famille en Autriche, ce que semble indiquer son acquisition de la nationalité autrichienne, peu avant sa mort, ainsi que son achat de diverses propriétés sur le territoire de la Monarchie. Ces liens sont renforcés en 1864 par l'union d'Albin Vetsera avec Hélène Baltazzi, une de ses pupilles, un mariage certainement arrangé, comme le suggère la forte différence d'âge, pas moins de vingt-deux ans, entre les époux. Cette impression est encore accusée par l'air de gravité, un tant soit peu rébarbative, qu'Albin Vetsera arbore sur les photos.

Depuis le départ de Presbourg, les Vetsera ont gravi de nouveaux échelons dans la hiérarchie sociale. Ils ont maintenant ouvert les portes de la « seconde société » qui réunit à Vienne la noblesse de service et la bourgeoisie de la fortune et du savoir. Signe extérieur de cette élévation, les Vetsera habitent à Vienne, dans le quartier de la Leopoldstadt, une maison qui a les allures d'un petit palais. Il apparaît cependant que leur ascension ne les a pas encore portés au sommet de cette « seconde société ». Un des plus anciens faubourgs de Vienne, la Leopoldstadt, n'a pas le lustre de la Ringstrasse et des artères voisines qui, depuis le début des années soixante, se couvrent d'immeubles somptueux où les nouvelles familles de la haute bourgeoisie étalent leur opulence. Un parti pris de prudence a peut-être guidé le choix d'Albin Vetsera, mais la Leopoldstadt ne devrait être qu'une étape dans l'ascension de la famille.

Dès leur arrivée à Vienne, les Vetsera ont d'ailleurs commencé à nouer des contacts dans la haute société. La protection du comte Prokesch-Osten, l'ancien chef d'Albin Vetsera à Constantinople et une des grandes figures de la diplomatie autrichienne de ces années, les a introduits auprès de la princesse Eléonore Schwarzenberg qui, dans son palais du Mehlmarkt, tient un des salons les plus en vue de la capitale. Les Vetsera tirent également parti des relations que les frères et les sœurs d'Hélène Vetsera, arrivés en Autriche avec leur tuteur, ont rapidement nouées dans ce milieu. Il faut dire que les Baltazzi ne cachent pas leur volonté d'accéder aux premiers rangs de la hiérarchie sociale. Ils n'ont pas à attendre longtemps pour marquer des points, comme en fait foi une impressionnante série d'alliances avec de vieilles familles de la Monarchie : en 1866, Marie-Virginie Baltazzi épouse le comte Albert Saint-Julien; en 1872, Eveline Baltazzi s'unit au comte Georg Stockau; 1873 voit le mariage de Charlotte Baltazzi et du comte Georg Erdödy; en 1874, Hector Baltazzi prend pour femme la comtesse Anna Ugarte; en 1884, enfin, Aristide Baltazzi lie son destin à celui de la comtesse Maria Theresia Stockau. Pour ces roturiers fraîchement établis en Autriche, ce sont là d'éclatants succès qui, en asseyant leur respectabilité, consolident leurs positions.

Les Baltazzi mettent, il est vrai, de solides atouts au service de leurs ambitions. Il va de soi que leur fortune en fait des partis particulièrement attractifs. Il n'est plus rare que, sous la pression de la nécessité, des nobles se résolvent à des mésalliances. Dussent les principes en souffrir, celles-ci s'offrent parfois comme une solution commode pour redorer un blason terni par les malheurs du temps ou pour placer un cadet. Mais, avec un tel tableau de chasse, il faut aussi supposer aux Baltazzi des talents particuliers. On ne sous-estimera pas le pouvoir de séduction d'Hélène et de ses sœurs. Si on en croit les photos, celles-ci possèdent un type de beauté orientale, un charme piquant propre à leur valoir les regards et les attentions des hommes. On serait surpris qu'elles aient négligé de se servir de cette arme. Pour se pousser dans la haute société, les frères Baltazzi savent en outre tirer parti de la passion de la noblesse pour le cheval. Survivance de l'âge féodal, la noblesse entretient avec le cheval une relation privilégiée qui prend diverses formes, depuis le choix de beaucoup de ses fils de servir dans les régiments de cavalerie jusqu'à la vogue de la chasse à courre dans ses rangs. C'est également l'époque où se développe son engouement pour les courses de chevaux.

Les frères Baltazzi s'acquièrent, dans les sports équestres, une notoriété qui, dès leur arrivée en Autriche, leur permet de frayer avec de grands noms de l'aristocratie. Ils sont ainsi associés à la création du Jockey Club autrichien qui, inspiré du modèle britannique, voit le jour, le 28 décembre 1866, à Presbourg, à l'initiative d'une brochette d'aristocrates : le comte Nikolaus Esterházy, le prince Louis Rohan, le prince Salm-Salm, le comte Saint-Julien, les comtes Stockau. Fondé dans le but de « favoriser la promotion de la race chevaline et des courses hippiques au sein de la Monarchie », il élargit rapidement son champ d'action pour devenir, non loin du célèbre hôtel Sacher, un des centres de la vie sociale de la capitale dans de somptueux locaux aménagés dans l'esprit des clubs anglais. Or, après avoir participé à son lancement, les frères Baltazzi restent durablement parmi les plus solides piliers du Jockey Club. Aristide siège même de nombreuses années dans son comité de direction.

Les frères Baltazzi comptent également parmi les célébrités du monde des courses : Alexandre et Aristide comme propriétaires, Hector comme jockey. Avec le crack Kisber, les deux premiers remportent, en 1876, deux victoires prestigieuses, le Derby d'Epsom, puis le Grand Prix de Paris, qui leur valent une réputation internationale et assoient leur renom en Autriche. Quant à Hector Baltazzi, une des vedettes les plus populaires du turf autrichien, il est présent pendant quelque vingt ans sur tous les grands champs de course de la Monarchie, Freudenau, Egerau, Pardubitz. A la fin de sa carrière, il peut aligner un palmarès où ne manque pratiquement aucune des compétitions hippiques de premier plan disputées en Autriche-Hongrie.

Leurs amitiés aristocratiques poussent les frères Baltazzi jusque dans l'entourage de l'Impératrice. C'est l'époque où Élisabeth s'adonne au sport équestre. Des heures durant, elle aime à parcourir les vastes étendues de la puszta autour du château de Gödöllö que le couple royal a reçu en cadeau de la nation hongroise à l'occasion de son couronnement. Ces promenades ne suffisent cependant bientôt plus à satisfaire son goût des efforts violents. En quête de nouveaux défis et de nouvelles sensations, Élisabeth se découvre aussi à Gödöllö une passion pour la chasse à courre qui, pour plusieurs années, mobilise ses pensées. Tel est justement le ressort de la plupart des voyages qu'elle entreprend alors à l'étranger. La puszta, insuffisamment accidentée, n'offrant bientôt plus d'obstacle à sa mesure, il lui faut chercher ailleurs des terrains qui mettront à l'épreuve ses talents de cavalière. Ces espaces conformes à son attente, elle les trouve en Angleterre et en Irlande, patries par excellence de la chasse à courre, où elle se rend régulièrement à partir de 1874.

Pour ces folles chevauchées, l'intrépide amazone est accompagnée d'une petite troupe de cavaliers, parmi les meilleurs de la Monarchie, recrutés pour la plupart dans l'aristocratie hongroise qui, peu ou prou, sont tous des admirateurs muets de leur souveraine. Ce groupe est conduit par le comte Nikolaus Esterházy, celui-là même qui, en 1866, avait participé à la fondation du Jockey Club. C'est par son intermédiaire que les frères Baltazzi sont présentés en 1874 à l'Impératrice qui, toujours heureuse d'avoir auprès d'elle de brillants cavaliers, leur fait un bon accueil. Désormais admis dans sa suite, ils participent aux rassemblement de Gödöllö, voire accompagnent Élisabeth dans ses voyages en Angleterre.

Lors de ses séjours à Gödöllö se forme autour de l'Impératrice une cour bien différente de celle de Vienne. Élisabeth n'y est pas soumise aux règles contraignantes qu'elle a prises en horreur. Bien plus, comme François-Joseph n'y fait que des passages rapides, elle y est l'astre autour duquel tout gravite. Cette cour en miniature n'est pas non plus régie par le même exclusivisme. Ainsi, dans le sillage de ses frères, on y voit apparaître la baronne Vetsera.

Si elle n'est toujours pas admise à la Cour de Vienne, la baronne Vetsera n'a pas tardé à se faire une place dans la société mondaine de la capitale. Les chroniques de l'époque signalent régulièrement sa présence aux fêtes, manifestations et raouts qui animent cette vie mondaine alors que le nom de son mari n'y est que rarement mentionné. Le baron Vetsera ne semble avoir eu guère de goût pour ces distractions. Au surplus une santé fragile tend à l'en éloigner. Au début de 1875, après une sérieuse alerte, ses médecins lui prescrivent même pour sa convalescence un long séjour dans des pays à climat méditerranéen.

Il n'est pas certain que la baronne ait atrocement souffert de cette absence. Durant tous ces mois, elle se montre toujours aussi présente dans le monde. A cela rien de bien étonnant compte tenu de l'esprit dans lequel ce mariage a été conclu. Le contraste de leur style de vie donne à penser que, suivant en cela l'exemple de beaucoup de couples de ce milieu, les deux époux ont choisi, dans le respect de formes extérieures, d'organiser leur existence chacun de son côté. Il paraît même probable que la baronne Vetsera ait pris quelques libertés avec les astreintes du mariage. Elle n'a pas tardé à découvrir la force de son pouvoir de séduction et le parti qu'elle pourrait en tirer. Si elle est courtisée, elle a aussi appris l'art de provoquer. Sans doute la petite histoire reste-t-elle muette sur ses aventures. Tout au plus lui prête-t-elle par la suite une liaison avec l'archiduc Guillaume. Mais la manière dont, à Gödöllö, elle poursuit Rodolphe de ses assiduités tend à prouver qu'il n'a pas affaire à une débutante. A Gödöllö et dans les autres rendez-vous de chasse de cette société, elle trouve un milieu où elle peut évoluer à l'aise. L'ambiance de ces rencontres offre un terrain propice à l'ébauche de relations amoureuses. Si, grande prêtresse de l'amour courtois, Élisabeth se réfugie dans l'éther de sentiments épurés, on devine qu'autour d'elle se dessinent des flirts et se nouent de brèves aventures.

La baronne Vetsera ne fait cependant l'unanimité ni dans l'entourage de l'Impératrice ni, de manière générale, dans le milieu de cour. Exprimant ces réserves, la comtesse Festetics voit en elle une parvenue prête à tout pour s'ouvrir les portes de la haute société et se faire admettre à la cour: « Entre autres, je trouve ici Madame Vetsera, confie-t-elle à son Journal, ce qui, à vrai dire, n'est pas dangereux, car Dieu m'est témoin qu'elle n'a pas de charme, mais elle est très rusée, pour arriver à ses fins, elle n'hésite pas à se servir de tout le monde. Elle veut aller à la cour, se faire valoir elle et sa famille [1]. »

Autre fait important pour la suite, c'est à Gödöllö que la

baronne Vetsera rencontre pour la première fois Marie Larisch, cette nièce de l'Impératrice qui sera associée de près au drame de Mayerling. Celle-ci porte alors le nom de Wallersee qui lui vient de sa mère. Cette procédure inhabituelle tient à la nature particulière du mariage de ses parents. Son père, le duc Louis en Bavière, en a effet épousé morganatiquement en 1858 une roturière, la comédienne Henriette Mendel à laquelle est ensuite donné le titre de baronne Wallersee.

L'Impératrice s'entiche de cette jeune fille de dix-sept ans et l'affiche auprès d'elle à partir de 1876, notamment à Gödöllö. Qu'elle éprouve une réelle affection pour sa nièce, on n'en doutera pas, mais il entre aussi une part de provocation dans cette ostentation. Élisabeth ne résiste pas au plaisir de défier la Cour où, elle n'en doute pas, la présence de cette jeune fille sera un objet de scandale pour beaucoup, habitués à juger les êtres en termes de quartiers de noblesse. Jusque dans son entourage le plus proche, l'apparition de Marie suscite des réactions dictées par la méfiance. Témoin ce jugement de Marie Festetics où se devine certes un soupçon de jalousie, mais dont la lucidité, l'avenir le démontrera, n'est pas absente : « Je trouve Marie Wallersee jolie [...]. Elle me plaît parfois, mais quoi? Il y a quelque chose qui me retient, j'hésite presque à l'écrire de peur d'être injuste envers elle! Mais elle me donne l'impression, je veux le dire en termes modérés, de ne pas être vraie, de ne pas être sincère, d'avoir un talent de comédienne[2] », allusion à peine voilée à l'ancienne profession de la mère de Marie. Rodolphe ignore sans doute ce préjugé, mais il commence aussi par éprouver un sentiment de jalousie pour cette cousine qui fait brusquement irruption dans son milieu familial et lui dispute, du moins le voit-il ainsi, l'attention de sa mère.

Prompte à fulminer contre le mariage, Élisabeth ne s'en charge pas moins de donner un époux à sa nièce. Son choix se porte sur le comte George Larisch, fils d'une riche famille installée en Silésie. Cette union célébrée en novembre 1877 éloignera périodiquement Marie de la Cour, mais elle aura surtout pour résultat de la fixer en Autriche, si bien qu'à la faveur de fréquents passages à Vienne, elle pourra garder sa place auprès de sa protectrice. On la retrouve également, par la suite, en Angleterre aux côtés d'Élisabeth.

Le choix de l'Impératrice ne se révèle pourtant pas heureux – mais a-t-elle eu vraiment le souci de réunir un couple harmonieux? Marie n'a mis, c'est l'évidence, aucune passion dans ce mariage. Docile à la volonté de sa tante, elle y a aussi vu un moyen de consolider sa position dans la société autrichienne. Quant aux Larisch, ils ont probablement compté qu'il leur garantirait la protection impériale. Il ne faut pas longtemps pour que la mésentente éclate entre les époux. Leurs disputes sont fréquentes, Marie s'ennuyant dès qu'elle ne respire plus l'air de la Cour, alors que la jalousie de son mari s'enflamme devant ses tendances à la frivolité et à la coquetterie.

L'important ici est cependant que la baronne Vetsera et Marie Larisch ne se perdent pas de vue durant ces années. En dehors de Vienne, elles se retrouvent à Pardubitz où les Larisch ont établi leur résidence. Or les occasions ne manquent pas à Hélène Vetsera d'y faire des séjours, soit qu'elle rende visite à son plus jeune frère Heinrich, en garnison dans cette ville, soit qu'elle y accompagne ses autres frères à l'époque des courses. Il est une autre raison pour que les deux femmes restent en relation : la réalité d'une liaison entre Marie Larisch et Heinrich Baltazzi autour du milieu de la décennie ne semble pas faire de doute.

L'ENFANCE

Ces années où Hélène Vetsera est prise dans le tourbillon de la vie mondaine sont aussi celles où, sortie de la petite enfance, Mary a maintenant abordé le temps de sa scolarité. Celle-ci se déroule selon le schéma habituel pour les jeunes filles de la bonne société. Dans une première phase, Mary est confiée à l'autorité d'un précepteur qui lui apprend à lire, écrire, calculer et lui enseigne des rudiments d'histoire et de géographie. L'accent est aussi mis sur l'apprentissage des langues vivantes. Il s'agit bien sûr du français dont la connaissance va, pour ainsi dire, de soi dans la haute société européenne de cette fin du XIXe siècle. En raison des liens que la famille a conservés avec l'Angleterre, il s'y ajoute l'anglais, ce qui, à l'époque, est plus original.

Au terme de cette première étape, Mary est inscrite, dans

sa treizième année, à l'Institution pour jeunes filles de la noblesse qui est tenue, dans leur couvent, par les Salésiennes. Elle n'y est pas accablée, semble-t-il, sous le poids du travail et des connaissances. Dans l'esprit du temps, autant qu'à leur donner un vernis de culture, les sœurs s'attachent à inculquer à leurs élèves les bonnes manières sans lesquelles elles ne pourraient évoluer dans le monde. La place occupée par la musique dans ce programme en est une illustration. Sur le modèle des jeunes filles accomplies de son milieu, Mary doit savoir jouer d'un instrument. Une fois qu'elle a quitté l'institution des Salésiennes, elle continue de prendre des cours de piano. Il s'y ajoute une initiation au chant.

Une partie de l'enseignement est d'ailleurs encore donnée à la maison. Devant faire prochainement son entrée dans le monde, Mary y reçoit des cours de danse. Il faut aussi qu'elle puisse parfaire sa connaissance du français. A cette fin, ses parents s'assurent avec Gabriel Dubray d'un excellent professeur. Celui-ci leur a sans doute été recommandé par le baron Othon de Bourgoing qui l'a choisi pour enseigner le français à son fils. Grand ordonnateur, avec la princesse Pauline Metternich, des fêtes mondaines de la capitale, le baron de Bourgoing figure à ce titre parmi les familiers d'Hélène Vetsera qui lui a déjà prêté à plusieurs reprises son concours. L'expérience confirme la justesse de ce choix. Gabriel Dubray ne se signale pas seulement par ses qualités de pédagogue (plus d'un demi-siècle après en avoir suivi les leçons, Jean de Bourgoing, un des fils du baron Othon, vante l'efficacité de ses méthodes). A ce talent il ajoute celui, tout aussi important, de savoir nouer des relations amicales avec ses élèves, comme en témoigne le ton détendu des lettres que Mary lui adresse. A-t-il pu cependant lui donner le goût de la grande littérature? Il semble bien que sa préférence soit allée aux romans fleur bleue.

Le déroulement des études de Mary est contemporain d'importants changements dans la situation des Vetsera. Après un arrêt de plusieurs années, la carrière diplomatique du baron Albin est relancée. Il est en effet choisi, au début des années quatre-vingt, pour représenter l'Autriche-Hongrie à la commission internationale chargée d'administrer la dette publique égyptienne. Cette mission l'obligeant à de longs et fréquents séjours au Caire, son départ distend encore un peu plus les liens qui l'unissent à sa famille.

C'est aussi l'époque où les Vetsera changent de résidence. Quittant la Leopoldstadt, ils louent un petit palais, situé au 11, de la Salesianergasse. Ce changement répond à un double objet. Il doit d'abord illustrer l'élévation du statut social de la famille depuis son arrivée à Vienne. A quelques minutes du Ring et de la vieille ville, ce quartier rapproche les Vetsera des centres de la vie sociale. On y respire également un autre air qu'à la Leopoldstadt. Présentant une composition sociale plus homogène, il est notamment l'un des rendez-vous de la noblesse. Ainsi, tout près de la nouvelle résidence des Vetsera, s'élève, sur le Rennweg, le palais viennois des Metternich. Le style du palais de la Salesianergasse est aussi révélateur des ambitions de ses nouveaux locataires. Leur fortune leur permettait de s'installer sur le Ring, dans un des luxueux immeubles qui bordent maintenant le grand boulevard de la capitale. Un tel choix aurait cependant présenté le risque de les lier par trop à la « seconde société ». Or, bien que de noblesse très récente, ils visent plus haut. Si leur préférence s'est portée, dans un quartier un peu en retrait de l'agitation du Ring, sur ce petit palais baroque, c'est précisément que ce style est associé à la vieille noblesse qu'ils ont prise pour modèle, dont ils ont adopté la façon de vivre, qu'ils fréquentent et dans laquelle, pour finir, ils aspirent à s'intégrer. La réalisation de cet objectif implique toute une série d'obligations sociales. Elle impose notamment de recevoir, d'organiser des dîners, des bals, des fêtes. Encore faut-il pour cela disposer de salles d'une taille suffisante. Celles-ci manquaient à la résidence de la Leopoldstadt. En revanche, le palais de la Salesianergasse possède des pièces spacieuses prévues pour cet usage, en particulier une galerie des glaces.

A peine installée, Hélène Vetsera tient un grand train de vie. Les absences de son mari n'y font pas obstacle, Alexandre Baltazzi le représentant alors. Dans ses Mémoires, Marie Larisch se souvient que le palais Vetsera était devenu dans les années quatre-vingt un endroit à la mode : « Toute la Vienne élégante fréquentait chez elle. Elle était une femme posée et pleine de tact. On s'amusait à ses dîners et à ses soirées, car on rencontrait toujours chez elle les gens que l'on voulait rencontrer[3]. » Les listes d'invités confirment que les plus grandes familles de l'aristocratie fréquentent chez Hélène Vetsera, ce que certaines voudront oublier par la suite. Ainsi, lors d'une fête donnée en 1885 en l'honneur d'Hanna, la sœur aînée de Mary, elle peut se flatter de compter parmi ses hôtes des représentants de très haut lignage, entre autres, les Attems, Bellegarde, Berchtold, Bombelles, Bourgoing, Clam-Gallas, Harrach, Kinsky, Széchenyi, Thurn und Taxis, Trautmannsdorf, Zichy, sans oublier le ministre d'Allemagne à Vienne, le prince Reuss. Cette vie mondaine ne se limite pas à Vienne. Pour les mois d'été, la baronne et son frère Alexandre louent un petit château à Schwarzau, une localité située non loin de Reichenau, une des villégiatures les plus recherchées des classes aisées de la capitale. Ils y retrouvent des familles de la vieille noblesse ou de la « seconde société » viennoise, comme les Bourgoing, Coreth, Hohenlohe, Széchenyi ou les Rothschild.

L'entrée dans le monde

Ces investissements ont un autre sens. Lorsque les Vetsera arrêtent le choix de leur nouvelle résidence, le temps n'est plus loin où leurs enfants feront leur entrée dans le monde. Un coup terrible vient cependant les frapper peu après, avec la disparition de Laszlo, leur fils aîné, dans l'incendie qui ravage, le 8 décembre 1881, le Ringtheater. Pour ajouter à l'horreur de cette tragédie, le jeune homme figure parmi les victimes dont le cadavre n'a pu être identifié. Après ce drame, Hélène Vetsera concentre ses espoirs sur ses filles, Hanna et surtout Mary dont la beauté commence à percer sous la chrysalide de l'enfance. Pour ses filles, elle aspire à de brillants partis, à des alliances avec des familles de l'aristocratie qui permettraient aux Vetsera de gravir un échelon de plus dans leur ascension sociale, de ne plus seulement frayer avec la haute noblesse, mais d'y être admis à part entière. Les mariages de ses frères et de ses sœurs démontrent que ses calculs n'ont rien de chimérique. En consolidant ses liens avec la vieille noblesse, les dîners, bals, fêtes donnés par la baronne sont donc aussi un placement pour l'avenir.

Pour les débuts « officieux » de Mary dans le monde, à l'occasion de son treizième anniversaire, sa mère a choisi d'organiser un bal réservé aux enfants. Mais, comme les jeunes invités sont accompagnés de leurs parents, c'est là une manière habile de devancer l'échéance officielle. Transformée pour la circonstance en maîtresse de maison, Mary accueille ses hôtes, déguisée en petite soubrette de la France de Louis XV. L'année suivante, c'est au tour d'Hanna d'être fêtée. Cette fois, Mary a revêtu les atours d'une paysanne slovaque, rappelant de la sorte les origines d'une des branches de sa famille. Enfin, le 20 février 1886, avec un grand bal, rehaussé de la présence de l'archiduc Guillaume, c'est son entrée officielle dans le monde. Hélène Vetsera prend ensuite l'habitude d'organiser deux bals par an, pendant la période du *Fasching*, ce temps fort de la saison viennoise où, du début janvier au Mardi gras, de la Cour aux banlieues les plus populaires, la vie sociale est occupée par les bals. Ceux de la baronne Vetsera connaissent un franc succès. Recueillant le fruit de ses efforts, elle peut se flatter qu'ils soient fréquentés par la vieille noblesse et par le corps diplomatique. Signe de la place qu'elle a su conquérir dans la vie mondaine de la capitale, les ministres d'Allemagne, d'Angleterre, Sir Henry Paget, de Russie, le prince Alexei Lobanoff, de France, Albert Decrais, se retrouvent pour ces soirées au palais Vetsera.

Mary ne limite pas ses apparitions aux fêtes données par sa mère. On commence à la remarquer dans les lieux à la mode : la patinoire où sa grâce impressionne, plus tard le champ de course de Freudenau, rendez-vous de la société élégante, les théâtres de cour où, autant que de voir, il s'agit de se faire voir. La nouvelle venue n'échappe pas au regard des échotiers des journaux spécialisés, comme le *Salonblatt*, qui ne manquent plus une occasion de saluer sa présence, vanter son charme, décrire ses toilettes. Au concours des jeunes beautés de la haute société, Mary se placerait parmi les premières.

En dehors de ces feuilles facilement promptes à l'hyperbole, on n'a pas de mal à trouver des témoignages de contemporains faisant l'éloge de la beauté de Mary Vetsera. Louise de Cobourg, qui, dans sa position de sœur de Stéphanie aurait pu pourtant marquer quelques réserves, n'hésite pas à écrire dans ses Mémoires : « Lorsque j'eus pour la première fois l'occasion de la voir, j'en eus le souffle presque coupé[4]. » Une propriétaire d'un salon de mode viennois ne se montre pas moins enthousiaste : « Mary avait une silhouette ravissante, mais il est également impossible d'imaginer rien de plus mignon que son visage. Son teint prenait un coloris mat, elle avait d'adorables petites joues fraîches, les yeux taillés en amandes et les cheveux noirs. Rien qu'à la regarder, on était heureux[5]. » Sans les contredire, la baronne Redwitz ajoute une nuance à ces louanges. Se souvenant de Mary Vetsera, elle revoit une jeune fille « plus piquante que belle[6] ».

L'impression laissée par les photos en notre possession confirme ces observations, quand bien même les canons de la beauté ont évolué depuis la fin du siècle dernier. Elles font apparaître de rapides changements. L'adolescente encore un peu timide des premières fêtes a maintenant cédé la place à une jeune fille séduisante. Émouvantes, les dernières photos, prises seulement quelques jours avant le drame de Mayerling, révèlent une beauté plus mûre que son âge ne le laisserait supposer. Si le visage garde quelque chose de poupin, le dessin de ses lèvres, son nez légèrement retroussé, sa carnation mate (les contemporains lui attribuent volontiers un « teint de pêche ») rehaussée par l'éclat d'immenses yeux bleus, sa longue chevelure noire, ses formes déjà épanouies créent autour d'elle une aura de sensualité. Ses premiers contacts avec le monde ont suffi à lui découvrir son pouvoir de séduction. Comme sa mère naguère, elle a aussi vite appris l'art de se s'en servir.

Certains, après les événements, la dépeindront comme une intrigante. Ce sera l'époque où le vide tendra à se faire autour de la famille Vetsera. « Nous évitions tous cette fille qui a toujours été une vraie peste [...]. Elle était encore pire que nous ne le pensions[7] », croit pouvoir affirmer la comtesse Lori Hoyos. Plus probablement Mary est-elle tout simplement coquette. Plusieurs témoins s'accordent pour relever ce trait dans le tableau qu'ils brossent d'elle. La baronne Redwitz souligne qu'elle était « passablement coquette[8] ». Dans un article donné à un journal parisien, Gabriel Dubray fait la même remarque. Il est sûr en tout cas que Mary attire sur elle le regard des hommes et que les soupirants ne lui manquent pas. La princesse Fugger raconte dans ses Mémoires comment ses fiançailles faillirent être rompues parce que son fiancé avait montré un trop grand empressement à danser avec elle[9].

Hélène Vetsera n'a rien à redire à ce brin de légèreté, à ce zeste de frivolité. Elle sait très bien qu'ils contribuent au succès de sa fille, mais elle connaît aussi les limites à ne pas franchir sous peine de risquer de gaspiller le précieux capital sur lequel est en partie fondé l'avenir de la famille. Lors de leurs diverses apparitions dans le monde, elle garde Mary sous sa surveillance. Pour les autres sorties, la jeune fille est accompagnée d'un personnage obligé dans la bonne société viennoise, « la promeneuse ».

Le coup de foudre

Ces aimables marivaudages s'interrompent quand un nouveau deuil vient frapper la famille. Après son frère aîné, Mary perd maintenant son père. Le baron Albin est emporté, le 14 novembre 1887, au Caire, par une attaque d'apoplexie. La baronne Hélène et ses filles ne restent pas absentes de Vienne moins de quatre mois. Après un séjour prolongé au Caire, elles s'arrêtent, sur le chemin du retour, à Venise, le berceau des Baltazzi. A peine Mary est-elle rentrée à Vienne que se produit l'événement qui, dans sa vie, a la signification d'une rencontre avec le destin. Le 12 avril, s'étant rendue sur le champ de courses de Freudenau, elle y aperçoit Rodolphe. Si l'expression « coup de foudre » a un sens, elle s'applique à la perfection en la circonstance. Sans doute était-il arrivé à Mary dans le passé de voir le prince héritier de loin, mais elle était alors encore une enfant. Aujourd'hui elle est entrée dans l'âge où le cœur s'ouvre aux passions. Dès le premier regard, comme électrisée, elle s'enflamme pour Rodolphe, brûlant aussitôt pour lui d'un amour dévorant. Elle s'en éprend à la manière dont certains *teenagers* vouent de nos jours un culte à leur idole. Un siècle plus tôt, elle en a déjà les comportements. A l'affût de nouvelles relatives au prince héritier, elle cherche dans les journaux les articles le concernant et, à défaut de posters, collectionne les photos de Rodolphe.

Dans son entourage, Mary ne confie ses sentiments qu'à Agnès, sa camériste et à Hermine Tobis, son professeur de piano, deux jeunes femmes qui, chacune avec son style, sont devenues pour elle des amies. Pourtant, sans que l'une ou l'autre ait trahi son secret, ses proches ont des raisons d'être intrigués par son comportement. Alors que rien ne paraît justifier cet intérêt subit, la voici qui brusquement oriente les conversations sur Rodolphe, ne cesse de poser des questions sur son compte. Gabriel Dubray note chez son élève un changement à partir du printemps 1888. Alors qu'elle avait toujours été d'un tempérament gai et insouciant, il lui arrive maintenant de se montrer pensive, d'être même sujette à des accès de mélancolie. Sa mère n'a d'abord guère prêté attention à cet engouement. Après tout n'est-il pas dans la nature des choses qu'une jeune fille rêve d'un prince charmant? A la longue, pourtant, la baronne Vetsera ne peut se défendre d'une certaine inquiétude devant ce qui tend à ressembler à une idée fixe. Aussi, profitant des vacances d'été, décide-t-elle d'éloigner momentanément Mary de Vienne. A cette fin, elle partira avec elle pour l'Angleterre. Sous d'autres cieux, au contact d'autres gens, Mary, escompte-t-elle, se libérera de la fascination que le prince héritier exerce sur son esprit. Le temps, calcule-t-elle aussi, accomplira son œuvre. Au retour, des haltes à Schwarzau, Bad Homburg et Reichenau doivent encore retarder le moment du retour à Vienne.

A l'évidence, c'est à contrecœur que Mary s'est soumise à la volonté de sa mère. Ce passage d'une lettre à Gabriel Dubray, écrite après l'arrivée à Londres, en fait foi : « Je suis encore dans un rêve d'avoir quitté Vienne et d'être si loin, si loin. Je suis partie le cœur bien gros et espère pouvoir rentrer bientôt dans la patrie [10]. » Au retour à Vienne, la baronne Vetsera peut cependant croire que la crise est passée. Le temps et la distance, lui semble-t-il, ont exercé, comme elle l'avait espéré, leur influence apaisante. Ayant observé que Mary a cessé d'en parler, elle veut y voir le signe que le prince héritier n'occupe plus ses pensées. Conclusion sans doute hâtive, car Mary a peut-être simplement fini par comprendre les inconvénients auxquels ses bavardages l'exposaient.

La baronne Vetsera se montrerait sûrement moins optimiste si elle avait connaissance de faits qui se situent lors d'un séjour, chez les Bourgoing, à Reichenau, dans les premiers jours d'octobre. Mary demande d'abord à la baronne de lui faire cadeau d'une photo représentant Rodolphe, encore enfant, dans l'uniforme de son régiment qu'on a retrouvée en fouillant des papiers de famille. Il se trouve d'autre part que ce séjour à Reichenau coïncide avec le voyage de Guillaume II à Vienne. Pour distraire son hôte, François-Joseph a inscrit au programme de la visite une chasse à Mürzsteg dans les Alpes de Styrie. Or le trajet du train impérial l'amenant à passer à proximité de la villa des Bourgoing, Mary va se placer près du viaduc qu'il doit emprunter. Si elle ne peut espérer apercevoir Rodolphe qui accompagne les deux souverains, du moins veut-elle connaître le bonheur de se savoir, ne fût-ce que l'espace d'un instant, proche de lui.

Ces anecdotes signifient bien que les sentiments de Mary n'ont pas varié. Peut-être cette forme de séparation qu'a représentée pour elle cet éloignement de Vienne les a-t-elle même renforcés. Avant son départ pour l'Angleterre, elle avait lancé à Agnès : « Je jure que je n'en aimerai pas d'autre [11]. » Dès son retour, elle lui fait l'aveu : « Ne croyez pas que je l'ai oublié, je l'aime encore plus profondément [12]. » A vrai dire, cette affaire n'a, jusqu'à présent, rien d'exceptionnel. Si elle en restait là, elle réunirait les ingrédients d'une histoire somme toute banale. Reprenons la comparaison avec les jeunes filles de notre siècle amoureuses d'une vedette du cinéma ou de la chanson. Elles pourront le voir sur scène ou sur l'écran, peut-être leur écriront-elles des lettres enflammées, en revanche, à de très rares exceptions près, il ne leur sera jamais donné de l'approcher. Sans espoir, cet amour est donc condamné à rester platonique. Il devrait en aller de même pour Mary. Le cours normal des choses voudrait qu'après s'être consumée pour Rodolphe, elle se résigne, pour finir, par épouser un de ses prétendants. Si le scénario prend un autre tour, on le doit à la détermination de Mary ainsi qu'aux possibilités que sa position dans le monde lui offre pour parvenir jusqu'au prince héritier. Rodolphe et Mary ne se seraient probablement jamais rencontrés sans l'initiative prise par la jeune fille pour approcher son idole. Pour exaltée qu'elle soit, elle prépare la conquête de Rodolphe comme on dresse un plan de bataille. Toutefois sa volonté n'aurait pas suffi, si elle n'avait pu utiliser à cette fin les contacts que sa fréquentation de la haute société lui assure dans les milieux en relation avec la Cour.

Parmi ces connaissances, il y a d'abord le duc Michel de Bragance. Ce prince d'origine portugaise, servant comme officier dans l'armée austro-hongroise, se pose alors en prétendant de Mary. Un tel parti comblerait les vœux de la baronne au-delà de toute espérance. Avec ce mariage, les Vetsera ne s'allieraient-ils pas à une famille royale? Si cette perspective excite sa mère, tel n'est pas en revanche le sens que Mary donne à cette amitié. Dans Michel de Bragance, elle voit certes un charmant camarade, mais aussi une source d'informations sur Rodolphe. En tant que frère de la troisième épouse de l'archiduc Charles-Louis, l'archiduchesse Maria Teresia, il touche en effet à la famille impériale et fréquente notamment le prince héritier.

Il est cependant difficile à Mary d'utiliser les services de ce soupirant pour approcher Rodolphe. Elle compte plutôt sur la comtesse Larisch qu'elle a revue à plusieurs reprises, dans le courant du printemps. Parente et protégée de l'Impératrice, Marie Larisch a naturellement ses entrées à la Cour. Plus important encore, elle est la cousine de Rodolphe. Si elle a d'abord eu avec lui des rapports difficiles, ceux-ci ont progressivement changé de nature jusqu'à se transformer en une espèce de complicité. Aussi ne se dérobe-t-elle pas lorsque Mary lui demande de favoriser ses desseins. Elle connaît suffisamment les goûts de Rodolphe pour se douter qu'il ne résisterait pas à la tentation si elle lui présentait Mary. Celle-ci a justement le type de beauté dont il est friand. Au surplus, qu'il lui rétribue ses services, son train de vie l'entraînant à des dépenses qui lui laissent régulièrement des dettes, ne heurterait pas le sens moral de Marie Larisch.

Ainsi, en ce début de l'automne 1888, les fils sont noués entre les différents personnages de la pièce qui sont maintenant prêts à entrer en scène. Le rideau peut se lever sur le dernier acte du drame.

CHAPITRE VII

« Unis dans l'amour jusque dans la mort »

Il est difficile de dater avec certitude la première rencontre de Rodolphe et de Mary Vetsera. Que ce soit aux courses ou au Prater, Mary a sûrement cherché à attirer sur elle l'attention du prince héritier. Elle est d'ailleurs persuadée d'y avoir réussi : si Rodolphe assiste si souvent aux courses, c'est évidemment pour elle; elle a encore noté qu'il la salue avec ostentation. Alors qu'il ne faisait auparavant qu'un tour dans l'allée du Prater, elle a remarqué qu'il a changé ses habitudes et recommence maintenant sa promenade jusqu'à trois fois, ce qui ne peut avoir d'autre signification que son désir de la revoir; de plus, en passant près d'elle, il frôle à ce point sa voiture qu'elle doit rassembler ses esprits pour trouver une réponse plausible, si sa mère allait l'interroger. On pensera plutôt qu'elle s'abandonne à ses fantasmes, car rien ne dit que Rodolphe ait remarqué son manège. Qu'il ait répondu à son salut peut tout simplement s'interpréter comme un geste de courtoisie, sans qu'il soit nécessaire de chercher une autre explication.

La première rencontre

Faut-il penser que Mary a été présentée à Rodolphe par le prince de Galles, à l'occasion du prix du Jubilé couru le 23 septembre à Freudenau. Celui-ci avait fait la connaissance, peu auparavant, à Bad Homburg, de la baronne Vetsera et de ses filles. Il n'est pas à exclure que, les retrouvant, quelques semaines plus tard, à Freudenau, il les ait présentées à Rodolphe. A supposer que cette hypothèse soit exacte, rien ne prouverait cependant que celui-ci ait été marqué par cette brève rencontre. Il est fort probable que, dans ce cas, la conversation n'a pas dû aller au-delà des banalités d'usage en ce genre de circonstances.

L'inauguration du Burgtheater, le 14 octobre, fournit à Mary une occasion de revoir, fût-ce de loin, son bien-aimé. Cet événement compte parmi les plus importants de l'année. Son éclat tient déjà à ce que le Burgtheater reste la première scène des pays de langue allemande. En outre, prenant place dans la série des édifices à vocation politique ou culturelle qui jalonnent le Ring, le nouveau Théâtre de Cour illustre la volonté impériale de faire de Vienne, à travers un vaste programme monumental, une des grandes métropoles européennes. Face à l'Hôtel de Ville, construit en style néo-gothique par référence à la Flandre médiévale, berceau des libertés communales, il dresse sa façade néobaroque, le style qui, selon François-Joseph, exprime le mieux la grandeur de l'institution monarchique.

Pour cette soirée, il a été décidé que les comédiens de cour joueraient l'*Iphigénie en Tauride* de Goethe, un des chefs-d'œuvre du classicisme allemand. Mais le spectacle est autant dans la salle que sur la scène. A défaut de pouvoir lui parler, Mary espère bien attirer sur elle le regard de Rodolphe. Afin d'avoir tous les atouts de son côté, elle s'est mise en beauté : elle arbore une robe de tulle blanc, rehaussée d'un ruban noir et découvrant ses ravissantes épaules; sur ses cheveux coiffés en tiare, elle porte un croissant de diamants. L'histoire ne dit pas si, malgré tous ces efforts, Rodolphe l'a effectivement remarquée. Elle, en revanche, ne le perd pas des yeux dans la loge impériale où il se tient aux côtés de son père, de Stéphanie, du prince de Galles, rentré à Vienne après le départ de Guillaume II, et de Milan, le roi de Serbie. Stéphanie y a naturellement pris place en sa qualité de princesse héritière, mais, en vertu de l'arrangement mis au point en 1881, elle y représente également l'Impératrice, absente de Vienne. Le regard que Mary porte sur Stéphanie est dénué de sympathie. Comme tout Vienne, elle est avertie de la dégradation intervenue dans les rapports au sein du couple. Pourtant, de par la seule existence de ce mariage, quand bien même il ne correspond plus qu'à une façade, elle voit dans Stéphanie sa rivale par excellence.

L'affaire acquiert une nouvelle dimension quand Mary prend l'initiative d'écrire à Rodolphe. Comme cette lettre ne nous est pas parvenue, il est impossible de la dater avec certitude. Il est moins malaisé, en revanche, d'en deviner le contenu. Quel sens aurait cette démarche s'il ne s'agissait pour Mary de découvrir ses sentiments à Rodolphe? En utilisant ce moyen pour entrer en contact avec lui, elle espère capter son intérêt et obtenir un rendez-vous. Rodolphe lui ayant donné une suite favorable, on est cependant amené à se demander s'il a suffi de cette lettre pour le décider. Ou bien faut-il soupçonner une intervention de la comtesse Larisch?

Dans ses Mémoires qui visent avant tout à minimiser son rôle dans l'affaire, celle-ci se dégage de toute responsabilité. A l'inverse, s'appuyant sur des témoignages recueillis après coup, notamment celui d'Agnès, la baronne Vetsera l'accuse d'avoir remis personnellement cette lettre d'où procède toute la suite. Si ce point n'est pas formellement établi, on a du mal cependant à concevoir qu'elle soit restée dans un rôle de simple spectatrice. Entre la mi-septembre et la fin octobre, lorsque arrive la réponse de Rodolphe, deux séjours de la comtesse Larisch à Vienne sont attestés. Elle y a donc eu des occasions de rencontrer son cousin. L'une d'entre elles est justement le derby du Jubilé couru à Freudenau, le 23 septembre. Si la comtesse Larisch n'a pas transmis elle-même cette lettre à Rodolphe, du moins peut-on supposer qu'elle a appuyé la démarche de Mary Vetsera. En vantant la beauté de sa protégée, elle aurait avivé sa curiosité qui avait été déjà piquée par ce moyen peu orthodoxe pour entrer en relation avec lui.

Véritable pièce à charge, la lettre écrite, en octobre, par Mary à son amie Hermine Tobis, qui a récemment quitté Vienne pour s'établir à Francfort, accrédite cette thèse. Sa conclusion ne peut en effet se comprendre autrement que comme une allusion à une intervention de la comtesse Larisch, sous l'une ou l'autre de ces formes, voire les deux : « J'ai deux amies, vous et Marie Larisch. Vous travaillez au bonheur de mon âme, Marie à son malheur [1] », un propos tout à fait transparent qui fait apparaître de surcroît la lucidité de Mary Vetsera. Sans doute est-elle à mille lieues d'imaginer un dénouement dans le style de celui de Mayerling. Il ne lui échappe pas, en revanche, que l'affaire où elle s'engage n'est pas exempte de dangers.

Qu'il ait eu en vue l'occasion d'une aventure facile ou qu'il ait été touché par l'enthousiasme de Mary, Rodolphe lui répond dans les derniers jours d'octobre. Subtilisée par Agnès qui la remet discrètement à sa maîtresse, cette lettre échappe ainsi au contrôle de la baronne. Si elle s'abstient, par prudence, de laisser éclater sa joie, Mary a toutes les raisons d'exulter. Non seulement Rodolphe lui accuse réception de sa lettre, mais il lui propose encore un rendez-vous au Prater. La situant à la fin d'octobre, certains auteurs veulent placer dans ce cadre leur première rencontre. Sous prétexte d'arranger un bas filé, Mary se serait glissée dans un fourré où, naturellement, Rodolphe l'aurait attendue. Cette histoire a un ton de légèreté qui en ferait un beau départ pour une romance. Malheureusement elle paraît peu vraisemblable.

Il ne suffit pas que Rodolphe en exprime le vœu pour que ce rendez-vous puisse être immédiatement organisé. Il y a au préalable des obstacles à lever et des conditions à remplir. Mary n'a pas le moyen de sortir seule. Conformément à un usage parfaitement admis à l'époque, sa mère ne l'autorise à quitter la maison qu'accompagnée. En d'autres termes, elle ne peut espérer rencontrer Rodolphe sans une aide extérieure. Confirmation du degré d'intimité entre les deux femmes, elle se tourne vers Marie Larisch. Encore faut-il que celle-ci soit alertée, car elle a retrouvé, depuis quelques jours, sa province lointaine, puis, quand elle a été prévenue par télégramme, qu'elle rentre de Pardubitz à Vienne. Or elle n'y fait sa réapparition qu'à la veille de la visite qu'elle doit rendre, le 5 novembre, en compagnie de Mary Vetsera, à Rodolphe dans sa garçonnière de la Hofburg.

Il est un autre fait qui s'inscrit en faux contre l'anecdote du Prater. Dans la lettre qu'elle écrit à Hermine Tobis, aussitôt après cette visite, Mary note : « Marie me présenta. » Celle-ci aurait-elle eu besoin de le faire si Rodolphe et Mary s'étaient déjà rencontrés? A supposer maintenant – ce qui est très invraisemblable – que cette rencontre au Prater ait eu lieu sans que Marie Larisch y ait été associée, Mary n'aurait eu de cesse qu'elle ne la lui ait racontée dès qu'elles se seraient retrouvées. Et dans ce cas, son amie n'aurait pas eu davantage à la présenter au prince héritier.

Avec la rencontre du 5 novembre, on entre dans le

domaine des certitudes. Mis au point soigneusement, son scénario est connu dans le détail par la lettre de Mary à Hermine. Pour suivre le déroulement de cette journée, le plus simple est d'en reproduire les principaux passages :

> « Chère Hermine,
>
> « C'est une lettre heureuse que vous recevrez aujourd'hui, car j'ai été chez lui. Marie Larisch m'a emmenée faire des commissions, puis nous sommes allées chez " Adèle * " pour nous faire photographier, pour lui naturellement [2]. »

On s'arrêtera un instant sur ces photos. Il en est une qui montre Marie Larisch et Mary Vetsera côte à côte. Ce document n'a pas pour seul mérite de corroborer le récit de Mary Vetsera. En attestant sa présence à Vienne, le 5 novembre, il détruit le système de défense de la comtesse.

Du même coup apparaissent sous leur véritable jour les Mémoires qu'elle publiera en Allemagne, vingt-quatre ans plus tard. Muette sur ce rendez-vous, elle y assure n'être revenue à Vienne qu'au début décembre. D'autre part, à l'en croire, la seule fois où elle aurait conduit Mary Vetsera à la Hofburg se situerait le 28 janvier, soit juste avant le départ pour Mayerling, ce qui reviendrait à la disculper de l'accusation d'avoir mis les deux amants en relation l'un avec l'autre. Ce silence jeté sur les événements de novembre illustre la technique utilisée par la comtesse Larisch. Pour s'innocenter des charges qui pèsent sur elle, systématiquement elle manipule les faits, procède par omission, déformation ou invention. A la lumière de ce premier exemple, il est clair que ses Mémoires sont à manier par l'historien avec la plus extrême précaution. Sauf à être confirmées par des témoins dignes de foi, leurs révélations ne peuvent avoir valeur de preuves.

> « Puis nous nous sommes rendues derrière le Grand Hôtel ** où Bratfisch nous attendait, poursuit Mary. Nous avons caché nos visages dans nos boas, puis nous sommes parties en trombe pour la Hofburg. A une petite porte en fer, nous attendait un vieux serviteur qui, après nous avoir conduits par des escaliers et des pièces obscures, s'arrêta devant une porte par laquelle il nous fit entrer.
>
> « Comme j'entrais, un oiseau noir, un genre de corbeau

* Photographe de la Cour.

** Situé sur le Ring, en face de l'Hôtel Impérial, cet hôtel était celui où les Larisch descendaient lors de leurs séjours à Vienne.

me frôla la tête. D'une pièce voisine, une voix nous appela : " Mesdames, venez par ici ! " Nous entrâmes, Marie me présenta et, aussitôt, nous nous trouvâmes pris dans une conversation à la manière viennoise. Enfin il me dit : " J'ai à parler seule avec la comtesse ", puis il passa dans une pièce voisine avec Marie.

« En attendant, je promenai mon regard dans la pièce. Sur le bureau étaient posés un revolver et un crâne. Je pris ce dernier dans les mains et l'examinai sous tous les angles. Revenu soudain, il me le reprit avec un mouvement de frayeur. Lorsque je lui dis que je n'avais pas peur, il sourit[3]. »

Scène assurément fugitive, mais où se noue une première complicité entre Rodolphe et Mary. On serait tenté d'y voir comme un signe que le destin leur adresserait. Peut-être Rodolphe y repensera-t-il quand s'ébauchera, dans son esprit, le plan qu'il mettra à exécution à Mayerling. Quoi qu'il en soit, la présence de cet objet décoratif sur son bureau (sans doute s'agit-il du crâne qu'il avait demandé au professeur Zuckerkandl, le mari de Berta Szeps, de lui procurer, lors d'une visite à l'Institut d'anatomie) peut s'interpréter comme une nouvelle manifestation des goûts morbides de Rodolphe, de la fascination que la mort exerce sur lui dans les derniers mois de sa vie. « Au moment du départ, reprend le récit, il nous raccompagna lui-même par une salle obscure et par un escalier. Au moment de nous quitter, il dit à Marie : " Ramène-la-moi bientôt, je te prie[4]. " »

Si on prête foi aux accusations lancées plus tard par la baronne Vetsera et confirmées par Hanna dans une lettre à Hermine Tobis, aussitôt après cette première rencontre, la comtesse Larisch, en cherchant à se faire rétribuer ses services, aurait dévoilé la véritable raison qui l'a poussée à soutenir le projet de Mary. Sur le chemin du retour, elle l'aurait informée de ses besoins d'argent et lui aurait demandé d'intervenir auprès de Rodolphe pour qu'il lui remette, à son intention, la somme de 25 000 florins. Sachant ce qu'elle lui devait, Mary aurait obtempéré. Elle aurait écrit, sur-le-champ, à Rodolphe pour obtenir de lui un rendez-vous dans les meilleurs délais. Celui-ci se trouvant dans l'impossibilité de la voir le jour même, elle lui aurait alors précisé, dans une nouvelle lettre, l'objet de sa démarche. Par retour, Rodolphe lui aurait fait parvenir la somme réclamée dans une enveloppe au nom d'Agnès.

Là-dessus, Mary aurait immédiatement télégraphié à son amie qui, entre-temps, était rentrée à Pardubitz. La comtesse aurait fait un aller et retour dans la journée du 8 novembre pour venir chercher l'argent, non sans prendre la précaution d'obtenir de Mary une lettre où celle-ci expliquait avoir réuni elle-même ces florins avec le seul concours de sa sœur. Par cette manœuvre, Marie Larisch aurait espéré faire accroire, notamment à son cousin, qu'elle ignorait l'origine de cette somme. Elle serait revenue à la charge lors d'un de ses prochains passages à Vienne, à la fin de novembre ou au début de décembre, mais, malgré les efforts de Mary, se serait vue, cette fois, opposer un refus par Rodolphe dont la cassette n'était pas inépuisable et qui, de surcroît, pouvait trouver qu'il était maintenant quitte avec sa cousine. Si, en dehors des affirmations de la baronne Vetsera et de la lettre de sa fille, aucun document ne vient étayer ces accusations, on n'excluera pas qu'elles reposent sur un fond de vérité. On a du mal en effet à imaginer que la comtesse se soit engagée dans cette affaire dans le seul but d'être agréable à sa jeune amie.

La liaison

Ces échanges montrent en tout cas que Rodolphe et Mary se sont entendus très tôt sur un dispositif destiné à leur permettre de correspondre secrètement. Suivant ce plan, les lettres de Mary sont adressées à Loschek, le fidèle serviteur du prince héritier qui, de son côté, fait remettre ses réponses à Agnès. Ce stratagème a bien fonctionné puisqu'il ne sera découvert que postérieurement au drame. Après la rencontre du 5 novembre, Mary n'a, pendant plus de deux semaines, que ce lien avec Rodolphe. Pour le revoir, il lui faut attendre le retour de la comtesse Larisch à Vienne :

> « Marie L. est partie et, de ce fait, confie-t-elle à Hermine, je ne peux le voir. Je me languis de lui à en mourir et peux à peine attendre le jour où elle reviendra. Elle m'a cependant promis de revenir bientôt et je compte déjà les heures, car, depuis que je le connais et que j'ai parlé avec lui mon amour n'a fait que croître. J'étudie jour et nuit comment je pourrai le revoir, mais, sans Marie, c'est impossible[5]. »

L'épreuve est d'autant plus pénible que Marie Larisch ne se hâte pas de revenir. Par souci de ne pas éveiller les soupçons d'un mari prompt à la jalousie et de ne pas s'exposer aux commérages de son milieu, elle souhaite espacer ses déplacements. D'autre part, le décès de son grand-père paternel, le duc Max en Bavière, l'oblige à se rendre précipitamment à Munich pour les obsèques. Enfin elle est de retour à Vienne le 21 novembre. Comme de juste, elle ne tarde pas à se faire annoncer au palais Vetsera. Pour obtenir de la baronne qu'elle autorise Mary à sortir en sa compagnie, elle utilise le même prétexte que la fois précédente. Un changement intervient cependant dans la suite du scénario. Les deux jeunes femmes se rendent bien derrière le Grand Hôtel où Bratfisch les attend, mais, cette fois, Mary monte seule dans la voiture. Il est convenu qu'il la ramènera vers 17 heures au même endroit où la comtesse Larisch la retrouvera pour la reconduire à son domicile. Entre-temps, Mary aura eu son premier tête-à-tête avec Rodolphe, durant, semble-t-il, une promenade au Prater.

Quelques jours plus tard, la comtesse Larisch est à nouveau de passage à Vienne, mais elle est accompagnée de son mari qui a peut-être fini par se formaliser de tous ces déplacements. Le couple est invité, le 1er décembre, à dîner chez la baronne Vetsera, avant de se rendre à l'Opéra pour y assister à une représentation du *Faust* de Gounod. Avertie de ce projet, Mary n'a de cesse que les Larisch ne l'aient invitée à partager leur loge. Sans doute a-t-elle appris de Rodolphe qu'il serait présent. Aussi, comme un mois et demi plus tôt pour l'inauguration du Burgtheater, apporte-t-elle un soin particulier à sa toilette et à ses parures. La situation est pourtant différente. Depuis cette date, Mary n'a pas seulement approché Rodolphe, elle est, en outre, persuadée qu'il est follement épris d'elle. Se trahit-elle durant cette soirée? Y adopte-t-elle un comportement délibérément provocant? La comtesse Larisch l'affirme. Selon elle, Mary aurait cherché avec une telle ostentation à échanger des signes de reconnaissance avec Rodolphe que son manège n'aurait échappé ni à Stéphanie ni à Louise de Cobourg qui auraient tourné leurs jumelles vers sa loge. A l'en croire, on aurait frôlé le scandale que seule son intervention pour calmer son amie aurait permis d'éviter. Si Mary a tenté de croiser le regard de Rodolphe – ce qui paraît fort plausible –, l'incident n'a pas dû avoir l'éclat que la comtesse Larisch lui prête, sinon, dès le lendemain, la nouvelle aurait fait le tour de Vienne. Dans une nouvelle lettre à Hermine, Mary ne cache pas le mal qu'elle a eu pour ne pas laisser apparaître ses sentiments : « Il nous est terriblement difficile, avoue-t-elle, de nous retenir quand nous nous voyons à l'Opéra[6]. »

La comtesse Larisch prétend que cette soirée lui aurait dessillé les yeux. Inquiète du tour que risquait de prendre cette liaison, elle aurait décidé de ne plus lui apporter son concours. Son plaidoyer se veut convaincant, pourtant on ne peut s'empêcher de penser que ses brusques tourments de conscience sont plutôt provoqués par le refus de Rodolphe de continuer à payer ses services. Quelle qu'en soit la raison, ce désengagement, réel pendant plusieurs semaines, place Mary dans l'obligation de chercher d'autres moyens de quitter la maison pour retrouver Rodolphe sans alerter sa mère. Face à cette situation, il lui faut réagir avec promptitude, d'autant que, annonce-t-elle à Hermine, non sans une pointe de fierté, « Rodolphe ne peut plus rester longtemps sans la voir[7] ». Confrontée à ce délicat problème, elle démontre qu'elle a acquis son autonomie. Maintenant que Marie Larisch n'est plus là pour la seconder, son nouvel allié s'appelle Richard Wagner!

C'est l'époque où le Maître de Bayreuth fait la conquête de Vienne. Ce succès, à vrai dire, n'allait pas de soi. Sous l'impulsion d'Eduard Hanslick, le redoutable critique de la *Neue Freie Presse*, qui exerce une influence jugée par certains tyrannique sur la vie musicale de la capitale, Vienne s'est longtemps refusée à sacrifier au culte wagnérien. Mais, au fil du temps, le rapport de forces s'est modifié. Les résistances demeurent sans doute vives. Hanslick n'a pas désarmé. Brahms, son champion, continue d'occuper de solides positions. A l'inverse, Bruckner, par excellence le disciple autrichien de Wagner, subit toujours les foudres de Hanslick. Les wagnériens ont pourtant marqué des points. Ceux-ci ne se recrutent pas seulement parmi les thuriféraires du germanisme. Il faut que leur audience soit bien plus large pour que, consécration de ce changement de climat, la *Tétralogie* soit inscrite au programme de l'Opéra de Vienne. Il est prévu qu'elle y sera jouée entre le 11 et le 21 décembre.

La baronne Vetsera ne saurait concevoir d'être absente de ce temps fort de la saison viennoise. Pour Mary, c'est l'occasion à saisir. Comme elle s'est rangée dans le camp des antiwagnériens, si elle parvenait à manquer la première représentation, peut-être obtiendrait-elle d'être dispensée des trois suivantes. Son imagination n'est pas en peine pour inventer une ruse qui la libérera de l'obligation d'accompagner sa mère et sa sœur à l'Opéra. Il lui suffit, le jour où est donné l'*Or du Rhin*, de se laver les cheveux trop tard pour qu'ils aient le temps de sécher avant le moment du départ. Devant ce cas de force majeure, la baronne n'a d'autre choix que de la laisser à la maison. Après cette première absence, elle ne lui impose pas d'assister à la suite du cycle. Au reste Mary ne s'est pas fait faute d'afficher son allergie pour la musique wagnérienne, si bien que sa mère et Hanna sont à mille lieues d'imaginer une autre cause à ses efforts pour échapper à ce pensum.

Pourtant, à peine sont-elles parties que Mary se glisse dans la rue, avec la complicité d'Agnès, et rejoint Bratfisch qui l'attend dans une rue voisine. Dans sa lettre à Hermine, elle précise qu'il la conduit à la Hofburg. Si l'on en croit cependant la princesse Fugger, Rodolphe aurait obtenu d'Eduard Palmer, le directeur de la *Länderbank*, une des trois plus grandes banques autrichiennes, qu'il mît à sa disposition un appartement qu'il possédait non loin du Grand Hôtel. Celui-ci aurait abrité au moins un de ses rendez-vous avec Mary Vetsera. Par nécessité ces rencontres sont brèves. Les représentations des opéras de la *Tétralogie* durent sans doute autour de quatre heures, ce qui, avec le début du spectacle à 19 heures, n'en place pas la fin avant 23 heures. La prudence commande cependant à Mary de rentrer tôt. Dès 21 heures, elle est de retour au palais Vetsera.

Rodolphe et Mary doivent ensuite attendre plus de deux semaines avant de se revoir. Après le 21 décembre, les opéras de Wagner ne sont plus d'aucun secours. D'autre part la période des fêtes n'est pas propice à de nouvelles rencontres, d'autant que Rodolphe se rend pour quelques jours à Abbazzia. Avant son départ, il a fêté Noël en famille. Ce réveillon est marqué par un incident qui donne une juste mesure de la crise intérieure qu'il traverse et de la solitude dans laquelle il l'affronte. Sans raison apparente, il y éclate en sanglots. Dans ses entretiens avec Heinrich Friedjung, la comtesse Festetics rapporte que « l'Impératrice en fut effrayée [8] ». Il ne semble pas cependant que cette impression l'ait marquée durablement. « C'était pourtant un signe annonciateur de la catastrophe », poursuit la comtesse[9]. Après coup il est possible de reconstruire la scène et de lui donner tout son sens. Devant l'évocation d'un avenir dont il sait probablement déjà qu'il ne le vivra pas, Rodolphe est trop fragile pour retenir l'émotion qui l'envahit. Mais, sur le moment, les clefs manquent à Élisabeth qui lui permettraient de comprendre la réaction de son fils. De même ne prête-t-on pas attention aux nombreuses déclarations ou allusions par lesquelles Rodolphe donne à entendre que son temps approche de sa fin. On ne veut y voir alors que des propos en l'air qui ne prêtent pas à conséquence.

Il est un autre geste de Rodolphe à son endroit qui devrait interpeller Élisabeth. Comme cadeau de Noël, il lui offre onze lettres de Heinrich Heine qu'il a chargé Moritz Szeps de lui procurer à Paris. L'admiration de sa mère pour Heine, qui lui tient lieu de modèle quand elle-même versifie, suffirait à expliquer ce choix. Mais il est à ce présent une autre raison, liée davantage à l'actualité immédiate. Rodolphe n'ignore pas que l'Impératrice est alors associée au projet d'élever une statue à Heine dans sa ville natale de Düsseldorf. Ne se contentant pas de lui apporter son patronage, elle a pris une part importante dans son financement. Mais alors qu'elle n'y voit qu'une occasion de rendre hommage à un grand poète, cette initiative est aussitôt violemment attaquée par les milieux antisémites et nationalistes qui jugent intolérables que soit ainsi honoré un écrivain juif, de surcroît ami de la France. Ces campagnes connaissent un prolongement en Autriche où les groupes pangermanistes autour de Schönerer font chorus. Elles mettent en œuvre des forces avec lesquelles Rodolphe est habitué à croiser le fer. Aussi, par ce geste, veut-il exprimer sa solidarité à l'Impératrice.

Derrière ce choix se cache cependant un autre sens plus secret. Dans l'état de détresse où il se trouve, c'est aussi une main que Rodolphe tend vers sa mère. A travers ce cadeau, il cherche à la rendre sensible à ce qu'il partage avec elle d'idées et de valeurs, avec l'espoir que, portant sur elle un autre regard, elle prêtera attention à ses problèmes. Cette attente est déçue. Si elle a sûrement apprécié ce choix, il ne semble pas en revanche qu'Élisabeth en ait décrypté le message. Son esprit est trop occupé par les récentes fiançailles de Marie-Valérie qui risquent de l'éloigner d'elle et lui donnent matière à se lamenter sur elle-même.

Parmi les bénéficiaires de ses cadeaux, Rodolphe n'a pas oublié Mary Vetsera. Il lui a fait présent d'un médaillon à l'intérieur duquel il a déposé une goutte de son sang sur un petit morceau de toile. Mais surtout il lui a offert une bague où il a fait graver les initiales I.L.V.B.I.D., par quoi il faut comprendre *In Liebe vereint bis in den Tod*, c'est-à-dire « Unis dans l'amour jusque dans la mort ». Ces cadeaux et, plus encore, la note de dramatisation qu'il y ajoute invitent à s'interroger sur le sens que Rodolphe donne à cette liaison.

A l'étude des faits et des documents, on ne peut s'empêcher de penser que Rodolphe s'est livré sciemment sur Mary Vetsera à une entreprise de manipulation. Ce qu'il a appris d'elle avant même de la connaître l'y a préparé. On ne veut certes pas nier qu'il ait été réellement sensible à son charme. Mary Vetsera a bien ce type de beauté sensuelle qui l'a toujours attiré. Ce serait pourtant céder à l'attrait du romanesque que de l'imaginer éperdument amoureux. Durant la même période, il continue, ne l'oublions pas, à fréquenter Mizzi Caspar, ce qui ne va pas dans le sens d'une passion dévorante. En fait, son expérience des femmes comme son instinct lui ont découvert ce par quoi Mary diffère des autres conquêtes qui ont, jusqu'à présent, traversé sa vie. Ainsi il a certainement compris très tôt le parti qu'il pourrait tirer de cette jeune fille aux sentiments exaltés, un parti qui ne se limiterait pas à un divertissement facile.

Au cours de ses rencontres avec Mary, Rodolphe joue avec talent la comédie de l'amour. A travers les lettres à Hermine, on devine qu'il lui tient exactement le langage qu'elle souhaite entendre. Comment ne le croirait-elle pas quand il lui avoue qu'elle a fait sa conquête, se dit follement amoureux, lui déclare bientôt ne plus pouvoir se passer d'elle. Peut-être même évoque-t-il devant elle la possibilité de son divorce, alors qu'il n'a, c'est l'évidence, aucunement l'intention de l'épouser. Habilement il ne tarde pas à associer à ses propos enflammés des allusions à la mort. Au soir de la première rencontre, Mary confiait à Hermine qu'elle serait dans l'obligation de se suicider, si sa mère venait à apprendre ses relations avec le prince héritier : « Hermine, vous devez me jurer de ne parler à personne de cette lettre, ni à Hanna ni à Maman, car, si l'une des deux l'apprenait, je devrais me tuer[10]. » Quand elle revient, peu après, sur le sujet, un changement capital est intervenu : à l'en croire, Rodolphe s'est, cette fois, associé à sa résolution. Si leur amour venait à être découvert, ils n'auraient d'autre choix, explique-t-elle, que « de se donner la mort dans un lieu inconnu, après quelques dernières heures de bonheur[11] ». Que Rodolphe lui ait tenu ce discours, il n'y a pas de raison d'en douter. Il est en revanche difficile de ne pas voir dans ces propos de collégien romantique la confirmation d'une volonté de manipulation, tant ils sonnent faux dans sa bouche. Ses cadeaux de Noël appellent la même remarque puisque cette liaison des thèmes de l'amour et de la mort s'y retrouve avec une particulière insistance.

Les réactions de Mary montrent qu'elle suit sans réticence Rodolphe sur la voie où il cherche à la conduire. Des nombreux témoignages des dernières semaines, il ressort que le thème du suicide revient comme un leitmotiv sous sa plume ou dans ses conversations. Son existence n'aurait plus de sens si elle devait ne plus voir Rodolphe, « l'étoile de sa vie [...], son Dieu, son Tout[12] ». Une autre fois, elle s'enthousiasme à l'idée de lui faire le don de sa vie : « Si je pouvais la donner à Rodolphe, je le ferais avec joie, car pourquoi attacher de l'importance à l'existence[13]. » Avec Gabriel Dubray, elle commente l'affaire Chambige qui fait alors grand bruit. Il s'agit du procès de ce Français de Constantine qui, en accord avec elle, avait choisi de mourir avec sa maîtresse, mais qui, après l'avoir tuée, avait raté son propre suicide. De toute évidence, Mary s'en est entretenue avec Rodolphe : « Ce Chambige a été très maladroit, explique-t-elle à son précepteur; une personne que j'ai interrogée, un chasseur, m'a dit qu'il serait absolument sûr de ne pas se manquer, en tenant un miroir dans une main[14]. » Gageons que Rodolphe se cache derrière ce mystérieux chasseur. C'est déjà annoncer qu'il utilisera ce moyen. A côté de son cadavre, on retrouvera en effet un miroir sur la table de la chambre.

S'il persiste un certain doute sur la date des retrouvailles de Rodolphe et de Mary – peut-être ont-ils eu une possibilité de se voir entre le 8 et le 10 janvier –, il est en revanche acquis qu'ils se rencontrent dans la soirée du 13 janvier. De nouveau Mary tire parti d'une représentation d'un opéra de Wagner – il s'agit cette fois de *Tannhäuser* – à laquelle sa mère et sa sœur ont prévu d'assister. Pour ne pas les y accompagner, elle prétexte une visite que la comtesse Larisch lui aurait promise. Dans la marche au drame, cette soirée revêt une importance capitale. D'après l'aveu qu'elle en fait aussitôt à Hermine, il peut être tenu pour établi que Mary s'y est donnée pour la première fois à Rodolphe :

> « Chère Hermine, je dois vous faire aujourd'hui un aveu qui vous mettra très en colère contre moi. J'ai été hier chez lui de 7 à 8 heures. Nous avons tous les deux perdu la tête. Maintenant nous nous appartenons l'un à l'autre corps et âme [15]. »

Il ne faut pas non plus exclure que Rodolphe lui ait aussi découvert, ce soir-là, ses intentions et que, dans l'euphorie de l'abandon, Mary se soit engagée à le suivre dans la mort. Agnès dira plus tard l'avoir trouvée, à son retour, dans un état d'excitation encore plus grand qu'à l'ordinaire : « Je suis reconnaissante au destin, lui aurait-elle confié, car désormais je ne m'appartiens plus. A compter de maintenant, je devrai faire tout ce qu'il exigera de moi [16]. » Faute d'être authentifiée par une preuve irréfutable (mais le fait qu'elle rédige aussitôt après son testament constitue à tout le moins un indice très fort), cette thèse a pour elle la logique de la vraisemblance. Par un savant crescendo des situations, un dosage subtil des aveux et des allusions, Rodolphe a su amener Mary à ce point où les dernières résistances cèdent devant les exigences de l'amour, où la volonté se dissout dans celle de l'être aimé.

Deux jours plus tard, Mary prend une initiative confirmant, s'il en était besoin, qu'à la date du 13 janvier correspond un événement capital. Pour marquer ce jour où leur destin a basculé, elle a décidé d'offrir un cadeau à Rodolphe. A la faveur d'une course en ville en compagnie de l'inévitable « promeneuse » de service, quand Marie Larisch ne remplit pas cet office, elle s'arrête au magasin des « Frères Rodeck, fournisseurs de la Cour », bijoutiers parmi les plus cotés sur la place de Vienne, pour y acheter un étui à cigarettes en or qu'elle a prévu, raconte-t-elle, d'offrir à l'un de ses oncles. Mais surtout elle demande qu'y soit gravée l'inscription « 13 janvier. Merci au Destin » *(13 Jänner. Dank dem Schicksal)*, un texte qui a valeur d'aveu. Au dire d'Agnès, l'occasion lui aurait été donnée, dès le lendemain, de remettre ce présent à Rodolphe à la faveur d'une brève rencontre au Prater pour laquelle elle aurait eu de nouveau besoin du concours de la comtesse Larisch.

Rodolphe et Mary Vetsera ont encore deux rendez-vous secrets avant l'épilogue de Mayerling. Dans sa dernière lettre à Hermine, Mary avait annoncé qu'elle comptait bien profiter du bal donné, le 19 janvier, chez les Diechtrichstein pour rejoindre son amant. Privée du concours de Marie Larisch aussi bien que de Richard Wagner, elle feint, pour y échapper, une indisposition. Puis c'est une rencontre furtive dans la soirée du 24 janvier où Rodolphe et Mary font une courte promenade en voiture jusqu'au Prater. Peut-être lui expose-t-il alors les détails de son plan, car, selon le témoignage d'Agnès, elle montre, à son retour, tous les signes d'une grande émotion.

S'il a obtenu, le 13 janvier, le consentement de sa maîtresse, il faut ensuite à Rodolphe le temps de régler le scénario nécessaire à l'exécution de son plan, ce qui suffirait à expliquer le délai de quinze jours. Il n'est pas impossible non plus qu'il connaisse des moments d'hésitation. Ces sursauts de l'instinct de vie s'accorderaient fort bien avec ses rythmes psychologiques. Sa décision de passer à l'acte pourrait alors avoir été provoqué par un ultime événement qui aurait servi de détonateur.

LE « COMPLOT HONGROIS »

On entre ici dans les zones obscures de la tragédie. A ce stade de l'analyse, la thèse du « complot hongrois » revient régulièrement à la surface. Celui-ci intervient comme une composante quasi obligée de toute reconstruction romanesque du drame, à commencer par les films qui lui ont été consacrés. Ainsi les versions de Jean Delannoy et de Terence Young retiennent l'une et l'autre cet ingrédient. A l'appui de cette thèse est mise en avant la coïncidence entre le suicide de Rodolphe et la discussion d'un projet de loi militaire au Parlement de Budapest auquel s'oppose un ami du prince héritier, le comte Pista Károlyi. A partir de ce fait réel est échafaudée toute une théorie : non seulement ce discours aurait été tenu avec l'assentiment de Rodolphe, mais, plus énorme encore, il aurait été le prologue d'une opération qui aurait visé à le proclamer roi de Hongrie, tandis que l'archiduc Johann Salvator aurait été installé sur le trône d'Autriche.

Cette construction repose exclusivement sur des rumeurs et des ragots que ne vient étayer pas même l'ombre de l'esquisse d'une preuve. Dans ses Mémoires, Stéphanie semble croire à la réalité de cette ténébreuse affaire, mais sans pouvoir avancer à ce sujet le moindre indice. Au reste elle a admis, quelques lignes plus haut, que son époux la laissait dans l'ignorance de ses projets. De son côté, la comtesse Larisch raconte que, la veille de son départ pour Mayerling, Rodolphe lui aurait confié, en grand secret, la garde d'une mystérieuse cassette. Elle n'aurait dû la remettre qu'à un messager se présentant à elle avec le mot de passe « R.I.U.O. » auquel les « initiés » donnent le sens lumineux de Rudolf Imperator Ungarn-Österreich (Rodolphe empereur de Hongrie-Autriche) [17]. Après avoir été effectivement contactée, quelques jours plus tard, elle se serait acquittée fidèlement de cette mission, en remettant nuitamment, sur la Schwarzenbergplatz, la fameuse cassette à un inconnu enveloppé dans un grand manteau styrien, qui se serait découvert à elle comme l'archiduc Johann Salvator. Celui-ci lui aurait assuré que la cassette contenait des documents compromettants qui, s'ils avaient été saisis avant l'épilogue de Mayerling, auraient valu à Rodolphe d'être déféré devant un conseil de guerre [18]. Ce récit laisse à tout le moins perplexe. La comtesse Larisch est trop coutumière d'inventions destinées à brouiller les pistes pour qu'on s'enfonce avec elle dans ce nouveau mystère. Avec cette histoire de cassette, l'intrigue verse brusquement dans le mélodrame, tombe, avant l'heure, au niveau d'un mauvais film de série B.

Il est vrai que, parmi les amitiés hongroises de Rodolphe, figuraient des aristocrates, comme le comte Pista Károlyi ou le comte Samuel Teleki, attachés à l'idée d'une Hongrie indépendante qui n'aurait été associée à l'Autriche que par le lien d'une union personnelle. Ceux-ci comptaient parmi les invités aux chasses qu'il organisait sur le domaine de Görgény Szt. Imré en Transylvanie. Il lui est encore arrivé de les retrouver au château du comte Teleki, également en Transylvanie. On ne veut pas exclure que certains de ses compagnons de chasse se soient, à l'occasion d'une de ces soirées, abandonnés à agiter, devant Rodolphe, le rêve d'une Hongrie indépendante. Ces amitiés, voire ces propos n'autorisent cependant pas à bâtir toute une théorie autour de la soi-disant « conspiration hongroise ».

Il y a souvent loin de la parole à l'acte, surtout quand c'est d'un coup d'État qu'il s'agit. Il ne suffit pas de quelques amis réunis dans un pavillon de chasse. Imagine-t-on le coup d'État du 2 décembre 1851 avec pour seuls conjurés les personnes rassemblées autour du prince-président dans son bureau du palais de l'Élysée? Une telle entreprise suppose une organisation appuyée sur un réseau de soutiens et une logistique: des commandants d'unités ralliés au complot, des troupes pour porter les conspirateurs au pouvoir, des complicités dans l'administration et dans la police. Quand bien même il n'y a pas de début d'exécution, cette préparation laisse obligatoirement des traces: des informations parviennent à la police; des mesures sont prises à l'encontre de personnes compromises dans l'affaire au sein de l'armée ou de l'administration; des témoins finissent par parler, si ce n'est sur le moment, au moins plus tard. Or, dans le cas présent, il n'est nulle trace tangible d'un tel complot: ni renseignements consignés par la police, ni sanctions, ni confidences a posteriori.

Enfin – et ce n'est pas le moins important – les objectifs prêtés à cette conspiration sont en contradiction avec les options défendues par Rodolphe dans les dernières semaines de sa vie. *Schwarzgelb,* le journal dont il a patronné le lancement et auquel il donne régulièrement des articles, s'est fait une spécialité de la dénonciation du séparatisme hongrois. Quel que soit son état de désemparement, on a du mal à imaginer Rodolphe s'associant à une entreprise radicalement opposée à son idéal grand-autrichien.

PROJET DE DIVORCE?

Une autre piste, celle-ci plus sérieuse, pourrait être l'entretien orageux qui, selon toute vraisemblance, met, dans la matinée du 26 janvier, François-Joseph et Rodolphe face à face. Plusieurs sources indirectes, notamment une communication du prince Reuss à Bismarck et le Journal du comte Lamsdorf, le ministre de Russie à Vienne, en font état. Aucun document ne fournit en revanche d'informations sur le contenu de cette explication. Tout au plus un serviteur assure-t-il avoir entendu l'Empereur lancer à son fils : « Tu n'es pas digne de me succéder. » A supposer que François-Joseph ait réellement prononcé ces paroles, celles-ci ne nous disent rien sur l'origine de sa colère. On en est donc réduit aux hypothèses.

Cette scène pourrait avoir été causée par une démarche de Rodolphe auprès de Léon XIII afin qu'il consente à son divorce, requête qu'il aurait justifiée par l'incapacité où Stéphanie se trouvait de lui donner un nouvel enfant. Mais, pour toute réponse, le Souverain Pontife aurait informé François-Joseph de l'initiative de son fils. Il n'y aurait pas lieu alors de s'étonner de sa réaction. En s'adressant directement au pape et en plaçant ainsi son père devant le fait accompli, Rodolphe aurait contrevenu gravement à la règle du statut de 1839 qui soumet tous les membres de la famille des Habsbourg à l'autorité de l'Empereur et, de ce fait, leur interdit une telle initiative sans son consentement. De surcroît, François-Joseph, chef d'une dynastie catholique, ne serait certainement pas prêt à donner son accord à un divorce.

Cette explication revient régulièrement dans la littérature. A vrai dire, elle paraît très plausible, car Rodolphe s'en allait répétant, depuis quelque temps, qu'il désirait divorcer, ce qui aurait été impossible sans une dispense spéciale du pape. Le bruit s'en était répandu jusqu'à la Cour de Belgique, naturellement intéressée au premier chef, au point que Kálnoky s'était vu contraint de donner pour instruction à l'ambassadeur austro-hongrois à Bruxelles de démentir cette rumeur. Il est encore possible que François-Joseph ait, au cours de cette entrevue, enjoint à Rodolphe de rompre sa liaison avec Mary Vetsera, une supposition qui n'est d'ailleurs pas en contradiction avec la précédente. Elle donnerait un relief particulier au dîner de famille prévu pour le 29 janvier en l'honneur des fiançailles de Marie-Valérie et de l'archiduc François Salvator. Il pourrait aussi servir à tenter de réconcilier Rodolphe et Stéphanie.

Pourtant, faute notamment que soit attestée la réalité de la lettre de Rodolphe à Léon XIII, l'historien est tenu d'en rester aux hypothèses. Les prises de position de Rodolphe en contradiction avec la ligne officielle de la diplomatie austro-hongroise lui fournissent une autre explication plausible de cet éclat. Il ne faut pas exclure que, s'inquiétant d'éventuelles retombées sur les relations de la Monarchie avec son allié allemand, François-Joseph l'ait sommé de cesser ses attaques. Dans ce cas, la proximité de la soirée donnée par l'ambassadeur d'Allemagne à l'occasion de l'anniversaire de Guillaume II, ne serait peut-être pas étrangère aux remontrances de François-Joseph.

Les préparatifs

En cette journée du 26 janvier, les événements se précipitent, cette accélération trouvant son explication à la fois dans les préparatifs du départ pour Mayerling et la découverte par la baronne Vetsera de certains des secrets de sa fille. Qu'il y ait un lien entre les deux faits n'est pas impossible, puisque Rodolphe décide, dans la journée du 26, d'avancer aux 29 et 30 janvier la chasse qu'il avait initialement prévu d'organiser à Mayerling, les 1er et 2 février. Quant aux découvertes de la baronne Vetsera, cette première alerte est sans doute surmontée grâce à la présence d'esprit de Mary dont les mensonges sont ensuite confirmés par la comtesse Larisch. Mais n'est-ce pas seulement partie remise? Maintenant que les soupçons de la baronne sont éveillés, les relations de Rodolphe et de sa fille lui resteront-elles encore longtemps cachées? Au surplus ne s'apprête-t-elle pas à prendre des mesures en vue d'éloigner Mary de Vienne?

La baronne Vetsera est mise sur la voie par la « promeneuse » en charge de Mary. Intriguée par son comportement, celle-ci finit par s'en ouvrir à sa mère. Elle lui découvre ainsi l'achat de l'étui à cigarettes et lui apprend que Mary a consulté, la veille, une voyante pour connaître son destin. Alarmée par ces révélations, la baronne se fait ouvrir la boîte où Mary conserve ses objets personnels. Outre le testament rédigé huit jours plus tôt, elle y trouve une tabatière sur laquelle est gravé le nom de Rodolphe. Pour éviter une catastrophe, Mary doit inventer sur-le-champ une explication. Il est vrai, avoue-t-elle, qu'elle a acheté l'étui à cigarettes et l'a envoyé à Rodolphe; en revanche la tabatière lui a été offerte par la comtesse Larisch qui la tenait elle-même de son cousin.

C'est le moment de se demander si la surprise de la

baronne Vetsera n'est pas feinte. Faut-il vraiment penser qu'elle ignorait les relations de sa fille avec Rodolphe, comme elle le soutiendra juste après la catastrophe dans le mémoire qu'elle rédigera, en partie, pour se laver de ce soupçon? Après s'être jetée dans les bras de Rodolphe, pourquoi n'y aurait-elle pas poussé sa fille? Cette supposition a pourtant contre elle de manquer de crédibilité. Il ne s'agit pas ici de délivrer un certificat de moralité à Hélène Vetsera, mais de considérer seulement qu'il n'entrait pas dans ses intérêts de favoriser une liaison de sa fille avec le prince héritier. Sa situation de femme mariée, lorsqu'elle avait eu une brève aventure avec lui, différait complètement de celle de Mary. Elle lui donnait droit à des écarts qui étaient en revanche interdits à une jeune fille. Pour celle-ci, une liaison, a fortiori avec un homme marié, ne pouvait que briser sa réputation, si elle venait à être découverte. Dans le cas de Mary, un tel scandale non seulement lui ôterait tout espoir de prétendre à ce beau parti rêvé par sa mère, mais risquerait aussi de porter un coup fatal au crédit de la famille.

Avec les explications données par Mary Vetsera à sa mère, la comtesse Larisch, rentrée à Vienne le jour même, se retrouve sur le devant de la scène. Au cœur de l'intrigue dont les fils se nouent, elle ne la quitte plus jusqu'au départ des amants pour Mayerling. Vers 18 heures, c'est l'arrivée inopinée de Mary à son hôtel. Le besoin d'obtenir de son amie qu'elle confirme ses dires suffirait à expliquer cette visite. En réalité, secouée par la scène qui vient de l'opposer à sa mère, affolée par les conséquences qui la menacent, elle s'est enfuie de son domicile. Mary a de sérieuses raisons d'être inquiète. Après les révélations de la « promeneuse » et la découverte d'objets conduisant à Rodolphe, la baronne Vetsera a conféré avec un de ses frères. Sans doute se sont-ils mis d'accord pour éloigner sans retard Mary de Vienne. Peut-être même le parti a-t-il été pris de l'envoyer dans un couvent. Si elle était mise à exécution, cette décision l'empêcherait d'être fidèle au serment qu'elle a prêté à Rodolphe.

Une fois de plus, l'intervention de la comtesse Larisch est décisive. Elle parvient à ramener Mary à la raison, en la persuadant de rentrer avec elle au palais Vetsera où elle confirmera ses déclarations à sa mère. Dans ses Mémoires, elle assure n'avoir pu rester insensible à la détresse de sa jeune amie. C'est encore par pure humanité qu'elle n'aurait pas refusé son aide à Rodolphe. Destiné à lui attirer les sympathies, son système de défense n'en laisse pas moins songeur. Il faut certes tenir pour acquis qu'elle est restée jusqu'au bout dans l'ignorance des buts ultimes de Rodolphe et de Mary et que, à ce titre, elle a été également manipulée. Est-ce pour autant par bonté d'âme qu'elle les a assistés? Il est difficile de s'en tenir à cette version. Même si elle n'avait pas connaissance du projet de suicide, elle ne pouvait se cacher les périls auxquels elle s'exposait en secondant Rodolphe et Mary dans une entreprise qui risquait désormais, à tout moment, de dégénérer en scandale. Il a donc fallu des arguments autrement puissants pour l'y décider. Il n'est pas interdit de supposer qu'une fois encore ses besoins d'argent ont été les plus forts. Rodolphe qui, deux mois plus tôt, s'était refusé à continuer de régler ses dettes, est maintenant, à l'approche du dénouement, poussé par la nécessité à ne pas lésiner.

Les assurances données par Marie Larisch à la baronne Vetsera ont l'effet escompté; surtout qu'elle s'engage à se rendre, dès le lundi matin, chez Rodeck pour prendre à son compte l'achat de l'étui à cigarettes. Ainsi le nom de Mary disparaîtra de toute cette affaire. Tout n'est pourtant pas rentré dans l'ordre. A son retour au palais Vetsera, il a fallu coucher Mary qu'une crise de nerfs avait saisie. Celle-ci s'explique-t-elle seulement par les émotions d'une journée éprouvante où son secret a failli être découvert et où de graves menaces ont pesé sur elle? Ou bien faut-il encore lui chercher une autre raison? La comtesse Larisch rapporte que Rodolphe s'est présenté à son hôtel vers 17 heures pour lui demander d'emmener Mary à Monte-Carlo où les Larisch ont prévu de passer le mois de février. Dans ce cas, Mary aurait appris le souhait de Rodolphe lors de son passage au Grand Hôtel, ce qui pourrait expliquer son état dépressif. Ce plan d'un départ pour la Côte d'Azur renvoie peut-être à l'entrevue du matin avec François-Joseph, à moins qu'il ne doive s'interpréter comme l'indice d'un sursaut de la conscience qui interdirait à Rodolphe d'entraîner une innocente dans la mort. Mais alors comment comprendre qu'il ne soit, à aucun moment, question de ce projet le lendemain? Une bonne partie du dimanche 27 est au contraire occupée à mettre au point le scénario de l'enlèvement de Mary. Tout se passe donc comme si Rodolphe n'avait pas varié dans son intention d'associer Mary à son plan. L'allusion de la comtesse Larisch à la visite chez les bijoutiers Rodeck qui servira, le lendemain, de prétexte pour obtenir que Mary soit autorisée à sortir de chez elle, donne d'ailleurs à penser que, dès la fin de l'après-midi du 26, Rodolphe a exposé au moins cette partie de son plan à sa cousine.

Le dimanche 27 est marqué par un nouveau ballet d'allées et venues, de rencontres et d'échanges où se règlent les détails du scénario appelé à se jouer le lendemain. Rodolphe a été alerté, dès la veille au soir, par sa cousine sur les événements qui se sont déroulés, dans la journée, au palais Vetsera. Cette lettre est également importante pour une autre raison. En ce mois de janvier, Rodolphe pose pour un portrait que lui peint Tadeusz Ajdukiewicz. Une séance de pose est justement inscrite à son programme de la matinée. Or Rodolphe laissera à l'atelier du peintre sa tunique dans laquelle on retrouvera, après le drame, une lettre de Marie Larisch, probablement celle qu'elle lui avait écrite la veille au soir. Ce document accablant pour la comtesse mettra en évidence sa participation à l'intrigue qui a précédé le départ pour Mayerling.

Rodolphe fait son apparition au Grand Hôtel, dès 10 heures du matin : « Le 27 janvier, à 10 heures du matin, note un rapport de police, Son Altesse Impériale le prince héritier Rodolphe, se déplaçant en cabriolet et accompagné d'un laquais, s'est arrêté dans la Maximilianstrasse, à proximité du Grand Hôtel; il s'est ensuite rendu, par l'escalier de service, chez la comtesse Larisch [...]. Son Altesse Impériale était en uniforme. On ne sait pas combien de temps elle est restée chez la comtesse [19]. » Au cours de cet entretien sont probablement arrêtées les modalités du plan où la comtesse Larisch est appelée à intervenir. Une autre source policière fait état d'un retour du prince au Grand Hôtel, en début d'après-midi. Celui-ci pourrait signifier qu'inquiète des conséquences possibles et devinant que Rodolphe ne lui a pas tout révélé de ses intentions, elle a cherché entre-temps à reprendre sa liberté. Des mêmes sources policières, il ressort en effet qu'elle a fait porter vers 11 heures une lettre et un paquet à la Hofburg. Ce serait dans cette lettre qu'elle aurait informé Rodolphe de ses objections. Quant au paquet, il contiendrait les lettres de Rodolphe à Mary que celle-ci lui aurait confiées, la veille, pour éviter que ces pièces à conviction ne tombent entre les mains de la baronne. Si les résistances de sa cousine ont provoqué son retour, Rodolphe sait apparemment trouver les arguments pour en venir à bout. Le comportement de la comtesse Larisch, dans la suite de la journée, montre bien qu'elle ne s'est pas désengagée de l'affaire.

On la retrouve, peu après cet entretien, au palais Vetsera où elle fournit à la baronne des explications probablement convenues avec Rodolphe : le prince héritier a bien reçu le fameux étui à cigarettes, mais, comme il en ignorait la provenance, elle lui a appris que ce cadeau lui a été adressé par une femme mariée qui, regrettant maintenant son audace, souhaiterait le récupérer. L'ayant ainsi rassurée par cette explication qui paraît éloigner le spectre d'un scandale, la comtesse peut demander à Hélène Vetsera de lui confier sa fille pour une promenade au Prater où un rendez-vous avec Rodolphe a été programmé pour le milieu de l'après-midi, en vue de revoir une dernière fois le plan arrêté pour le lendemain. Une lettre vient enfin confirmer à Rodolphe que le concours de la comtesse ne lui manquera pas : « Cher Rodolphe, tu sais que je te suis aveuglément dévouée et que j'obéirai à ton ordre à chaque fois que tu m'appelleras! Dans ces circonstances lourdes de dangers, je l'accompagnerai. Je ne peux l'exposer seule à des ennuis. Je viendrai donc quoi qu'il advienne [20]. »

Rodolphe et Mary doivent encore, le même soir, assister l'un et l'autre à la soirée donnée par l'ambassadeur d'Allemagne, mais la prudence leur commandera d'éviter toute maladresse qui risquerait de les trahir. Pourtant, à en croire la comtesse Larisch, cette soirée aurait été le théâtre d'un terrible scandale. Grisée par l'euphorie de sa victoire, perdant le contrôle d'elle-même, Mary serait allée jusqu'à défier Stéphanie au su et vu de tout le monde :

> « Lorsque la princesse héritière passa près d'elle, raconte Marie Larisch dans *Meine Vergangenheit*, elle la regarda droit dans les yeux, sans la saluer. Les yeux des deux femmes se croisèrent et on me raconta qu'elles ressemblaient alors à des tigresses prêtes à bondir l'une sur l'autre.
>
> « Les témoins regardaient interdits et, comme chacun attendait, intrigué, ce qui allait bien pouvoir se passer maintenant, Mary frappa le sol du pied, puis une fois encore, elle

renversa ensuite la tête avec un mouvement de très profond mépris.

« La baronne Vetsera qui avait suivi cet incident avec effroi, empourprée par la colère et la honte devant l'affront infligé en public par sa fille à la princesse héritière, se précipita en toute hâte. Elle saisit Mary par le bras et l'entraîna aussi vite que possible hors de la salle du bal[21]. »

Cette scène a fait recette. Séduits par son côté théâtral, de nombreux auteurs l'ont reprise, sans la soumettre à un véritable examen critique. Observons déjà que la comtesse Larisch n'a pu y assister elle-même puisqu'elle était absente de ce bal. Il faudrait donc que des témoins la lui aient rapportée. Or aucune autre source ne fait état de cet incident. Sans doute plusieurs participants à cette soirée ont-ils été frappés par l'air défait et lointain de Rodolphe, une impression encore renforcée par la torture où il se trouvait d'avoir à porter pour la circonstance un uniforme prussien : « Celui à qui cette démonstration a dû le plus coûter, relève l'ambassadeur Decrais, est, sans doute, le prince impérial. Dans son uniforme de colonel des uhlans, il avait une contenance embarrassée et maussade. Au cours de la soirée, Son Altesse m'a fait l'honneur de s'avancer vers moi et de me dire avec mélancolie, à voix basse : « Ces gens-là ont fait en peu de temps une bien grande carrière[22]. » Pour sa part, Lady Paget, la femme de l'ambassadeur britannique, le trouve « comme tout le monde, changé de manière saisissante. Il semble triste, abattu, ne retenir ses larmes qu'avec peine[23] ». De son côté, Louise de Cobourg se souvient qu'il lui a paru « épouvantablement nerveux[24] ». Mais aucune des deux n'évoque, fût-ce à mots couverts, l'affront dont Mary Vetsera se serait rendue coupable à l'endroit de la princesse héritière. Il va également de soi qu'un tel incident n'aurait pas échappé aux regards vigilants des ambassadeurs en poste à Vienne, et qu'ils n'auraient pas manqué d'en instruire leur ministre. Faut-il ajouter qu'aucun de leurs rapports n'en fait mention?

Pour Rodolphe, la soirée n'est pas finie. Il se rend maintenant chez Mizzi Caspar auprès de laquelle il reste jusqu'à trois heures du matin. Un rapport de police rédigé à partir des informations livrées par Mizzi à Frau Wolf nous renseigne à ce sujet : « Lundi 28.1.1889, l'archiduc Rodolphe a été chez Mizzi jusqu'à trois heures du matin; il a bu beaucoup de champagne [...]. Au moment de se séparer de Mizzi, il lui a fait, contrairement à son habitude, un signe de croix sur le front[25]. » Cette dernière visite à Mizzi Caspar dit bien la place qu'elle occupe dans les attachements de Rodolphe dans les ultimes mois de sa vie. Elle achève de relativiser, du moins de son côté, sa liaison avec Mary Vetsera et de lui donner sa véritable signification. Quant au signe de croix, il faut y voir, parmi beaucoup d'autres, un signe que le voyage de Mayerling n'aura pas de retour. Seulement singulier en apparence, il s'adresse certes à Mizzi pour laquelle il a le sens d'une bénédiction à l'heure de la séparation, mais, d'une certaine manière, il éclaire aussi les sentiments de Rodolphe dans ce qui sera sa dernière nuit viennoise. Celui-ci n'est sûrement pas le premier sceptique que l'instinct ou le besoin d'une ultime espérance raccrocherait, ne fût-ce qu'un instant, à la veille d'affronter l'épreuve de la mort, aux consolations de la religion.

Rodolphe est arrivé à ce point où la logique et la pente de son esprit le conduisaient. Pour aller jusqu'au bout de sa résolution, il lui manquait une opportunité. Celle-ci a pris les traits d'une jeune fille à peine sortie de l'adolescence, mais que brûle un feu intérieur. En peu de temps, Rodolphe a su porter Mary Vetsera à cet état d'abandon où la passion exalte l'esprit de sacrifice. Alors qu'après l'adieu à Mizzi Caspar, sa voiture le ramène à la Hofburg, à travers la ville endormie, tout est prêt pour que le destin s'accomplisse.

CHAPITRE VIII

Le drame

Conformément à l'arrangement convenu avec Rodolphe, la comtesse Larisch se présente, le lendemain matin, vers 10 heures au palais Vetsera. Elle vient y chercher Mary pour l'emmener chez Rodeck. La baronne Vetsera n'a aucune raison de se méfier. Au contraire, elle ne peut que se féliciter de l'initiative de la comtesse. En effaçant la dernière trace du coup de folie de Mary, celle-ci va mettre un terme à cette malheureuse affaire. Puis, après l'éloignement de la jeune écervelée de Vienne durant quelques semaines, tout rentrera dans l'ordre. Il redeviendra possible de penser au mariage avec le duc de Bragance.

L'enlèvement

Dès que les deux femmes ont quitté le palais Vetsera, aux environs de 10 heures 30, les événements prennent un autre tour. A peine la voiture a-t-elle tourné le coin de la Salesianergasse que Marie Larisch commande au cocher de les conduire à la Hofburg. Comme elles ne pourraient utiliser une des entrées principales sans être vues par des dizaines de témoins, il les dépose le long de l'*Augustinerbastei*, une aile moins fréquentée de ce vaste complexe. Elles y sont attendues par Nehammer qui est chargé de les amener jusqu'à l'appartement de Rodolphe.

Des instants qui suivent, nous n'avons, par la force des choses, que le récit de la comtesse Larisch. Son témoignage est capital, même si, comme à son accoutumée, elle ne résiste pas à la recherche d'effets dramatiques. C'est là qu'elle découvre qu'elle a été manipulée par Rodolphe. Aussitôt après leur arrivée, il a souhaité s'entretenir seul à seul avec Mary. Lorsqu'il rejoint sa cousine quelques instants plus tard, c'est pour lui apprendre que Mary a quitté la Hofburg et lui intimer l'ordre de se retirer. Mesurant immédiatement les conséquences que cette disparition risque d'avoir, elle s'insurge. Si Rodolphe cherche à lui plaquer la main sur la bouche, elle ne lui en lance pas moins au visage que son premier soin, à peine l'aura-t-elle quitté, sera de courir prévenir l'Impératrice. La scène atteint alors son paroxysme :

> « " Si tu ne me jures pas de te tenir tranquille, je te tue ", reprit Rodolphe d'une voix sifflante. Il laissa mes poignets qu'il tenait comme dans un étau, ouvrit sans un autre mot un tiroir d'où il tira un petit revolver noir. Puis il revint vers moi :
>
> « " Devrai-je t'abattre? " Il me saisit à la gorge et me pressa son arme sur le front.
>
> « " Oui, tire, criai-je désespérée, ce serait charitable de ta part, maintenant que tu as détruit ma vie. " Le prince héritier baissa son revolver et, me regardant, dit : " Au moins es-tu courageuse. "
>
> « Oui, je peux être brave quand il s'agit de faire front à un démon comme toi, criai-je. Tu es un Satan. Tu m'as attirée ici, en m'assurant solennellement que tu te conduirais avec moi en homme d'honneur. Tu ne sais pas ce que vaut la parole donnée [1]. " »

Après ces échanges pour le moins pathétiques, la comtesse se radoucit. Rodolphe lui explique alors ne pas vouloir garder Mary plus de deux jours. En ces moments critiques pour lui, il a un besoin absolu de sa présence. Que son charme joue sur elle ou qu'elle se persuade de ne plus avoir d'autre choix que d'aller jusqu'au bout de cette intrigue, la comtesse Larisch accepte une dernière fois de se faire l'auxiliaire de Rodolphe. Celui-ci lui indique la marche à suivre. En sortant de la Hofburg, elle se rendra chez Rodeck. Une fois dans la boutique, elle enverra un commis chercher Mary qui, lui dira-t-elle, est restée dans le fiacre. Comme de bien entendu il ne l'y trouvera pas, mais elle pourra ainsi donner à la baronne Vetsera une explication de la disparition de Mary qui la mettra hors de cause. Il restera à s'assurer de la complicité du cocher qui sera sûrement interrogé. Un pourboire de 500 florins y pourvoira. Pour cette somme, que Rodolphe remet à sa cousine, il serait bien surprenant que le cocher hésite à confirmer les dires de sa cliente.

Il est probablement autour de 11 h 15 quand Rodolphe et Marie Larisch se séparent. « Le prince héritier m'attira vers lui et me prit dans ses bras », se souvient-elle. « Pour la première et pour la dernière fois, il m'embrassa sur la bouche[2]. » Ayant retrouvé le fiacre qui l'attendait le long de l'*Augustinerbastei*, elle se rend aussitôt chez Rodeck, seulement distant de quelques centaines de mètres, où elle joue la comédie imaginée par Rodolphe. Puis, une vingtaine de minutes plus tard, c'est au tour du prince héritier de quitter la Hofburg.

Dès midi, le préfet de police, le baron Krauss, est informé par un télégramme d'un de ses agents, daté de 11 h 50, que Rodolphe vient de passer dans le 5e arrondissement en direction de Schönbrunn. Il utilise un phaéton qu'il conduit lui-même, selon une pratique qui lui est coutumière. A également pris place dans cet équipage un cocher de la Cour qui, le moment venu, sera chargé de ramener la voiture à la Hofburg.

Le baron Krauss n'a pas besoin d'informations complémentaires pour savoir que le château de Schönbrunn n'est pas la destination du prince héritier. Celui-ci n'a pas fait mystère de son intention de se rendre à Mayerling pour y chasser. Dès la veille, une partie de son personnel s'est déplacée pour préparer son arrivée. Elle a été rejointe dans la matinée par Loschek. D'autre part, le comte Hoyos et le prince Philippe de Cobourg sont attendus le lendemain à Mayerling.

Rodolphe a prévu de retrouver Mary près de l'auberge du *Roter Stadl* (La Grange Rouge), à proximité de la localité de Breitenfurt (située à quelque 17 kilomètres du centre de Vienne) où Bratfisch l'a conduite après le départ de la Hofburg. C'est à cet endroit où il arrive vers 13 heures que se place le changement de véhicule. Conduit, cette fois, par le cocher de la Cour, le phaéton reprend le chemin de la Hofburg, tandis que Rodolphe monte dans la voiture où Mary l'attend. Pour la dernière partie du trajet, Bratfisch doit emprunter des routes souvent difficiles, à travers le relief accidenté de la forêt viennoise. Une portion du parcours est même verglacée, si bien que Rodolphe doit, à plusieurs reprises, aider son cocher à pousser la voiture avec la conséquence qu'il finit par prendre un refroidissement.

L'arrivée à Mayerling se situe aux alentours de 15 h 30 alors que la nuit commence à tomber. Rodolphe possède ce domaine depuis 1886, année où il l'a acheté aux anciens propriétaires, les moines de l'abbaye de Heiligenkreuz, distante seulement de quelques kilomètres. Cette région lui est de longue date familière, la famille impériale y possédant un territoire de chasse. C'est précisément pour utiliser cette résidence comme pavillon de chasse qu'il en a fait l'acquisition. Pour cela, il lui a fallu réaliser d'importantes transformations avant de pouvoir l'emménager dans le courant de 1887.

Les pièces d'habitation sont distribuées sur deux niveaux. Alors que la partie correspondante du premier étage est réservée à Stéphanie, les appartements de Rodolphe occupent toute l'aile sud du pavillon. Sa chambre à coucher forme la pièce d'angle, au coin sud-est. Elle est précédée de l'antichambre où Loschek se tient prêt à répondre à tout appel de son maître. Les appartements comprennent encore plusieurs chambres d'hôte et une salle de billard où les repas sont ordinairement servis.

Peu avant leur arrivée en vue du domaine, Rodolphe et Mary se sont séparés pour donner le change. Tandis que Rodolphe a terminé le chemin à pied, Bratfisch dépose discrètement Mary à celle des entrées où Loschek l'attend pour la conduire à la chambre à coucher où il est prévu qu'elle demeure enfermée. Le reste du personnel est censé ignorer sa présence à l'intérieur du pavillon.

Inquiétude et temporisation

Dans le même temps, les événements ont pris à Vienne un tour qui, sous certaines conditions, aurait pu faire avorter le projet de Rodolphe. La peur du scandale, avait-il calculé, retiendrait la baronne Vetsera de s'adresser immédiatement aux autorités. Il n'avait pas davantage prévu que la comtesse Larisch s'associerait à cette démarche. Après son passage chez Rodeck, elle s'est très normalement précipitée chez la baronne pour lui apprendre la disparition de Mary. Or, loin de lui prêcher la patience, elle lui propose de se rendre elle-même auprès du baron Krauss pour l'en informer et lui demander de prendre les mesures nécessaires en vue de retrouver Mary.

Cette attitude appelle une explication, car elle peut paraître en contradiction avec la part qu'elle vient de prendre à ces événements. Pourtant c'est précisément là qu'il faut chercher la clef de son comportement. Après son départ de la Hofburg, elle n'a pas tardé à reprendre ses esprits et à comprendre qu'elle s'est mise dans un mauvais pas. Pressentant l'imminence d'une catastrophe, redoutant pour elle-même les pires conséquences, elle ne pense plus qu'à prévenir la police afin que soit décidée l'intervention propre à empêcher un dénouement tragique. Sans doute calcule-t-elle aussi qu'en agissant de la sorte, elle détournera les soupçons.

La logique aurait voulu qu'elle s'adressât à l'Impératrice qu'il lui était facile de joindre rapidement. Informée de la situation, Élisabeth aurait pu donner l'impulsion nécessaire pour que les recherches fussent entreprises sans retard. Or, plutôt que de se rendre auprès de sa tante, la comtesse Larisch choisit de se tourner vers le préfet de police. S'il en allait autrement, sa complicité, devine-t-elle, ne resterait pas longtemps cachée. Dans ces conditions, il faut que le dossier soit traité à un niveau où n'interviennent ni François-Joseph ni Élisabeth.

La comtesse Larisch est annoncée chez le préfet de police dès le début de l'après-midi. Avec cette visite s'ouvre le dossier dans lequel le baron Krauss va verser, jusqu'à la date du 11 février, toutes les pièces (comptes rendus de ses entretiens, observations personnelles, divers rapports et protocoles) en relation avec le drame. Conservé secrètement dans les archives de la Préfecture de police, avant d'être victime des vicissitudes de l'histoire, redécouvert à Berlin, ramené ensuite à Vienne, publié enfin en 1955, du moins partiellement, il contient une masse de documents, 248 au total, qui, non seulement aident à reconstruire le drame, mais éclairent encore la marche des événements à Vienne entre la disparition de Mary Vetsera et l'annonce de la tragédie, puis les réactions de la Cour.

Le compte rendu de son premier entretien avec le baron

Krauss ne laisse aucun doute sur la double préoccupation de la comtesse Larisch : à la fois mettre la police sur la piste de Mary Vetsera et éviter que n'apparaisse son rôle dans l'affaire. Faisant bien entendu le silence sur l'épisode de la Hofburg, elle expose à son interlocuteur le scénario inventé par Rodolphe. Comme on l'avait attendu de lui, le cocher viendra ensuite le confirmer. Pour donner encore plus de véracité à sa disposition, il précisera même qu'il a vu Mary Vetsera monter dans un autre fiacre. Quant à la comtesse, elle ajoute avoir découvert, à l'intérieur de la voiture, un billet dans lequel la jeune fille annonçait son intention de se jeter dans le Danube. Elle oriente aussitôt les soupçons sur Rodolphe, tout en prenant soin de les prêter à la baronne Vetsera et à sa famille :

> « Bien qu'elle ne puisse en indiquer les raisons dans le détail, note le baron Krauss, elle remarque cependant que la famille de la baronne a des soupçons envers le prince héritier [...]. Ceux-ci se fondent sur des observations faites dans les derniers jours pour supposer que le prince héritier est compromis dans l'enlèvement de la jeune fille [3]. »

La comtesse Larisch presse le préfet de prendre les mesures nécessaires pour retrouver Mary, mais sans omettre de lui demander en même temps d'user de discrétion : « S'il faut agir avec toute la prudence et la discrétion voulues, compte tenu de la nature du soupçon formulé, il est impérativement nécessaire d'apprendre où la baronne Vetsera se trouve pour éviter éventuellement un plus grand malheur [4]. » Sur quoi, optant pour le parti de la prudence devant des révélations qui lui paraissent passablement embrouillées, le baron Krauss lui fait valoir qu'il ne peut rien entreprendre sur la base de simples supputations : « La comtesse, poursuit le compte rendu, fut rendue attentive au fait que, faute d'informations plus précises, une enquête ne donnerait pas de résultat et qu'une enquête au vu des soupçons exprimés était impossible [5]. » Pour l'instant, le baron Krauss choisit de temporiser. Après tout, il n'entre pas dans les missions de la police de faire obstacle aux intrigues amoureuses du prince héritier, mais, si l'affaire venait à se compliquer, il ne pourrait envisager d'intervenir qu'à la condition d'être couvert à l'échelon supérieur.

Malgré cet accueil peu encourageant, la comtesse Larisch est pourtant de retour chez le baron Krauss à 7 heures du soir. Elle est cette fois accompagnée d'Alexandre Baltazzi. Entre-temps s'est tenu au palais Vetsera un conseil de famille au cours duquel il a été décidé de revenir à la charge. Sans plus de succès toutefois. Alexandre Baltazzi ayant appris où se trouve Rodolphe, le baron Krauss lui rétorque aussitôt que, propriété d'un membre de la famille impériale, Mayerling échappe à son autorité : « Je ne peux que remarquer que Meierling * échappe au champ d'action de la police, que, de ce fait, je ne suis pas en mesure d'y intervenir ou bien d'y enquêter. A Vienne même, je ne suis pas habilité à mener une enquête à l'intérieur de la Burg[6]. » Ceci admis, dans le cadre de ses compétences, il fera procéder à des recherches si la famille dépose une déclaration officielle de disparition. Mais, avant de s'y décider, elle doit bien en mesurer les risques, car, une fois lancée la machine policière, il deviendra difficile d'éviter le scandale :

> « Si la mère me signale officiellement la disparition de sa fille, j'entreprendrai des recherches en vue de la retrouver. J'attire cependant l'attention sur le fait qu'on ne pourra alors éviter que les journaux n'en fassent une affaire à sensation. Je ne peux mêler le nom du prince héritier à l'affaire [...]. Des conséquences de toutes sortes pour l'honneur de la jeune dame seraient alors inévitables. C'est peut-être en ne rendant rien public qu'on l'empêcherait le mieux[7]. »

Cet avertissement atteint provisoirement son but. Alexandre Baltazzi se garde de prendre sur lui une décision qui revient à sa sœur.

Le même surplace se poursuit durant toute la journée du 29 janvier. Pourtant, en même temps que les occasions manquées s'additionnent, il apparaît à divers signes qu'une sourde inquiétude commence à poindre chez les officiels en charge de l'affaire.

En début de matinée, le baron Krauss prend connaissance d'une lettre que la comtesse Larisch lui a écrite, avant son départ pour Pardubitz où son mari l'a priée de rentrer sans retard. Sans doute aurait-elle préféré rester à Vienne pour suivre de près le déroulement de l'affaire. Mais, bien qu'elle lui ait demandé, par télégramme, de l'autoriser à prolonger son séjour, son époux s'est montré intraitable. Il

* Une des orthographes de ce hameau, avec Meyerling ou Mayerling qui a fini par s'imposer.

ne lui est donc demeuré d'autre moyen pour tenter d'avoir quelque prise sur le cours des événements. Le style un tant soit peu cahotique de sa lettre, l'expression souvent confuse de sa pensée donnent la mesure du désarroi dans lequel elle se trouve. Alors qu'elle cherche à ne pas attirer sur elle les soupçons, elle accumule en fait les maladresses qui la trahissent :

> « Il est inévitable d'enquêter sur l'avenir, mais il faut souhaiter que le passé soit, autant que possible, laissé de côté. Je vous prie de faire votre possible en ce sens, les événements passés ne servent en rien et, pour les événements à venir, il ne reste rien d'autre à faire que de suivre la procédure habituelle. Ma requête vise uniquement à ce que l'affaire jusqu'à aujourd'hui soit traitée avec prudence. Parce qu'il n'est pas souhaitable qu'y soient mêlés beaucoup d'innocents. Je place en vous toute ma confiance, cher baron. Je n'agis pas pour moi[8]. »

Le baron Krauss n'est pas dupe de ce discours embrouillé. En témoigne le commentaire dont il accompagne la lettre de la comtesse : « Vers neuf heures et demie, j'ai reçu de la comtesse Larisch la lettre ci-jointe qui n'est pas totalement intelligible, mais dont il semble ressortir que la comtesse Larisch a eu connaissance des projets du prince héritier et a agi sur son ordre[9]. » Visiblement sa conviction est faite. Lorsque la baronne Vetsera, accompagnée d'Alexandre Baltazzi, lui rend visite, en fin de matinée, il n'hésite pas à lui demander si elle ne croit pas la comtesse de mèche avec le prince héritier. Ses dénégations ne le font pas changer d'avis, car des propos de la baronne il a retenu que Marie Larisch « avait conféré la veille avec le prince héritier ». Il faudrait que le baron Krauss soit un bien piètre policier pour ne pas établir un lien avec la fuite de la jeune Vetsera.

A la baronne Vetsera et à son frère, le chef de la police redit l'impossibilité où il se trouve, du fait des règlements de la Cour, d'intervenir à Mayerling. Il n'empêche qu'il commence à être troublé par cette disparition qui se prolonge. Il est en tout cas suffisamment préoccupé pour estimer devoir, aussitôt après le départ de ses visiteurs, en informer le comte Taaffe. Celui-ci se contente d'enregistrer la nouvelle. Mettant en doute la moralité de la baronne et de sa fille, il les croit capables d'avoir manigancé l'affaire. Il s'étonne encore que la comtesse Larisch n'ait pas plutôt pensé à prévenir sa tante. Pour le reste, il rejoint le point de vue du baron Krauss qu'il convient encore d'attendre.

Les deux hommes se retrouvent vers 6 heures du soir. Entre-temps, dans l'après-midi, le comte Taaffe a reçu la visite de la baronne Vetsera. De cette rencontre, il existe deux présentations. Celle de la baronne tout d'abord, qui l'évoque longuement dans le mémoire qu'elle écrira peu après le drame. Le Premier ministre lui aurait signalé qu'un dîner de famille était prévu, le soir même, à la Hofburg, auquel Rodolphe devait en principe prendre part. Tant que son absence n'aurait pas été constatée, rien ne pourrait être entrepris. Quant à informer l'Empereur de l'affaire, il n'en était pas question, la participation du prince héritier à la disparition de Mary Vetsera n'étant toujours pas prouvée [10]. Plus sec, le récit du baron Krauss se borne à reproduire les confidences que son ministre lui fait aussitôt après. Taaffe semble avoir traité sans ménagement la baronne Vetsera, n'hésitant pas à émettre devant elle des doutes sur la moralité de sa fille. A l'en croire, le prince héritier n'aurait pas eu le privilège de goûter le premier aux charmes de Mary Vetsera.

Taaffe et Krauss espéraient bien que Rodolphe réapparaîtrait au dîner de famille organisé en l'honneur des fiançailles de Marie-Valérie et de François-Salvator. Si les événements prenaient cette tournure, tout rentrerait dans l'ordre. A supposer que le prince héritier eût réellement emmené Mary Vetsera à Mayerling, son propre intérêt dissuaderait la baronne de provoquer un scandale. Si nécessaire, on ne manquait pas de moyens de pression pour la convaincre de ne pas faire d'éclat.

Cet espoir est déçu. Peu avant le dîner, Stéphanie reçoit un télégramme de Rodolphe l'informant que son état de santé ne lui permet pas de rentrer à Vienne : « Écris, je te prie, à Papa que je lui demande respectueusement de m'excuser de ne pas paraître au dîner. Je souhaiterais ne pas me déplacer cet après-midi en raison d'un gros rhume et rester ce soir avec Josl Hoyos. Vous embrasse affectueusement, Rodolphe [11]. » Ces excuses sont confirmées par le prince Philippe de Cobourg qui, invité à ce dîner en sa qualité de beau-frère de Rodolphe et de Stéphanie, est rentré, pour l'occasion, de Mayerling.

Pour le baron Krauss, le moment est venu d'agir. Déjà la

décision de la baronne Vetsera de s'adresser directement à son supérieur hiérarchique, le comte Taaffe, lui avait donné à comprendre qu'il ne pourrait temporiser encore longtemps. Il lui faut maintenant redouter qu'Hélène Vetsera ne cherche à obtenir une audience de l'Empereur ou de l'Impératrice. Mais surtout, après tout ce qui lui a été rapporté, force lui est de voir dans cette absence de Rodolphe l'indice d'une situation anormale. Il prend donc la décision d'envoyer, le lendemain matin, dès la première heure, un de ses agents à Mayerling. Celui-ci devra s'employer à établir si Mary Vetsera se trouve bien à l'intérieur du pavillon de chasse.

Lorsqu'il arrivera sur les lieux, près de deux jours se seront écoulés depuis le départ de Rodolphe et la disparition de Mary Vetsera. L'argument avancé pour justifier ce délai n'est pas sans valeur. Après tout, il était légitime de penser que Rodolphe rentrerait à la Hofburg pour assister au dîner de famille. Dans l'hypothèse où il se serait agi d'un autre que le prince héritier, il n'est donc pas certain que la police aurait agi avec plus de célérité dans une affaire de même nature. Faut-il pour autant se satisfaire de cette explication? Ses mauvaises relations avec Rodolphe peuvent avoir retenu Taaffe d'intervenir plus rapidement. Mais c'est là encore une explication insuffisante. Toute affaire où le prince héritier est impliqué est, par sa nature même, délicate et demande à être traitée avec de grandes précautions, a fortiori dans ce cas précis où l'enlèvement d'une jeune fille n'est pas à exclure. Sous peine de s'exposer à la colère de François-Joseph qui leur pardonnerait difficilement un tel scandale, Taaffe et Krauss ne peuvent, sans assurances précises, prendre le risque d'ordonner une intervention qui se révélerait intempestive.

Les dernières heures

A Mayerling, la journée ne s'est pas déroulée selon le programme initialement prévu. Peu après 8 heures du matin, le prince de Cobourg et le comte Hoyos sont, comme convenu, arrivés de Vienne pour participer à la chasse à laquelle Rodolphe les a conviés. Mais ils apprennent alors que le refroidissement qu'il a contracté, la veille, sur la route de Mayerling, le contraint à garder la chambre. Après la chasse, Philippe de Cobourg reprend, en début d'après-midi, la route de Vienne, tandis que Hoyos passera la nuit à Mayerling où une chambre lui a été préparée dans une dépendance distante d'une bonne centaine de mètres du bâtiment principal.

Rodolphe et Hoyos se retrouvent vers 19 heures pour le dîner qui est servi dans la salle de billard. Ces moments nous sont connus par le récit que Hoyos en donnera quelques jours plus tard. Entre les deux amis, la conversation est détendue. Il y est question de chasse et du repas qui leur a été préparé. Rodolphe fait également allusion aux télégrammes qu'il a reçus du comte Károlyi, en rapport avec la discussion du projet de loi militaire au parlement de Budapest : « Le prince héritier me montra trois télégrammes du comte Pista Károlyi de Pest et examina l'opinion qu'ils lui avaient été dictés par les tourments de sa mauvaise conscience [...]. D'abord Károlyi prenait la parole contre la loi militaire puis le félicitait, par télégramme, de son adoption [12]. » Résumant l'impression que Rodolphe lui a laissée dans ces derniers moments, Hoyos ajoute : « Il me sembla un peu ému, bienveillant dans ses jugements et il laissa agir sur moi tout le charme de sa personnalité [13]. »

Quand Hoyos a pris congé, vers 21 heures, Mary peut rejoindre Rodolphe dans la salle de billard où ils écoutent Bratfisch leur chanter, une dernière fois, des mélodies viennoises. Une fois qu'ils se sont retirés dans leur chambre, Loschek les entend, depuis la pièce voisine, converser encore longtemps. Faut-il penser que Rodolphe cherche alors à dissuader sa maîtresse de l'accompagner dans la mort et que, fidèle à sa promesse à la comtesse Larisch, il est réellement décidé à la faire reconduire chez elle, le lendemain matin? Cette thèse s'accorderait assez bien avec les explications données par la Cour à la baronne Vetsera, aussitôt après le drame. Dans la journée du 30 janvier, le comte Paar, premier aide de camp de François-Joseph, est en effet mandaté pour l'informer que sa fille a empoisonné le prince héritier, avant de se suicider :

> « Il est acquis, explique-t-il, que le fiacre a été attelé pour le mercredi matin, à 8 heures, afin qu'elle soit ramenée chez elle, et qu'ils ont commandé ensemble le petit déjeuner. Il

faut en déduire qu'elle l'a empoisonné elle-même, avant de s'empoisonner. Vraisemblablement n'a-t-elle pas voulu se faire renvoyer chez elle [14]. »

C'est encore le moment où, sur la foi des informations fournies par le comte Hoyos, François-Joseph est convaincu que la mort est due à un empoisonnement et veut croire à la culpabilité de Mary Vetsera. Il ne restera rien de cette version dès que seront connues les constatations faites à Mayerling par le professeur Widerhofer, le médecin de la Cour. A supposer cependant que Rodolphe ait, au dernier moment, cherché à épargner Mary, il faudrait seulement en conclure que la volonté de la jeune fille a été la plus forte. Les lettres d'adieu qu'elle écrit aussitôt après à plusieurs de ses proches montrent en tout cas que l'accord est alors complet entre les amants.

La découverte du drame

Pour les événements à venir, le mémoire du comte Hoyos constitue encore la première des sources. Présent à Mayerling au moment du drame, cet ami fidèle du prince héritier est un témoin direct. De plus il rédige son récit quelques jours seulement après la tragédie, ce qui autorise à penser que le déroulement des événements est encore très précis dans sa mémoire. Enfin son texte s'achève par une formule qui équivaut à une prestation de serment. Étant donné ce que représente alors la conception de l'honneur, il est légitime de prendre ce témoignage très au sérieux.

Ce n'est pas pour autant qu'il faille s'abstenir de le soumettre à un examen critique. En exposant sa version des faits, le comte Hoyos a également le souci de ne pas être accusé de complicité. De fait, ce soupçon a pesé sur lui, surtout après la découverte de la lettre d'adieu de Rodolphe à Loschek dont un passage est de nature à le compromettre :

> « Je salue le comte Hoyos. La baronnesse lui fait dire de se souvenir de ce qu'il lui a dit sur Mayerling, à la soirée donnée par l'ambassadeur allemand, le prince Reuss. Hoyos ne doit pas télégraphier à Vienne, mais faire chercher un prêtre à Heiligenkreuz pour que celui-ci prie près de moi [15]. »

On est donc en droit de supposer que, sans jamais falsifier les faits, Hoyos s'est du moins appliqué à les présenter sous un jour qui lui est favorable. Ce n'est pas tout. Pour la partie qui concerne la découverte des corps, Hoyos se fonde sur les déclarations de Loschek au moment du drame. Or, quelque trente-neuf ans plus tard, celui-ci dictera à son fils un récit qui, sur plusieurs points importants, s'écarte de ses précédentes explications.

Suivant son témoignage, confirmé par Loschek à plusieurs reprises jusqu'à sa volte-face de 1928, le comte Hoyos est alerté, un peu avant 8 heures du matin, alors qu'il achève de se préparer pour le petit déjeuner. Il apprend que Loschek essaie désespérément, depuis près d'une demi-heure, de réveiller son maître. Vers six heures et demie, Rodolphe est sorti de sa chambre pour demander à son serviteur de le réveiller une heure plus tard. Il l'a également chargé d'informer Bratfisch qu'il devait préparer la voiture. Rodolphe est ensuite rentré dans sa chambre en sifflotant. Conformément à ses instructions, Loschek a voulu réveiller son maître à 7 heures et demie. N'obtenant pas de réponse, il cogne depuis lors à la porte de la chambre, à l'aide d'une bûche de bois, mais sans plus de succès. Il a encore constaté que, contrairement aux habitudes du prince héritier, celle-ci est fermée de l'intérieur.

Pour compliquer encore l'affaire, le comte Hoyos apprend de Loschek que Rodolphe n'est pas seul. L'insistance avec laquelle il souligne alors n'avoir rien su de la présence de Mary Vetsera à Mayerling ni de sa liaison avec le prince héritier indique bien qu'il y a là pour lui une question délicate. Devant ce fait nouveau qui semble annoncer le pire, il choisit de ne pas prendre seul la décision de faire forcer la porte. Le prince de Cobourg devant justement rentrer de Vienne d'un instant à l'autre, il préfère l'attendre afin de se concerter avec lui.

Les deux hommes ne sont pas longs à convenir qu'ils n'ont d'autre choix que d'ordonner à Loschek de forcer la porte. Se doutant probablement maintenant de ce qu'ils vont découvrir, ils manifestent aussitôt le souci que les témoins indésirables soient écartés. Des précautions sont prises pour que le personnel ne puisse assister à la scène. Il est encore décidé d'interdire l'entrée de la chambre, une fois effectuées les premières constatations. Dans une première phase, par une ouverture pratiquée dans la porte à l'aide d'une hache, Loschek peut voir les deux corps étendus sur le lit. De nouveau on souhaite éviter la présence de témoins importuns. S'il se vérifie que Rodolphe et Mary sont morts, il ne sera pas nécessaire d'appeler un médecin. Il reste à s'en assurer. C'est encore la tâche de Loschek qui, après être entré dans la chambre, confirme que toute trace de vie a disparu. Il a retrouvé Rodolphe penché sur le bord du lit, une mare de sang à ses pieds. Il ne peut, selon lui, faire de doute que la mort est due à un empoisonnement au cian-Cali dont l'absorption provoquerait, à l'en croire, des hémorragies. « Ce n'est que plus tard que sera constatée la mort par une arme à feu », ajoute Hoyos, sans s'attarder sur ce point capital [16]. Volontaire ou non, l'erreur de Loschek est appelée à avoir de graves conséquences. C'est sur la foi de ce témoignage que la Cour croit, pendant près d'une journée, à un empoisonnement et qu'est forgée la thèse d'un décès provoqué par une attaque d'apoplexie.

Les confessions livrées, en janvier 1928, par Loschek à son fils sont, sur deux points importants, en contradiction avec ses précédentes déclarations. Celles-ci impliquaient qu'il n'avait pas entendu les détonations. Pour le premier coup de feu, il fallait sans doute en déduire que Rodolphe avait pris soin de placer son revolver sous l'oreiller afin d'étouffer le bruit. Pour le second coup de feu, il aurait éloigné Loschek, en le chargeant de prévenir Bratfisch de préparer la voiture. Dans ce nouveau récit, Loschek tient un autre langage :

> « Cinq minutes avant six heures un quart, Rodolphe vint me trouver tout habillé dans ma pièce et m'ordonna de faire atteler. Je n'étais pas encore sorti dans la cour que j'entendis deux détonations. Je revins en courant, l'odeur de la poudre me saisit, je me précipitai à la chambre à coucher, mais, contrairement à l'habitude de Rodolphe, elle était fermée. Jamais il ne fermait la porte. Que faire? J'allai aussitôt chercher le comte Hoyos, j'enfonçai le panneau de la porte, si bien qu'en passant la main à l'intérieur, je pus ouvrir la porte. Quel spectacle affreux! Rodolphe gisait mort sur son lit; il en allait de même de Mary Vetsera, entièrement habillée sur son lit. Le revolver militaire de Rodolphe se trouvait près de lui. Aucun des deux ne s'était couché. Dès le premier coup d'œil, on pouvait voir que Rodolphe avait d'abord tué Mary Vetsera, puis s'était donné la mort [17]. »

Quel crédit faut-il accorder à des propos aussi tardifs? Tant d'années après, Loschek n'est-il pas trahi par sa mémoire? De fait, sur plusieurs points, elle est manifestement prise en défaut. La chambre à coucher ne comptait pas deux lits, mais un seul; Mary Vetsera ne reposait pas tout habillée. Quelles qu'en soient les limites, ce témoignage pourrait éclairer les propos tenus par Bratfisch, vers 7 heures du matin, soit une demi-heure avant le moment où, dans la première version, Loschek entreprend de chercher à réveiller son maître. Il aurait alors confié au piqueur Wodicka que la chasse n'aurait pas lieu, car le prince héritier était mort. Cette affirmation s'accorde avec la chronologie des événements indiquée par Loschek dans sa seconde version des faits.

Il est vrai que Fritz Judtmann, l'auteur de l'enquête la plus minutieuse et la plus complète sur le drame de Mayerling, en propose une autre explication parfaitement plausible : tandis qu'il leur chantait des mélodies viennoises, Bratfisch aurait surpris des bribes de la conversation de Rodolphe et de Mary Vetsera qui ne lui auraient laissé aucun doute sur leurs intentions. Il est un autre point qui rend peu vraisemblable la chronologie indiquée par Loschek en 1928. Elle ne se concilie pas avec le passage de la lettre laissée par Rodolphe à sa mère où il lui avoue : « J'ai tué. » Il faut donc qu'il l'ait écrite après avoir tué Mary, ce qui exclut que les deux coups de feu ne soient séparés que de quelques secondes.

Reste à comprendre la fable du poison. Même en admettant que la pièce ait été mal éclairée et en tenant compte de l'émotion qui l'a saisi à cet instant, il est difficile d'imaginer que Loschek n'ait pas vu que le crâne de Rodolphe était fracassé. Pour Judtmann, la clef de cette énigme serait à chercher dans une information communiquée, quelques jours plus tard, par le prince de Galles à la reine Victoria : « Personne ne savait que la jeune dame était chez lui, à l'exception de son valet. Ce dernier semble avoir reçu pour instruction de l'Empereur de ne pas le laisser seul [18]. » Ce passage signifierait d'abord que François-Joseph s'inquiétait davantage de l'état de son fils qu'il ne le donnait à paraître. Il pourrait en outre expliquer le comportement de Loschek. Celui-ci aurait redouté que la responsabilité du drame ne fût imputée à son manque de vigilance, s'il révélait la cause réelle de la mort. En parlant en revanche d'un empoisonnement, il minimisait sa faute. Sans doute la vérité ne tarderait-elle pas à être connue. Il n'est pourtant pas exclu que, dans un moment d'affolement, Loschek ait inventé spontanément ce subterfuge, sans réfléchir aux conséquences.

Quant à l'idée du poison, peut-être lui a-t-elle été suggérée par l'inscription écrite par Mary, à l'encre violette, sur un des cendriers de Rodolphe : « Plutôt un revolver, pas de poison. Le revolver est plus sûr. » Ce texte confirme que les amants ont discuté ensemble du moyen qu'ils utiliseraient pour se donner la mort. D'autre part, Loschek a eu la possibilité de voir ce cendrier dans le salon turc de l'appartement de Rodolphe. Aussi, dès l'instant où il fallait exclure une arme à feu, l'idée du poison s'est-elle naturellement imposée à son esprit.

Si ces divergences ont leur importance, il convient cependant de les relativiser. Ces versions successives proposent certes du déroulement des faits une chronologie différente. Mais – et c'est là l'essentiel – ces variantes ne modifient pas sur le fond la trame générale des événements.

Le montage

Maintenant que tout est consommé, il importe d'informer François-Joseph au plus vite. Pareillement il est indispensable que l'affaire demeure secrète aussi longtemps que la Cour ne s'en sera pas emparée. Philippe de Cobourg et Joseph Hoyos se partagent les tâches. Le premier tiendra la garde devant la porte, tandis que le second rentrera en hâte à Vienne. Avant son départ, Hoyos prend cependant soin de faire envoyer un télégramme au professeur Widerhofer pour lui demander, sans autre précision, de se rendre de toute urgence à Mayerling.

Pour rejoindre Vienne dans les meilleurs délais, il n'est d'autre moyen que de prendre le train à Baden, distant d'une dizaine de kilomètres. Le rapide en provenance de Trieste est justement annoncé à 9 h 18. Encore faut-il que Hoyos puisse y monter, car, en principe, ce train ne prend pas de passagers à Baden. Pour que cette dérogation lui soit accordée, Hoyos doit arguer, explique-t-il dans son récit, d'une mission officielle. S'est-il vu contraint d'aller plus loin dans la voie des confidences? C'est probable puisque, à peine le train parti, le chef de gare s'empresse, en employé zélé, d'informer du drame le baron Nathaniel Rothschild, propriétaire de la Société des chemins de fer du Sud qui administre cette ligne. De ce fait, la rumeur de la mort de Rodolphe commence à circuler à Vienne, dans le milieu des ambassades et à la Bourse, avant même que la police n'ait connaissance de la nouvelle.

Arrivé à la Hofburg un peu après 10 heures, Hoyos commence par voir le comte Bombelles, le grand maître de cour de Rodolphe. Puis c'est au tour du baron Nopcsa qui tient les mêmes fonctions auprès de l'Impératrice et du comte Paar d'être mis au courant. Ensemble ils décident d'informer d'abord l'Impératrice. Celle-ci saura mieux trouver les mots pour apprendre ensuite à François-Joseph la terrible nouvelle.

C'est l'heure où l'Impératrice prend sa leçon de grec moderne. Il faut donc interrompre cet exercice qui compte alors parmi ses principales occupations. Il a été convenu qu'il reviendrait au baron Nopcsa de lui révéler la mort de Rodolphe. Mission d'autant plus difficile que, comme tous les proches de l'Impératrice, il connaît sa fragilité. Pourtant, face à cette épreuve, elle sait puiser, au fond d'elle-même, les ressources pour ne pas s'abandonner aussitôt au chagrin qui l'assaille. C'est qu'il lui faut annoncer maintenant à François-Joseph le malheur qui vient de les frapper. Dans un pareil moment, elle doit lui offrir, non le spectacle de son désespoir, mais le soutien et la chaleur de sa présence. Pour François-Joseph, le choc est effectivement terrible. Bien qu'habitué aux coups du destin, cette fois, il chancelle. Si sa fonction l'avait éloigné de Rodolphe, si l'incompréhension avait fini par régler leurs rapports, il est hors de doute qu'il aimait son fils, quand bien même il ne savait pas toujours le lui montrer, tant sa manière était peu expansive.

Son éducation et les expériences de la vie ont cependant appris à François-Joseph à contrôler ses sentiments. S'il a commencé par connaître un moment de défaillance, il reprend vite le dessus. Il le faut d'ailleurs, car il revient au couple impérial de prévenir Marie-Valérie et Stéphanie. Pour Marie-Valérie, montrant par là que l'état dépressif de son frère ne lui avait pas échappé, sa première réaction est de demander s'il s'est suicidé. Quant à Stéphanie, elle gardera un souvenir cuisant de cette scène où, questionnée par l'Empereur et l'Impératrice, elle se sent devant eux dans la position de l'accusée.

La nécessité s'impose de définir sans retard une version des faits compatible avec l'honneur de la dynastie qui sera ensuite transmise par les canaux officiels. Visiblement cette ligne de conduite est déjà arrêtée quand Élisabeth est amenée, peu après, à apprendre la mort de sa fille à la baronne Vetsera. Toujours sans nouvelle, même après son intervention, la veille, auprès du comte Taaffe, celle-ci s'est décidée à demander audience à l'Impératrice. Informée qu'elle ignore tout des événements de Mayerling, Élisabeth accepte de lui parler. Hélène Vetsera doit alors apprendre de sa bouche que Mary est morte, pis encore, qu'elle a assassiné le prince héritier, ce qui lui sera confirmé dans l'après-midi par le comte Paar. Pour finir, l'Impératrice lui lance : « Et maintenant veuillez noter que Rodolphe est décédé d'une crise cardiaque[19] ! »

La machine policière et administrative s'est maintenant mise en action. Les services de la Cour et la police travaillent sur cette affaire en étroite collaboration. De premières mesures sont prises : une commission de la Cour est envoyée sur les lieux pour vérifier si Rodolphe a laissé un document exprimant des dernières volontés, tandis que le comte Bombelles est chargé de ramener la dépouille mortelle à la Hofburg.

Mais surtout, dès maintenant, s'organise le montage destiné à présenter des faits une version compatible avec l'honneur de la dynastie. La raison d'État et la raison dynastique, indissociables dans un système monarchique, prennent d'emblée le pas sur les autres considérations. Elles imposent d'écarter l'explication de la mort par empoisonnement qui ne laisserait le choix qu'entre le suicide et le meurtre, deux cas de figure également inacceptables. On ne veut alors même pas envisager l'hypothèse du suicide qui confronterait la dynastie aux pires problèmes. Quant à reconnaître que Rodolphe aurait été victime d'une main criminelle, il n'y faut pas songer, car ce serait entacher sa mémoire du péché d'adultère. Seule une mort naturelle peut sauver les apparences. On annoncera donc que Rodolphe est décédé d'une attaque d'apoplexie. Prise au plus haut niveau, cette décision constitue la vérité officielle qui est communiquée par une édition spéciale du *Wiener*

Zeitung, dans le courant de l'après-midi, alors que la nouvelle de la mort du prince héritier est déjà connue, depuis plusieurs heures, dans les milieux bien informés, et que les rumeurs commencent à circuler dans la ville.

Ce choix a pour conséquence que le silence doit être impérativement gardé sur la présence de Mary Vetsera à Mayerling. C'est la seconde pièce du montage. Pour prendre ce parti, on n'a donc pas attendu de savoir que, contrairement aux premières informations, Rodolphe s'est suicidé après avoir tué Mary Vetsera d'une balle de revolver. Cette révélation oblige certes à renoncer à la version d'une mort naturelle. En revanche, plus que jamais, elle rend nécessaire que Mary Vetsera soit complètement occultée dans l'affaire. A aucun moment, jusqu'à l'effondrement de la Monarchie, la Cour ne reviendra sur cette partie de la vérité officielle.

La rapidité avec laquelle cette décision est prise peut se mesurer au fait que communication en est faite par le comte Taaffe au baron Krauss, dès le début de l'après-midi du 30 janvier : « Il s'agit maintenant, note Krauss, rapportant les propos de son ministre, d'éloigner l'autre cadavre et de le transporter hors du château de Mayerling, sans attirer l'attention [20]. » Lorsque le préfet de police se présente de nouveau, le lendemain matin, chez le Premier ministre, pour prendre ses directives, la vérité est enfin connue : « En fait, ce n'est pas un empoisonnement, lui explique Taaffe. Le prince héritier a vraisemblablement d'abord tué la Vetsera, avant de se donner la mort [21]. » Ce fait nouveau ne change rien au plan arrêté la veille. Taaffe en expose les modalités : « La mort de la Vetsera est survenue dans un bâtiment officiel, en dehors de la juridiction des autorités politiques ou policières. Il faut donc que, du côté des services de la Cour, le décès soit constaté par un médecin de la Cour, pour que le cadavre soit transporté par les services de la Cour à Heiligenkreuz, après son identification par le comte Stockau, l'oncle de la Vetsera [22]. »

Les services du grand maréchal de la Cour, compétents en la matière, et la police se répartissent les tâches. Il revient aux commissaires Gorup et Habrda de porter une lettre du comte Bombelles au père abbé de Heilingenkreuz, afin qu'il autorise l'inhumation de la dépouille de Mary Vetsera. Le cas n'est pas simple, car, même si l'auteur de la requête peut normalement le mettre sur la voie, il faut lui expliquer que la morte s'est suicidée. Les prescriptions du droit canon sur ce chapitre devraient lui interdire de donner son accord. D'un autre côté, il lui est difficile d'ignorer que cette demande répond à un vœu pressant de la Cour, donc de l'Empereur. Aussi, comme le donne à penser un témoignage tardif du baron Gorup, n'est-il pas improbable qu'il ait vécu un long débat de conscience avant de s'incliner. En tout cas, les deux commissaires peuvent télégraphier, à 16 h 40, au baron Krauss, qu'ils se sont acquittés de leur mission.

Avant le transfert de la dépouille mortelle de Mary Vetsera à Heiligenkreuz, il reste des formalités à remplir. C'est au tour du Dr Franz Auchenthaler, le médecin de Rodolphe, et du Dr Heinrich Slatin, représentant le grand maréchal de la Cour, d'entrer en scène. Ce jeune secrétaire, au seuil d'une brillante carrière de haut fonctionnaire, a laissé des notes qui constituent pour l'historien une source très précieuse. Outre qu'il les a couchées sur le papier aussitôt après les événements auxquels il a été mêlé, il les enrichira, en 1924, de commentaires où il s'efforce toujours de serrer au plus près la vérité.

Les deux hommes arrivent, vers sept heures et demie du soir, à Mayerling où le comte Stockau et Alexandre Baltazzi les attendent pour l'identification du cadavre. Le spectacle qu'ils découvrent dans la pièce où il a été déposé révolte la sensibilité : « Si j'avais lu une telle scène dans un roman d'épouvante, j'aurais tenu pour une exagération ce que j'ai maintenant vécu », témoigne Slatin, sans donner cependant plus de détails [23]. Sur la base des informations qui lui ont été rapportées par son frère et son beau-frère, à leur retour de cette sinistre expédition, la baronne Vetsera décrit l'état pitoyable dans lequel le corps de sa fille a été laissé depuis maintenant plus d'un jour et demi : restés grand ouverts, ses yeux sortent de leur orbite, tandis que son corps est maculé du sang qui a coulé de sa bouche; crispée, sa main gauche tient fixement un mouchoir; enfin, pour comble d'irrespect, ses vêtements ont été jetés en vrac sur son cadavre [24].

Plus important que l'identification du corps est le protocole où doit être impérativement consigné que la mort est due à un suicide, quand bien même ce document n'est pas destiné à être rendu public. La plume de Slatin note d'emblée le fait capital : « Le médecin Dr Franz Auchenthaler constate le caractère indubitable du suicide au moyen d'une arme à feu [25]. » Cette nouvelle pièce du montage offre un excellent exemple de faux témoignage imposé par la raison d'État. Le Dr Auchenthaler sait particulièrement à quoi s'en tenir. Il est en effet peu commun qu'un droitier se tire une balle dans la tempe gauche! Mais des intérêts supérieurs exigent de ce serviteur loyal de la Couronne qu'il fasse abstraction de ses convictions et commette une déclaration qui absolve Rodolphe de l'accusation de meurtre. A quoi on ajoutera qu'une autre conclusion aurait empêché que le permis d'inhumer fût accordé par les autorités civiles, en l'occurrence le capitaine de cercle de Baden, ce que souligne Slatin : « Autrement, conformément à la loi, l'inhumation immédiate et secrète aurait été impossible [26]. » En d'autres termes, avouer le meurtre aurait entraîné une enquête et, selon toute probabilité, le scandale que chacune des parties tenait précisément à éviter.

Il est difficile d'imaginer pour la suite scénario plus macabre. Toujours pour les mêmes raisons, il ne peut être question d'utiliser un corbillard pour le transport de la dépouille mortelle et pas davantage de la placer déjà dans un cercueil. Depuis la nouvelle de la mort de Rodolphe, les curieux ont afflué vers Mayerling. Certes ils sont tenus à distance par un cordon de policiers, mais ces déplacements risqueraient de ne pas passer inaperçus. Le corps sera donc transporté dans un véhicule qui n'attirera pas l'attention. Après que ses vêtements lui ont été remis jusqu'à son manteau de fourrure et son chapeau de feutre vert, Mary est traînée par ses oncles jusqu'à la voiture à l'intérieur de laquelle ils l'assoient, avant d'y prendre place eux-mêmes. Pour ajouter à la tension dramatique, les éléments déchaînés, le vent et la pluie sont au rendez-vous de ce voyage nocturne. Le supplice n'est pas terminé. Les cahots de la route, les bringuebalements de la voiture renversent à plusieurs reprises le cadavre, si bien qu'il faut lui placer un bâton dans le dos pour qu'il garde un semblant d'équilibre.

Lorsque, vers minuit, la voiture arrive enfin à Heiligenkreuz où se retrouvent les différents services associés à l'entreprise, le cadavre est aussitôt mis en bière dans la chambre mortuaire du monastère. Il faut encore que les dernières formalités soient accomplies, notamment que soit rédigé le permis d'inhumer par le capitaine de cercle au vu du protocole attestant le suicide. Il reste encore à finir de creuser la tombe, ce qui ne se fait pas sans mal, car la pluie rend le travail particulièrement pénible. De ce fait, du retard est pris. C'est seulement au petit matin, vers 9 heures, que l'inhumation a lieu, dans la terre détrempée, après une rapide bénédiction de la défunte. A 10 heures, le commissaire Habrda peut télégraphier, soulagé, à Vienne : « Tout est terminé [27]. »

Quand cette macabre opération s'achève, les événements, depuis l'annonce officielle de la mort de Rodolphe, ont pris, à Vienne, un tour inattendu qui plonge les autorités dans un cruel embarras. Le premier à découvrir la vérité est le professeur Widerhofer qui, appelé de toute urgence par le comte Hoyos, arrive sur les lieux vers midi. Ses constatations nous sont connues par le Journal de Marie-Valérie dont le comte Corti, le grand biographe d'Élisabeth et de François-Joseph, a pu transcrire de nombreux passages, notamment celui où est reproduit le rapport fait, le lendemain, par le médecin à l'Empereur :

> « Il vit la jeune fille étendue sur le lit, ses cheveux déployés sur ses épaules, une rose dans ses mains jointes; Rodolphe, à demi-assis, le revolver tombé sur le sol de sa main raidie, dans le verre seulement du cognac; il allongea le cadavre froid depuis longtemps, le crâne éclaté, la balle entrée par une tempe, sortie par l'autre; la même blessure chez la jeune fille [28]. »

Ces indications sont vérifiées par les notes de Heinrich Slatin, qui arrive, en fin d'après-midi, à Mayerling avec les autres membres de la commission de la Cour. Outre ces confirmations, son témoignage présente l'intérêt d'apporter des précisions nouvelles : « Dans la chambre à coucher, nous trouvâmes deux cadavres : celui du prince héritier, le visage à peine déformé, mais la boîte cranienne éclatée, du sang et des monceaux de cerveau coulant d'une blessure occasionnée, à ce qu'il semble, par un coup de feu tiré de très près et un beau cadavre de femme : c'est celui de Marie Vetsera [29]. » Dans les compléments à ses notes, Slatin ajoute : « Je me souviens parfaitement que le prince héritier était couché à gauche et la baronnesse à droite [...] Et, presque, avec la même certitude, je peux indiquer qu'à gauche du prince héritier se trouvaient un miroir à main et un revolver sur un fauteuil ou une table basse [30] », une confidence qui renvoie à la confidence faite peu auparavant par Mary Vetsera à Gabriel Dubray.

Les notes de Slatin insistent sur un autre fait capital : la présence de lettres d'adieu dans la chambre de Mayerling : « Sur une petite caisse *? ou sur une petite table? sont posés plusieurs lettres : une à Loschek [...], un télégramme et cinq autres lettres [31]. » Ces lettres sont remises, le lendemain, par Widerhofer à François-Joseph qui les fait suivre à leurs destinataires. Bien que Slatin reste muet sur ce point, ceux-ci sont connus. La première lettre est adressée à Ladislaus von Szögyenyi. Dans cet ultime moment, Rodolphe lui donne une nouvelle preuve de sa confiance, en le choisissant pour son exécuteur testamentaire. Il le charge en outre de remettre quatre autres lettres dont il nomme les destinataires dans un codicille : Valérie (entendons Marie-Valérie), sa femme, le baron Hirsch et Mizzi Caspar. Il faut encore tenir pour acquis que Rodolphe a laissé une lettre pour sa mère. La teneur en sera révélée au moins partiellement, par Ida Ferenczy, l'ancienne lectrice de l'Impératrice, au comte Corti quand celui-ci rassemblera les matériaux nécessaires à sa biographie, *Elisabeth, Die seltsame Frau*.

Une première constatation s'impose : Rodolphe n'a pas écrit de lettre à son père. Ce silence a la valeur d'un message. Il faut y voir comme une ultime protestation, la dernière manifestation d'une opposition que l'explication orageuse du 26 janvier a encore eu pour effet d'aggraver. Si on admet l'analyse de John T. Salvendy pour qui tout auteur de suicide veut, par ce geste, punir celui ou ceux qu'il rend responsables de son acte, Rodolphe aurait, par son silence, cherché à frapper son père [32].

Son choix a sans doute une autre signification qui n'est d'ailleurs pas exclusive de la première. Jusqu'à ses derniers instants, Rodolphe reste fidèle à cette ambivalence qui constitue une des clefs de sa personnalité. « Je ne suis pas digne d'être son fils », confesse-t-il à sa mère, dans sa dernière lettre. Même en ce moment, Rodolphe garde, vis-à-vis de son père, un complexe fait d'admiration et de crainte. En lui écrivant une lettre d'adieu, il aurait eu le sentiment de

* Dans son souci du respect de la vérité, Slatin s'est fixé pour règle de faire suivre d'un point d'interrogation tout fait sur lequel il garde un doute. L'important est donc ici qu'il soit parfaitement sûr de l'existence de ces lettres.

devoir, une fois encore, paraître devant lui et essuyer son jugement.

Aussi bien par leur existence que par leur contenu, ces lettres attestent la réalité du suicide. Elles confirment que cette double mort répond à un plan concerté entre les amants. D'un passage de la lettre à Szögyenyi, il est en outre permis de déduire que Rodolphe l'a écrite avant son départ pour Mayerling : « Ayez la bonté d'ouvrir mon bureau ici dans le salon turc[33]. » Il est probable qu'il en va de même pour les lettres mentionnées dans le codicille. En revanche la lettre à Élisabeth aurait été écrite à Mayerling.

Le télégramme trouvé dans la chambre est destiné au supérieur de l'abbaye de Heiligenkreuz. Rodolphe lui demande de se rendre à Mayerling pour y prier auprès de sa dépouille. En ce qu'elle indique une préoccupation de l'au-delà, cette démarche est à mettre en relation avec le signe de croix qu'il avait dessiné sur le front de Mizzi Caspar juste avant de se séparer d'elle. Que ce problème l'ait effectivement troublé, on en trouvera une nouvelle confirmation dans la lettre à Élisabeth où il est question de la survie de l'âme.

D'après les notes dictées par Loschek, Rodolphe lui aurait laissé la lettre suivante :

> « Cher Loschek, faites venir un ecclésiastique et faites-nous enterrer ensemble à Heiligenkreuz. Remettez à sa mère les objets précieux de ma chère Mary ainsi que sa lettre. Je vous remercie des services si fidèles et si dévoués que vous m'avez toujours rendus pendant les nombreuses années où vous avez été à mon service. Faites parvenir par la voie la plus courte à ma femme la lettre qui lui est destinée. Rodolphe[37]. »

Sous cette forme, la lettre n'est cependant pas complète. Il manque le passage où Rodolphe fait allusion à la conversation entre le comte Hoyos et Mary Vetsera à la réception donnée à l'ambassade d'Allemagne. Son authenticité est établie puisque c'est sur la base de cette information que la Cour s'est demandée si Hoyos n'avait pas eu connaissance des projets de Rodolphe et de Mary. Deux des autres lettres, celles destinées à Mizzi Caspar et au baron Hirsch, ont disparu. On peut seulement formuler l'hypothèse que la seconde avait trait à des problèmes d'argent en suspens entre les deux hommes, probablement au règlement de dettes contractées par Rodolphe. On est d'autant plus enclin à le penser que celles-ci seront effectivement remboursées, peu après, par la Cour au baron Hirsch.

Le texte des lettres adressées à Élisabeth et à Marie-Valérie n'est que partiellement connu. Le contenu de la première a été communiqué au comte Corti par Ida Ferenczy qui l'avait sans doute détruite à la mort de l'Impératrice. En dehors du passage cité plus haut, on en retient surtout cette phrase lourde de sens : « Je n'ai plus le droit de vivre, j'ai tué[35] ! », un aveu qui confirme plusieurs points importants. Pour commencer, il authentifie la trame des événements. Il infirme ensuite les déclarations faites sur le tard par Loschek. Il faut donc qu'un temps assez long, peut-être plusieurs heures se soit écoulé entre les deux morts. Cet extrait accrédite encore la thèse de la préméditation. En donnant la mort à sa maîtresse, Rodolphe s'est précisément placé dans la situation où toute possibilité de retour en arrière lui était désormais coupée.

La lettre de Rodolphe à sa sœur, en possession du chef de la branche de la famille descendant de Marie-Valérie, est déposée aux archives du château de Wallsee. Le comte Corti y a eu accès quand il préparait sa biographie de l'Impératrice Élisabeth. Plus récemment, le professeur Adam Wandruszka a pu la voir, en juillet 1974, lors d'un séjour à Wallsee. Le passage le plus connu est celui où Rodolphe exhorte sa sœur à quitter l'Autriche après la mort de François-Joseph : « Lorsque Papa aura fermé les yeux, quittez l'Autriche, car, ce qui se passera ensuite, je le sais très bien[36]. » Il est le plus souvent interprété comme la confirmation du pessimisme de Rodolphe sur l'avenir de la Monarchie qui serait condamnée à éclater. Adam Wandruszka en propose une autre explication. Il faudrait rapprocher ce passage d'une lettre adressée à Rodolphe, quelques mois plus tôt, par François-Ferdinand, le futur héritier du trône, qui, dans sa haine des Italiens, s'y livre à une charge d'une extrême violence contre la branche toscane des Habsbourg à laquelle François-Salvator, le fiancé de Marie-Valérie, appartient : « Cette canaille syphilitique, onaniste, anémique ruine toute la race et, avec leur fécondité galopante digne des lapins, la Maison des Habsbourg se composera bientôt seulement de tels Kakatinos[37]. » Rodolphe voudrait ainsi avertir sa sœur qu'elle doit s'attendre au pire, pour elle et sa famille, quand François-Ferdinand sera monté sur le trône.

La teneur des deux dernières lettres nous est maintenant bien connue. Des plaques photographiques reproduisant la lettre à Szögyenyi ont été retrouvées, voici un peu plus de trente ans, dans les archives d'État par le Dr Rudolf Neck. Son texte, dont l'original est écrit en hongrois, se présente comme suit :

« Cher Szögyenyi, je dois mourir, c'est la seule manière de quitter le monde comme un gentleman. Ayez la bonté d'ouvrir mon bureau ici à Vienne dans le salon turc où nous avons si souvent été assis ensemble dans des temps meilleurs et de traiter les papiers comme il est indiqué dans mes dernières volontés ci jointes. Vous saluant cordialement et vous adressant tous mes vœux ainsi qu'à notre très aimée patrie hongroise. Votre très fidèle Rodolphe [38]. »

L'allusion à la « patrie hongroise » a souvent retenu l'attention. Certains ont voulu y voir la confirmation de plans séditieux. C'est pousser un peu loin la lecture entre les lignes. Ce passage prouve seulement que, malgré ses réserves à l'endroit de plusieurs aspects de la politique des dirigeants magyars, Rodolphe a gardé, jusqu'au bout, ses sympathies pour la Hongrie. Au surplus, il s'adresse, dans cette lettre, à un Hongrois. Or, comme tout prince de la Maison des Habsbourg, il peut, sans pour autant manifester des intentions subversives, saluer dans la Hongrie une de ses patries.

Le fac-similé de la dernière lettre est publié dans les Mémoires de Stéphanie :

« Chère Stéphanie, tu es libérée de ma présence et de mon fardeau. Sois heureuse à ta manière. Sois bonne pour la petite qui est tout ce qui reste de moi.

« A toutes nos connaissances, en particulier Bombelles, Spindler *, Latour, Wovo **, Gisèle, Léopold etc..., etc..., transmets mes dernières salutations.

« Je vais l'esprit en paix vers la mort qui seule peut sauver l'honneur de mon nom.

T'enlaçant affectueusement, ton Rodolphe qui t'aime [39]. »

Cette lettre éclaire l'état de dégradation où les relations entre les deux époux étaient tombées. Son attaque n'en sonne pas moins comme une ultime provocation à l'endroit de Stéphanie. Quant à la chute, gageons que celle-ci n'a pas

* Nom de l'officier responsable de son secrétariat.
** Surnom donné à la baronne von Welden.

dû la trouver du meilleur goût, même s'il faut probablement y voir une formule passe-partout.

L'attention est retenue par un autre passage : « Je vais l'esprit en paix vers la mort qui seule peut sauver l'honneur de mon nom. » Il est à rapprocher du début de la lettre à Szögyenyi : « Je dois mourir, c'est la seule manière de quitter le monde comme un gentleman. » C'est là l'unique explication que Rodolphe donne de son geste. Si la formulation reste vague, elle oriente néanmoins vers une motivation qui ne doit pas être prise à la légère. Dans la hiérarchie des valeurs de cette société, notamment au sein du corps des officiers, l'honneur figure au premier rang. Bien que son enthousiasme pour la carrière des armes ait décliné au fil des ans, Rodolphe partage avec ses camarades le même sens de l'honneur. Songe-t-il alors à cette maladie dont il croit qu'elle le promet à une prochaine déchéance et dont il lit les premiers stigmates sur son visage et dans son corps. Peut-être n'a-t-il pas voulu attendre que l'évolution ait atteint un stade incompatible avec sa dignité. Ou pense-t-il à cet entrelacs de contradictions entre sa position et ses convictions? Pour échapper à ce dilemme, sans trahir ni les unes ni les autres, son code de l'honneur ne lui aurait indiqué d'autre voie que le suicide. Mais faut-il vraiment ne retenir qu'une seule cause? Il est plus vraisemblable que plusieurs éléments se sont conjugués pour pousser Rodolphe à ce choix. Il est alors arrivé à un tel point de désespérance et sans doute de confusion qu'il ne distingue plus entre ces différents facteurs et se sent pris à la gorge.

De son côté, Mary Vetsera a également laissé des lettres qu'elle a probablement écrites peu avant sa mort. Dans l'une d'entre elles, on trouve en effet une allusion à la dernière soirée : « Bratfisch a merveilleusement sifflé. » Trois de ces lettres, celles destinées à sa mère, à Hanna et à son jeune frère Feri, sont reproduites dans le mémoire de la baronne Vetsera. Leur existence est encore attestée par une lettre de Feri Vetsera, adressée, quelques jours plus tard, de Venise, à Gabriel Dubray : « Avant de mourir, elle a écrit des lettres, une à chacun de nous[40]. » Pour sa part, Hoyos fait état d'une lettre à remettre à Michel de Bragance. Le ton en serait enjoué. Mary y ferait cadeau à son prétendant de son boa qu'elle lui suggérerait de suspendre au-dessus de son lit. Rodolphe y aurait ajouté un post-scriptum : « Salut, porteur d'eau » (*Servus Wasserer*), un surnom que Michel de Bragance s'était attiré pour avoir pris l'habitude de porter un foulard rouge autour du cou, à la manière des porteurs d'eau de Vienne.

Ces lettres confirment les intentions de Mary ainsi que l'espèce d'euphorie qui la saisit à l'approche de la mort : « Pardonne-moi ce que j'ai fait, écrit-elle à sa mère, je n'ai pu résister à l'amour [...]. Je suis plus heureuse dans la mort que dans la vie [41] ». « C'est heureux que nous allons dans l'au-delà incertain, ajoute-t-elle à sa sœur. Pense de temps en temps à moi. Sois heureuse et ne te marie que par amour. Je n'ai pu le faire et, comme je n'ai pu résister à l'amour, je l'accompagne [42]. »

Ses adieux à la vie sont d'autant plus émouvants que, malgré son bonheur de posséder Rodolphe jusque dans la mort, Mary conserve encore dans ces derniers moments les traits de la victime. Point d'arrivée d'une trajectoire amorcée près de trois mois plus tôt, ils n'apportent aucune révélation capitale. Ils confirment chez Mary des sentiments et des réactions déjà connus. En revanche, ces ultimes témoignages, tant de Rodolphe que de Mary, vérifient que le drame de Mayerling est né de la rencontre de deux logiques, celle de l'échec, génératrice d'un processus d'autodestruction, et celle d'une passion exaltée.

Ces lettres ne sont remises à François-Joseph par Widerhofer que le lendemain matin. C'est alors qu'il apprend la vérité, non seulement que Rodolphe ne lui a pas laissé deux mots d'adieu, mais surtout que son fils s'est suicidé. La scène est longuement décrite dans le Journal de Marie-Valérie, tel que nous le connaissons par les notes de Corti :

> « Widerhofer, ignorant que Sa Majesté ne connaît pas la vérité, commence sa terrible mission par les mots de réconfort du médecin : "Je peux donner à Votre Majesté l'assurance qu'il n'a pas souffert. La balle a pénétré directement dans la tempe." Sa Majesté l'interrompt alors : "Qu'avez-vous à parler d'une balle? – Oui, Majesté, la balle, nous l'avons trouvée, la balle avec laquelle il s'est tué. – Quoi! Il s'est tué! Ce n'est pas vrai. Elle l'a empoisonné! Rodolphe ne s'est pas tué. Ce que vous affirmez là, il faut que vous en apportiez la preuve."
>
> « Ému par la grandeur de la douleur, Widerhofer doit maintenant expliquer dans le détail comment plusieurs points n'autorisent pas à douter qu'il a lui-même attenté à sa vie : le soin avec lequel la jeune fille a été couchée sur le lit,

le coup de feu qui, pour plus de sécurité, a été tiré devant un miroir placé sur une table de nuit.

« Alors l'Empereur François-Joseph, complètement effondré pendant un moment, pleure et sanglote sous le poids d'une douleur redoublée [43]. »

Pour François-Joseph, le coup est effectivement terrible. En un instant, il vient d'apprendre à la fois que son fils s'est suicidé et qu'il est un assassin. A la douleur s'ajoute l'humiliation comme père et comme souverain. Rien d'étonnant dès lors à ce que, sous le choc, il commence par chanceler, malgré sa légendaire fermeté de caractère. Avec lui, tous les siens sont également effondrés. Ces événements laissent dans l'esprit de l'Impératrice une impression qui ne s'en effacera plus. Lorsque l'aliénation mentale sera mise en avant pour expliquer le geste de Rodolphe, Élisabeth, déjà obsédée par la hantise de la folie, s'en attribuera la responsabilité. Quant à Marie-Valérie, en accord avec sa foi religieuse, elle ne cesse de penser avec effroi au suicide de son frère. A plusieurs reprises, dans son Journal, elle s'appelle « la sœur d'un suicidé » et, interpellant son fiancé, en imagination, elle lui lance : « En veux-tu encore pour femme [44]? »

Si forte que soit sa douleur, François-Joseph ne peut s'y abîmer longtemps. Les révélations de Widerhofer le mettent en face d'une situation nouvelle qui renverse le système de défense imaginé à l'annonce de la mort de Rodolphe. Des propos tenus par l'Impératrice à la baronne Vetsera, il ressort que, dès ce moment, avait été forgé le type d'explication qui serait présenté à l'opinion. De fait, un premier communiqué paru dans une édition spéciale du *Wiener Zeitung* avait donné une attaque d'apoplexie comme cause de la mort de Rodolphe. Le lendemain matin, un nouveau communiqué de la Cour parlait, cette fois, d'une crise cardiaque. Même s'il ne s'agissait que de variations sur un même thème, ces différences n'avaient pas manqué de frapper déjà l'opinion, alimentant du même coup toutes sortes de rumeurs.

Maintenant que la mort a été provoquée par une arme à feu, cette ligne de défense doit être abandonnée. Pourtant, avouer que Rodolphe s'est suicidé, ce serait poser aussitôt le problème des obsèques religieuses. L'Église serait en droit de les lui refuser si elle suivait ses principes. Sa propre foi, mais aussi les liens traditionnels entre la dynastie et le catholicisme interdisent à François-Joseph d'accepter une telle éventualité. Aussi ne se décide-t-il à reconnaître les faits qu'après un long débat intérieur. Ce n'est, semble-t-il, qu'au bout de plusieurs heures qu'il cède aux arguments de plusieurs de ses ministres, en particulier Koloman Tisza, pour qui le souverain doit la vérité à ses peuples.

Le suicide est annoncé dans l'édition du *Wiener Zeitung* du 1er février. La tâche n'a pas été simple, car il a fallu trouver une formulation qui rende plausible cette succession de versions :

> « Les informations publiées précédemment, explique-t-on, s'appuyaient sur les premières constatations qui venaient de l'entourage le plus proche de l'illustre défunt sous l'effet du choc provoqué par cet événement fatal.
>
> « De ce côté, après que la porte de la chambre eut été forcée, Son Altesse impériale et royale fut trouvée morte dans son lit. Sur la base de cette première impression reposaient les informations parvenues à Vienne et l'hypothèse d'une attaque d'apoplexie [45]. »

Quand l'article a exposé les conclusions auxquelles Widerhofer est arrivé après l'examen du corps, on en vient à ce passage où il est clair que la seconde ligne de défense mise au point par la Cour est en passe d'être dressée. L'hypothèse avancée dans les deux derniers paragraphes prépare le terrain aux conclusions des médecins chargés de pratiquer l'autopsie :

> « Nous ne pouvons pas passer sous silence le fait que de nombreuses personnes du proche entourage de Son Altesse impériale et royale ont constaté chez elle, dans les dernières semaines, différents signes d'une agitation nerveuse maladive, si bien qu'il faut tenir pour probable que cet événement affreux s'explique par un accès momentané de trouble mental. Nous devons en outre signaler que Sa Majesté impériale et royale se plaignait depuis quelque temps de maux de tête dont elle voyait l'origine dans une chute de cheval, l'automne dernier. Cet accident avait été tenu secret sur l'ordre impératif de Son Altesse [46]. »

L'autopsie est pratiquée dans la nuit du 31 janvier au 1er février par deux éminents spécialistes, le Dr Eduard Hofmann, professeur de médecine légale, et le professeur Hans Kundrat, directeur de l'Institut anatomico-pathologique de Vienne, qui sont assistés dans leur travail par le professeur Widerhofer. Leurs conclusions soulagent la famille impériale d'un grand poids, si pénible qu'il lui soit de livrer au public une version mettant en cause l'équilibre mental de

Rodolphe. Elles sont publiés, le lendemain, dans le *Wiener Zeitung* :

« Vu les prescriptions de la loi, il a été, le 31 janvier 1889, à la Hofburg de Vienne et par les médecins auxquels incombe légalement cette mission, procédé à l'autopsie du cadavre de S.A.I. le Prince héritier archiduc Rodolphe. En voici le procès-verbal authentique signé des médecins qui ont rempli ce funèbre devoir.

« I. Son Altesse impériale et royale le Prince héritier a succombé d'une fracture du crâne et des parties antérieures du cerveau.

II. Cette fracture a été occasionnée par un coup de feu tiré de très près contre la région temporale droite.

« III. Un coup de feu provenant d'un revolver de calibre moyen était de nature à faire la blessure en question.

« IV. Le projectile n'a pas été retrouvé, parce qu'il est sorti par l'ouverture constatée au-dessus de l'oreille gauche.

« V. Il est hors de doute que Son Altesse impériale et royale s'est tiré elle-même le coup de feu et que la mort a été instantanée.

« VI. L'ankylose prématurée des sutures sagittale et coronale, la profondeur extraordinaire de la cavité crânienne et la dépression digitiforme des surfaces antérieures des os du crâne, le sensible aplatissement des circonvolutions cérébrales et la dilatation des ventricules du cerveau sont autant de phénomènes pathologiques qui, selon l'expérience, accompagnent d'ordinaire un état mental anormal et permettent par conséquent d'admettre que l'acte a été accompli en état d'aliénation mentale.

« Signé : Dr E. Hofmann, conseiller aulique, professeur de médecine légale,

Dr Hans Kundrat, chef de l'institut anatomico-pathologique et chargé de l'autopsie,

Professeur Dr Hermann Widerhofer, médecin ordinaire de S.A.I. le Prince héritier[47]. »

Les obsèques

Ces conclusions lèvent les obstacles qui auraient pu s'opposer aux obsèques religieuses : « L'anxiété était grande, commente l'ambassadeur de France. Heureusement le rapport des trois médecins a levé toutes les difficultés. S'il constate le suicide qui est un péché mortel, il déclare hors de doute qu'il a été accompli dans un accès d'aliénation mentale. Dès lors il était possible à l'Église de se montrer tolérante sans violer les lois ecclésiastiques. C'est ce qu'elle s'est empressée de faire. Le comte Kálnoky ayant communiqué le procès-verbal scientifique à Mgr Galimberti *, le pape, dans sa sagesse, a donné son accord et il a autorisé le clergé de la Monarchie a célébrer des messes pour le repos de l'âme du défunt [48]. »

En réalité, Léon XIII se contente d'entériner la décision prise par Mgr Mayer, le chapelain de la Cour, qui, relevant directement de l'autorité pontificale, en avait le pouvoir. Sans doute, aussi longtemps que le résultat de l'autopsie n'a pas été connu, cet accord n'était-il pas acquis. L'Église n'aurait pu, sans violer ses propres lois, consentir à ce que fût enterré religieusement un suicidé qui aurait été préalablement reconnu en pleine possession de ses facultés mentales. En revanche il est conforme non seulement à la lettre du droit canon, mais aussi à la logique que ses scrupules tombent s'il est officiellement établi que Rodolphe s'est donné la mort dans un moment d'égarement mental.

Parmi les ingrédients de la légende qui s'est formée autour du drame de Mayerling figure en bonne place le télégramme de 2 000 mots que François-Joseph aurait adressé au Pape pour lui révéler la vérité, afin d'obtenir de lui que Rodolphe ne soit pas privé d'obsèques religieuses. Lancé, le 4 février, par le quotidien anglais, *The Standard*, cette affirmation reparaît régulièrement dans la littérature. Complétant les recherches menées par Friedrich Engel-Janosi dans les archives du Vatican [49], Fritz Judtmann a pourtant montré que ce télégramme n'a probablement existé que dans l'imagination du correspondant du *Standard* à Rome.

Il est vrai que François-Joseph et Léon XIII ont échangé plusieurs télégrammes durant ces journées. C'est déjà par un télégramme que l'empereur d'Autriche apprend officiellement, en début d'après-midi du 31 janvier, la mort de son fils au saint Père : « C'est avec la plus profonde douleur que je viens apprendre à Votre Sainteté la mort subite de mon fils Rodolphe. Je suis sûr de la part sincère qu'Elle prendra à cette perte cruelle : j'en fais le sacrifice à Dieu auquel je rends sans murmurer ce que j'ai reçu de lui. J'implore pour moi et ma famille la bénédiction apostolique [50]. »

Dans sa réponse, reçue le jour même à la Hofburg, le saint

* Nonce apostolique à Vienne.

Père prend part au deuil de François-Joseph. Il l'informe qu'il a déjà dit une messe pour le repos de l'âme du défunt et transmet sa bénédiction apostolique à la famille impériale. Les remerciements de François-Joseph sont transmis par le moyen d'une dépêche de Kalnoky au comte Revertera, l'ambassadeur austro-hongrois auprès du Saint-Siège, qui est chargé d'en communiquer la teneur au cardinal Rampolla, le secrétaire d'État de Léon XIII. Le lendemain, celui-ci adresse un nouveau télégramme à François-Joseph :

> « Nous prenons la part la plus vive à la douleur que la mort de l'archiduc Rodolphe cause à Votre Majesté. Nous avons exprimé nos sentiments dans une lettre privée adressée à Votre Majesté que nous avons remise au comte Revertera. En réponse aux informations que Votre Majesté nous a communiquées dans son télégramme d'hier, nous renouvelons du plus profond du cœur nos condoléances et, pour la consolation de Votre Majesté, de Sa Majesté l'Impératrice et de toute la famille impériale, nous vous adressons la bénédiction apostolique[51]. »

Cet échange s'achève par un second télégramme de François-Joseph dans lequel il exprime sa gratitude à Léon XIII : « J'adresse à Votre Sainteté mes remerciements les plus dévoués pour la part paternelle qu'elle prend à notre douleur et pour la lettre qui m'a apporté, en cette si triste circonstance, la bénédiction apostolique et qui a réconforté nos âmes suppliciées. Je recommande ma famille aux saintes prières de Votre Sainteté[52]. »

Pour le reste, François-Joseph n'a nul besoin d'implorer Léon XIII de faire une exception pour Rodolphe. Il suffit que les résultats de l'autopsie soient connus pour que le chapelain de la Cour prenne sa décision, même si les égards dûs au pape exigent que les conclusions en soient communiquées au nonce apostolique à Vienne. Mais surtout, à supposer que le Vatican ait des doutes sur le bien-fondé de cette version, il n'entre pas dans son intérêt de provoquer une crise dans les relations avec la Monarchie austro-hongroise. Dans l'Europe de 1889, les États catholiques ne sont pas si nombreux qu'il puisse se permettre d'adopter une attitude intransigeante.

Après l'autopsie, le cadavre est livré aux soins des embaumeurs. D'abord entourée de bandages, la partie supérieure de la tête qui a éclaté sous la violence du coup de feu, est reconstituée à l'aide de cire. Ces opérations terminées,

Rodolphe est revêtu de la grande tenue d'officier général. Le corps est ensuite exposé dans un salon de l'appartement princier où se succèdent maintenant membres de la famille et dignitaires de la Cour. Dans la soirée du 3 février, la dépouille mortelle est transportée dans la chapelle de la Cour où la foule anonyme des Viennois est autorisée à venir rendre un ultime hommage au prince défunt.

Depuis l'annonce du drame, Vienne a pris le deuil. Des oriflammes noirs ont fait leur apparition dans les rues. Frappée de plein fouet par la nouvelle, précisément au moment où elle se grisait de l'euphorie propre au *Fasching*, la ville est saisie de stupeur. Les fêtes du carnaval qui, selon la tradition, rythmaient la vie sociale de la capitale, sont décommandées; les théâtres de la Cour sont fermés; la plupart des autres théâtres annulent leurs représentations. Pendant plus d'une journée, la foule se presse pour se recueillir devant la dépouille mortelle de Rodolphe. La Cour a commencé de déployer sa pompe. Dans la chapelle tendue de noir où l'atmosphère est lourde des vapeurs d'encens et des senteurs des couronnes de fleurs déposées par monceaux, le corps de Rodolphe, entouré de cierges, est exposé sur un catafalque veillé par un immense crucifix, tandis qu'immobiles, des officiers en grande tenue, sabre au clair, tiennent la garde.

Fixées au 5 février, les obsèques auraient pu donner lieu à un vaste rassemblement de têtes couronnées et du Gotha européen. Compte tenu des conditions dans lesquelles la mort est intervenue, François-Joseph a cependant voulu éviter qu'elles ne prissent ce caractère. Pour cette raison, les monarques sont représentés par leur ambassadeur en poste à Vienne. Sans doute la Cour aurait-elle aussi préféré que le couple royal de Belgique s'abstînt d'y participer, mais on n'a pu s'opposer à son vœu de se rendre à Vienne. En revanche, il n'a pas été fait d'exception pour Guillaume II, qui avait aussitôt exprimé l'intention de relever la cérémonie de sa présence. Passé depuis longtemps maître dans l'art de traiter les affaires de protocole et d'étiquette, François-Joseph a su rester ferme tout en trouvant l'argument propre à flatter la vanité du souverain allemand: « Reçois mes remerciements les plus chaleureux pour ta fidèle amitié et ton projet de venir ici. Si je te prie de n'en rien faire, tu peux mesurer combien les miens sont effondrés pour que je doive également te le demander[53]. »

Comme Stéphanie et Marie-Valérie, Élisabeth n'assistera pas à la cérémonie. Dans les premiers moments, elle a certes montré une force de caractère que peu lui soupçonnaient à ce degré. Pourtant les forces lui ont bientôt manqué pour maîtriser plus longtemps sa douleur. François-Joseph souhaite ménager son épouse dont, mieux que quiconque, il connaît la fragilité. Aussi décide-t-il de lui épargner cette épreuve qui risquerait d'accroître encore sa détresse.

Pour les obsèques de Rodolphe, Vienne déploie le faste des grandes funérailles. Un peu avant 4 heures de l'après-midi, le cortège funèbre s'ébranle. Encadré par un détachement de gardes en grand uniforme, le corbillard est tiré par huit chevaux lippizans blancs ornés de plumets noirs. Sous les regards d'une foule « compacte et recueillie », il parcourt lentement les quelques centaines de mètres qui séparent la Hofburg de l'église des Capucins, le terme du pèlerinage terrestre de tous les Habsbourg. Le déroulement de la cérémonie est décrit dans le détail par l'ambassadeur de Belgique dans une dépêche à son ministre :

> « Dans l'église toute tendue de noir, l'assistance était des plus nombreuses. On y remarquait, en face des sièges réservés à la Cour, tous les ambassadeurs à Vienne chargés par leurs souverains respectifs de les représenter aux funérailles et le général Fraser, envoyé spécial du prince de Galles. Derrière eux se trouvaient le prince héritier de Saxe-Meinigen avec la députation du régiment allemand " Franz Joseph " ainsi que deux autres députations de régiments allemands et russes. A gauche du catafalque avaient pris place tous les grands dignitaires de la Cour, les grands maîtres et grandes maîtresses des Maisons des Archiducs. L'Empereur fit son entrée par la porte du chœur, ayant à son bras Sa Majesté la Reine des Belges, chacun ne pouvant s'empêcher d'admirer la dignité de son attitude malgré d'immense douleur dont il était accablé. Il était suivi de Sa Majesté le Roi qui portait son uniforme autrichien et paraissait très ému. L'Empereur et nos augustes souverains prirent place sur les trois premiers fauteuils en face du catafalque...
>
> « A quatre heures, le cardinal Ganglbauer, accompagné de deux évêques officiants et de nombreux prélats, sortit de la sacristie et se dirigea vers le portail de l'église pour y attendre l'arrivée du cortège funèbre. A leur suite, un grand nombre d'évêques et d'ecclésiastiques vinrent se ranger silencieusement des deux côtés du maître autel.
>
> « Peu de temps après, la grande porte de l'église s'ouvrit à deux battants et le cercueil porté par des laquais de la Cour

en livrée noire s'avança lentement jusqu'au catafalque, précédé par six gardes du corps en uniforme de gala.

« La cérémonie ne dura que peu de temps et fut des plus simples. Mgr Ganglbauer, au milieu du plus profond silence, récita, d'une voix altérée par l'émotion, les dernières prières. Le moment était si solennel, l'attitude de l'Empereur si pénétrante que l'assistance tout entière ne put se défendre d'un vif sentiment d'émotion[54]. »

La scène suivante montre que l'ambassadeur de Belgique ne sacrifie pas à l'emphase propre à certains discours diplomatiques de l'époque. Certains ont accusé François-Joseph d'insensibilité face aux épreuves qui l'ont frappé dans sa famille. Il ne leur aurait opposé qu'un cœur de pierre. Ses réactions à la mort de Rodolphe, comme plus tard à l'assassinat d'Élisabeth, prouvent justement le contraire. Sans doute, après qu'il a eu connaissance du décès de Rodolphe, ne change-t-il, pour ainsi dire, rien à ses habitudes. Autant que les autres jours, il se consacre à son métier de souverain. Son sens du devoir l'y oblige, mais, ainsi qu'il le confie à son directeur de cabinet, le baron von Braun, c'est aussi qu'il y cherche un dérivatif à sa douleur. Pourtant, au moment de l'ultime adieu à son fils, ses efforts pour la dissimuler sont vains :

> « Jusqu'alors, poursuit le diplomate belge, Sa Majesté avait pu dominer sa douleur, mais, à cette heure suprême, au moment de voir descendre dans la crypte tout ce qu'il avait eu de cher en ce monde, il ne put retenir plus longtemps les larmes qui l'étouffaient. Agenouillé auprès du cercueil, il souleva le drap funéraire, le baisa longuement et murmura un dernier adieu à celui qui avait été tout son espoir et qui lui était si tristement ravi[55]. »

Pourtant, même en ces moments consacrés au recueillement, les passions ne se sont pas tues. Alors que des messes pour le repos de l'âme du défunt ont été célébrées dans de nombreuses paroisses, « il est toutefois, note l'ambassadeur de France, des évêques et surtout des curés qui s'y sont refusé, non dans les villes, mais dans les campagnes où la foi catholique, conservant toute sa vicacité, n'admet aucun ménagement pour personne[56] ». De son côté, le prince Reuss croit savoir que le cardinal Schönborn, le prince archevêque de Prague, n'aurait pas dissimulé son trouble au nonce apostolique. Celui-ci lui aurait répondu que, la

Faculté ayant conclu que le suicide avait été commis dans un moment d'aliénation mentale, l'Église n'avait, sauf preuve du contraire, aucune raison de la contredire.

Ces réticences, voire ces refus trouvent évidemment leur origine dans les rapports conflictuels qui s'étaient, au fil du temps, établis entre Rodolphe et les milieux catholiques autrichiens. Ceux-ci n'ignoraient rien de l'hostilité qu'il leur portait. Aussi, malgré leur loyalisme monarchique, certains prêtres n'ont-ils pas voulu pousser le zèle jusqu'à faire une faveur à ce prince qui s'était toujours déclaré leur ennemi.

Avec les obsèques de Rodolphe s'achève le dernier acte du drame de Mayerling. C'est maintenant au tour de l'affaire de prendre le relais. Au cours des derniers jours, deux vérités se sont constituées. Depuis la matinée du 31 janvier, François-Joseph sait que Rodolphe s'est suicidé, après avoir tué Mary Vetsera. Le rapport de Widerhofer le lui a appris. Le dossier rassemblé par le baron Krauss au fur et à mesure de la progression des événements, les notes du baron Slatin, le récit du comte Hoyos, bientôt le mémoire de la baronne Vetsera s'accordent pour le confirmer.

Pourtant la raison d'État comme la nécessité d'obtenir pour Rodolphe des obsèques religieuses interdisent de présenter cette vérité à l'opinion. Il serait d'abord incompatible avec l'honneur de la dynastie de reconnaître, non seulement que Rodolphe a été découvert en situation d'adultère, mais encore qu'il s'est rendu coupable d'un homicide, quelles qu'aient été par ailleurs les motivations des amants. Il est encore impossible d'en rester à une vérité dont l'Église ne pourrait s'accommoder. Cette double exigence impose de forger une vérité officielle qui, pour sauver l'honneur de la dynastie et apaiser les scrupules de l'Église, doit occulter la présence de Mary Vetsera à Mayerling et expliquer le geste de Rodolphe par une crise d'aliénation mentale. C'est dans cette brèche entre les deux vérités que s'engouffrent l'affaire et la légende de Mayerling.

CHAPITRE IX

L'Affaire

Dès l'annonce de la mort de Rodolphe, des rumeurs incontrôlées commencent à circuler. Les ambassadeurs en poste à Vienne se font aussitôt l'écho de l'incrédulité de la population devant l'explication qui lui est donnée du décès du prince héritier : « L'imagination populaire, rapporte Albert Decrais, se refuse à croire qu'un prince de cet âge et de cette activité ait succombé à une attaque d'apoplexie ou à un anévrisme. Il n'y a pas, je crois, à l'heure qu'il est, un Viennois qui accepte l'une ou l'autre de ces versions officielles [1]. » Plus prudent, l'ambassadeur de Belgique note cependant que « les rues sont encombrées de monde avide de nouvelles et se livrant aux commentaires les plus variés [2] ». Il n'a sûrement pas tort d'attirer l'attention sur le fait que « l'imagination populaire est portée à attribuer aux grandes catastrophes des causes plus mystérieuses que la réalité [3] ». M. de Laboulaye, l'ambassadeur de France à Saint-Petersbourg, abonde dans le même sens : « C'est le propre des événements tragiques de frapper violemment l'imagination et d'ouvrir devant elle le champ des suppositions [4]. »

La disparition du prince héritier d'Autriche-Hongrie est certes un événement considérable propre à frapper l'opinion, d'autant que rien de l'avait laissé prévoir. Pourtant, dans le cas présent, d'autres facteurs s'ajoutent pour expliquer ces réactions. Les hésitations et les maladresses de la Cour, ses versions successives déconcertent et intriguent. Elles paraissent accréditer l'idée que des pans entiers de la vérité sont volontairement dissimulés. Les journaux se mettent aussitôt sur l'affaire. Il ne leur faut pas longtemps pour se rapprocher de la vérité. Mais ce qu'ils découvrent, loin de l'apaiser, enflamme encore un peu plus l'imagination populaire. Si la version officielle est convaincue de mensonges sur plusieurs points essentiels, n'est-ce pas qu'il faut chercher une vérité encore plus terrible?

Au surplus, tous les ingrédients sont réunis pour la naissance d'une légende, même si les apparences sont, en l'occurrence, souvent trompeuses : une histoire d'amour, de sombres arrière-plans politiques, une vérité tronquée, la disparition d'un cadavre. Encore nourrie par le refus obstiné de la Cour d'admettre officiellement la présence de Mary Vetsera, et ce jusqu'à l'effondrement de la Monarchie, alors même que chacun le reconnaissait dans le privé, régulièrement augmentée de versions nouvelles, véhiculée par les moyens d'expression populaires, entretenue par des échotiers et folliculaires de tout poil, la légende de Mayerling, plus vivante que jamais, appartient, un siècle plus tard, aux grands mythes de l'histoire.

ÉMERGENCE DE LA VÉRITÉ ET FORMATION DE LA LÉGENDE

Dès les premières heures, les journaux viennois font état de rumeurs qui commencent à se colporter de bouche à oreille. Dans son édition du soir du 30 janvier, la *Neue Freie Presse* donne déjà à entendre que Rodolphe serait mort, non d'une attaque d'apoplexie, mais d'une blessure causée par une arme à feu : « De quelle manière il a été blessé, on l'ignore. Des rumeurs en ce sens non authentifiées circulent sur la nature de cet accident [5]. » Allant plus loin, le *Wiener Tagblatt* ne craint pas d'énumérer les hypothèses qui ont alors les faveurs des Viennois : « Il aurait été tué par des braconniers, assommé durant une orgie nocturne, blessé au cours d'un accident de chasse, tué par un coup de fusil parti malencontreusement [6]. » A vrai dire, les journaux autrichiens sont rapidement privés de la possibilité de fournir à leurs lecteurs des informations s'écartant de la vérité officielle. Les foudres de la censure s'abattent sur les récalcitrants qui sont l'objet de confiscations. Ces interventions n'ont pourtant pas raison des rumeurs. Loin d'être endiguées, elles continuent à se répandre et s'enrichissent, au fil des jours, de nouvelles variantes. A l'affût de tous les bruits qui circulent dans les différents milieux de la société viennoise, les agents du baron Krauss en dressent un inventaire minutieux dans leurs rapports.

Les autorités policières n'ont cependant pas la tâche facile dans leur combat avec la presse. Les journaux paraissant en Hongrie échappent déjà à leur champ d'action. A fortiori n'est-il dans le pouvoir ni de Taaffe ni de Krauss de fixer le contenu des quotidiens étrangers. Or ceux-ci accordent une large audience au drame de Mayerling et sont remplis des suppositions les plus diverses sur les causes de la mort de Rodolphe. Sans doute est-il possible d'arrêter à la frontière les publications accusées de répandre de fausses nouvelles. Mais le nombre des titres à surveiller est tel que certains parviennent à passer à travers les mailles du filet. Le danger est particulièrement grand quand il s'agit de journaux allemands. Lorsque la police s'aperçoit que sa vigilance a été trompée, le mal est déjà fait : de nombreux exemplaires ont déjà été vendus.

Au moment de refermer son dossier, le 11 février, le baron Krauss doit constater, désabusé, que malgré les obstacles mis à l'expression de la vérité, il a perdu la partie : « La vérité perce toujours un peu plus dans la presse étrangère », observe-t-il[7]. Celle-ci est probablement aidée dans ses investigations par des journalistes autrichiens dans l'incapacité de publier certaines indiscrétions qu'ils ont eux-mêmes recueillies.

Mis sur la piste de Mary Vetsera, des journalistes viennois mènent leur enquête dans le voisinage du palais de la Salesianergasse. L'un d'entre eux est même entendu par la police à ce sujet. Or, dès le 2 février, soit seulement trois jours après le drame, les *Münchner Neuesten Nachrichten* (*« Dernières Nouvelles de Munich »*) commencent à lever le voile avec la publication de deux télégrammes qui, sans la mettre encore directement en relation avec la disparition du prince héritier, annoncent la mort de la jeune fille. Le premier croit savoir qu'“ une des plus belles jeunes filles de l'aristocratie autrichienne, la baronne Mary Vetsera s'est récemment donné la mort ”; le sens du second, publié dans l'édition du soir, est transparent pour qui sait lire entre les lignes : « Le suicide de la baronne Vetsera a été accompli à

Mayerling[8]. » Ces indiscrétions ont de quoi alarmer le baron Krauss : c'est un exemple où la vigilance des censeurs a été prise en défaut. Les Viennois ont eu le temps de s'arracher ces numéros avant que la décision de les confisquer ne prenne effet. Les craintes du chef de la police ne tardent pas à se vérifier puisque, le 6 février, le *Berliner Tagblatt* établit le lien entre les deux décès : « Agée seulement de dix-neuf ans, la fille du baron Vetsera serait donc morte en même temps que le prince héritier », peut-on y lire[9].

Après quoi il ne faut pas attendre longtemps pour que la vérité éclate. Le mérite de l'avoir mise à nu revient encore aux *Münchner Neuesten Nachrichten*. Dans un long article, le journal expose, le 8 février, ses conclusions qui, erronées sur des points de détail, sont, en revanche, en accord avec la trame générale des événements : « On les a trouvés mercredi tous les deux morts l'un à côté de l'autre dans leur lit [...]. Il est rigoureusement exclu qu'elle l'ait tué, puis se soit suicidée. Rodolphe a d'abord tué Mary, puis s'est tué comme dans un roman viennois. La balle est entrée à la hauteur de l'oreille gauche pour ressortir par le haut de la boîte crânienne, ce qui a eu pour effet de provoquer l'éclatement des os du crâne. Un coup de feu a également été tiré dans la tête de la Vetsera. Son corps a été transporté chez les Cisterciens, à Heiligenkreuz, pour y être enterré en grand secret[10]. » Après ces révélations où l'essentiel est dit, le baron Krauss peut effectivement s'avouer vaincu.

Ces articles n'empêchent pas les rumeurs les plus folles d'aller bon train. Les rapports qui aboutissent sur le bureau du baron Krauss en sont remplis. C'est la preuve que le mythe est en passe de se substituer à l'histoire. Le moment est venu où une partie de l'opinion ne se satisfait pas de la vérité, mais veut croire à des mystères plus grands. Si le sujet est officiellement tabou, on ne se tient pas, dans le privé, à la même réserve. Les milieux de la Cour et de la noblesse, les cercles diplomatiques, plus proches des victimes, sont agités des bruits les plus divers. Des versions sont échafaudées à partir de demi-vérités, de ragots non contrôlés, de confidences de témoins de seconde, voire de troisième main.

Dans la presse étrangère, le rythme des articles consacrés au drame de Mayerling tend cependant à se ralentir progressivement. Si fort que soit l'intérêt qu'il a provoqué en dehors des frontières de la Monarchie, il n'est bientôt plus sous les feux de l'actualité. Les éditeurs n'ont pas tardé, en revanche, à découvrir le parti qu'ils pourraient tirer de cette affaire. Le relais est bientôt pris par des livres, brochures et opuscules, écrits à la hâte à l'intention d'un public avide de révélations fracassantes. Avec ces publications, la légende de Mayerling conquiert un nouveau domaine, celui de la littérature à sensation.

Peu après les événements, paraît, à Dresde, sous le titre *Le Prince héritier et le drame de Mayerling*, un premier roman dû à un certain baron von Zichinsky. Le même auteur, décidément à la veine facile, récidive, un an plus tard, avec un roman dont le titre est tout un programme : *Le Chéri de l'Autriche et des femmes*. La liste n'est pas close. A un rythme rapproché, sortent en Allemagne : *Le Drame de Mayerling, Révélations authentiques sur la mort du prince héritier Rodolphe d'Autriche*. Dix ans plus tard, c'est au tour de la princesse Julie Odescalchi-Zichy, une aristocrate autrichienne en rupture avec son milieu, de commettre, en Allemagne et en France, un livre à scandale, *Révélations sur le prince héritier Rodolphe et le meurtre de la Vetsera* où, folle de rage d'apprendre de son amant qu'il s'apprête à l'abandonner, Mary l'émascule. Il faut encore ranger dans cette catégorie les Mémoires de la comtesse Larisch dont la parution est, à elle seule, un roman à rebondissements.

Aussitôt soupçonnée par le baron Krauss d'être compromise dans la disparition de Mary Vetsera, ensuite confondue par la lettre trouvée dans la veste de Rodolphe, Marie avait été chassée de la Cour sans que la possibilité lui fût donnée de revoir l'Impératrice. Si elle a espéré son pardon, celui-ci ne lui a jamais été accordé. Après son divorce, en 1896, sa vie a pris une nouvelle tournure. L'année suivante, elle s'est remariée avec le baryton Otto Brucks, un interprète de Wagner de bonne réputation. Rentrée en Bavière, elle se découvre une double vocation d'écrivain et de maître chanteur. Redoutant surtout des publications qui mettraient en scène l'Impératrice, François-Joseph ne lésine pas pour acheter son silence. Forte de ce succès, Marie revient à la charge. Promettant, à chaque fois, la main sur le cœur, qu'on n'entendra plus parler d'elle si satisfaction lui est donnée, elle bombarde, des années durant, de lettres les services de la Cour et le baron Palmer que François-Joseph a chargé de traiter l'affaire dans le rôle d'intermédiaire. Ses suppliques lui rapportent, sur treize ans, la somme astronomique de 1 072 000 marks, soit une fois et demi le coût de la grande roue du Prater! Il est vrai que, passée maître dans l'art d'extorquer de l'argent, Marie Brucks montre un égal talent à le perdre, qu'elle mène un train de vie dispendieux ou qu'elle soit elle-même victime d'aigrefins. Enfin, en mai 1913, elle publie, à Londres, sous le titre de *My Past*, ses Mémoires, où le prélude au drame de Mayerling occupe une place centrale. La Cour de Vienne peut bien acheter la totalité des volumes parus en Angleterre, acquérir une partie des exemplaires du premier tirage en Allemagne, elle doit bientôt renoncer à la lutte quand les éditions ultérieures sortent sur la marché.

La politique du silence demeure la règle, à l'intérieur des frontières de l'Autriche, jusqu'en 1918. Tout se passe comme si le drame de Mayerling ne s'était jamais produit. Sauf dans la version de la Cour, le sujet ne peut être abordé. Quant au nom de Rodolphe, il n'est, pour ainsi dire, plus cité, du moins dans les textes et documents officiels. Avec l'effondrement de la Monarchie, les données changent du tout au tout. Les interdits tombant, Mayerling revient à la mode. Toutes les versions colportées jusqu'alors sous le manteau arrivent à la surface, d'autant que certains y voient une occasion de déverser leur bile contre le régime défunt.

Journaux et revues s'ouvrent à une multitude d'articles. Pour quelques informations sérieuses, on y trouve surtout de pures affabulations. Le nombre des soi-disants initiés qui ne veulent pas quitter ce monde avant d'avoir livré leur secret laisse rêveur. Sans doute s'attire-t-il les répliques de témoins au fait des événements, comme le baron Slatin ou le baron von Giesl, un ancien aide de camp de Rodolphe, qui s'estiment tenus d'intervenir pour empêcher que ne s'imposent des contre-vérités. Mais qui pourra dire qu'ils y soient parvenus? Devant ce flot d'articles, cette marée de versions contradictoires, l'opinion a bien du mal à se faire une religion, à distinguer le vrai du faux. Au surplus de nouveaux mystères se dessinent. Si le baron von Mitis a découvert le mémoire du comte Hoyos dans les archives d'État, à Vienne, aucune des pièces constitutives du dossier officiel n'y a, en revanche, été découverte, que ce soit les rapports de la commission de la Cour intervenue à Mayerling ou le rapport d'autopsie, sous réserve de l'extrait publié, le 2 février 1889, dans le *Wiener Zeitung*.

Le cas le plus probable est que ce dossier a été confié par François-Joseph au comte Taaffe. S'il en est ainsi, Taaffe et ses descendants semblent avoir brouillé les pistes à plaisir. Ouverte en 1912, la caisse, où ces documents étaient censés être déposés, ne contient que des enveloppes vides. Il ne s'est agi en réalité que d'une manœuvre pour camoufler leur transport au château familial d'Ellischau, en Bohême. La suite n'est pas plus simple. Le fils du comte Taaffe a-t-il détruit ces documents, comme il l'a ensuite prétendu? Ont-ils, au contraire, disparu, en 1926, dans l'incendie de la bibliothèque du château? A moins qu'on ne soit, là encore, en présence d'une opération de montage, hypothèse d'autant plus plausible que les archives familiales n'étaient pas déposées dans la bibliothèque. Dans ce cas, le petit-fils du Premier ministre de François-Joseph aurait pris avec lui le fameux dossier en 1937, lorsqu'il a quitté la Tchécoslovaquie pour retrouver l'Irlande, la terre de ses ancêtres.

Les versions les plus romanesques

Il serait bien imprudent de prétendre dresser une liste exhaustive des versions qui ont couru et continuent de courir sur le drame de Mayerling. L'imagination humaine n'a pas, à l'évidence, épuisé ses ressources. Il ne se passe guère d'année que le secret de Mayerling ne soit enfin percé! Pour compliquer le tout, certaines de ces versions, riches de plusieurs variantes, font penser à ces poupées gigognes qui se décomposent à l'infini. Plus modestement, on s'emploiera à proposer un inventaire des théories les plus connues.

Une chose est sûre: si l'on met bout à bout toutes les hypothèses que la mort du prince héritier a suscitées, le pavillon de chasse de Mayerling est, en cette nuit du 29 au 30 janvier 1889, un des lieux d'Europe les plus fréquentés. Qu'on en juge! S'y sont donnés rendez-vous François-Joseph, Bismarck et Clemenceau, les archiducs François-Ferdinand et Johann Salvator, les frères Alexandre et Heinrich Baltazzi, le prince de Cobourg, le comte Hoyos, tous les prétendants de Mary Vetsera accourus en cortège, sans oublier un comte néerlandais dont l'identité n'a malheureusement pas été déclinée. La présence des Jésuites, des francs-maçons et des Juifs est naturellement signalée à Mayerling. Ils y croisent des gens du peuple : un forestier et sa fille, un autre forestier et sa femme, des serviteurs de Rodolphe, Loschek et Bratfisch.

Malgré leur extrême variété, il est possible de partager ces diverses théories en deux grandes catégories. La première tend à privilégier la piste sentimentale, quand elle ne présente pas de connotations sexuelles, tandis que la seconde conclut à un assassinat politique. La première rumeur à avoir circulé dans les environs de Mayerling est celle d'un assassinat par un père déshonoré ou un mari jaloux. Pour s'en être fait l'écho, la *Neue Freie Presse* est aussitôt l'objet d'une mesure de confiscation. A en croire un informateur du baron Krauss, cette mesure serait à mettre en relation avec la réputation d'infatigable trousseur de jupons que Rodolphe se serait acquise dans la région. Pour tout dire, sur un rayon de plusieurs kilomètres, il n'y aurait pas une jeune fille, pas une femme mariée qu'il n'aurait tenté d'ajouter à son tableau de chasse. S'ils sont dénués de tout fondement, ces bruits, rapportés deux jours seulement après le drame, n'en démontrent pas moins que, dès ce moment, la légende est en voie de formation.

Pour l'agent du baron Krauss, Rodolphe aurait été frappé à la tête, ou, selon une autre variante, abattu d'une arme à feu par un forestier qui l'aurait surpris alors qu'il avait entrepris de violenter sa fille. Dans une autre version, le prince héritier aurait été la victime d'une forestier qui, l'ayant découvert en compagnie de sa femme, aurait usé des grands moyens. Il aurait émasculé son rival, puis se serait suicidé, non sans avoir, au préalable, tué sa femme de ses propres mains. Ramené à Mayerling par ses amis, Rodolphe, incapable de supporter la douleur que sa blessure lui causait, se serait donné la mort.

Apparues dès les premiers jours, ces versions font encore l'impasse sur la présence de Mary Vetsera à Mayerling. La théorie avancée, en 1923, par le baron Margutti, un ancien aide de camp de François-Joseph, dans son livre *La Tragédie des Habsbourg*, corrige cette lacune. Elle présente cependant la particularité de dissocier les deux morts. Sur injonction de son père, Rodolphe aurait décidé de rompre avec Mary Vetsera. Après le lui avoir écrit, il aurait toutefois accepté de la revoir une dernière fois à Mayerling. Au terme de cet ultime rendez-vous où il lui aurait confirmé ses intentions, Mary se serait retirée dans le pavillon de chasse pour s'y empoisonner. Dans l'ignorance de ce geste, Rodolphe n'aurait eu alors d'autre idée en tête que de séduire la femme d'un certain inspecteur Bauer dont la beauté l'avait frappé. Profitant d'une absence de son époux, il se serait glissé chez la belle. Malheureusement le mari serait rentré plus tôt que prévu. Fou de rage devant le spectacle de son infortune, celui-ci aurait tué Rodolphe [11]. Cette fable est un parfait exemple de théorie forgée de toutes pièces à partir de commérages et de on-dit. Le baron Margutti n'a pris son service auprès de François-Joseph qu'une quinzaine d'années après la tragédie. Il n'a donc été associé, ni de près ni de loin, au traitement de l'affaire. En revanche, de par sa position, il a pu recueillir des rumeurs qui circulaient dans les milieux de la Cour.

Il faut ranger dans le même registre le récit recueilli, en 1912, par le baron Lafaurie auprès du prince Léopold de Saxe-Cobourg. Cette version se distingue cependant de la précédente en ce qu'elle associe les deux décès. Le préambule est identique. François-Joseph aurait imposé à son fils de se séparer de Mary Vetsera. S'estimant trahie, celle-ci aurait conçu un plan diabolique pour se venger de son amant. Au cours d'un dernier rendez-vous à Mayerling, elle l'aurait mutilé dans son sommeil. Réveillé par la douleur, Rodolphe aurait étranglé sa maîtresse, puis, s'étant saisi de son fusil de chasse, se serait tiré une balle dans la bouche [12].

D'autres versions veulent chercher les coupables parmi les proches de Rodolphe. Subjugués par la beauté de Mary Vetsera, ils lui auraient disputé ses faveurs. Au cours d'une rixe, Rodolphe aurait été frappé à mort par une bouteille de champagne. Comme si les dégâts provoqués par un coup de feu tiré de près ne suffisaient pas, ainsi s'expliquerait le bandeau dont la tête de Rodolphe a été d'abord entourée. Comme auteurs du forfait, la rumeur désigne naturellement, en premier lieu, les compagnons de chasse du prince héritier, le comte Hoyos et le prince de Cobourg. Pour être présent à Mayerling ce dernier aurait dû posséder le don d'ubiquité, puisqu'il assistait, ce même soir, au dîner de famille à la Hofburg. Sont également rangés dans la catégorie des suspects les prétendants de Mary qui, scandalisés qu'elle ait comblé Rodolphe de ses faveurs, se seraient précipités, en groupe, à Mayerling pour se venger de leur rival. On n'oubliera pas ce mystérieux comte néerlandais que le destin aurait égaré dans la forêt viennoise. Agissant isolément de ses frères d'infortune, il aurait tiré sur Rodolphe à travers une fenêtre de la chambre à coucher. Ces différentes versions ont en commun de montrer sur les conditions de la mort de Mary Vetsera une imprécision où il faut lire leur gêne dès que son décès n'est plus associé à un plan concerté avec Rodolphe. Pour certaines d'entre elles, elle se serait suicidée de désespoir, pour d'autres, elle aurait été touchée par une balle perdue.

La liste des assassins présumés, en relation avec les affaires de cœur de Rodolphe et de Mary Vetsera, n'est pas close. Il faut y ajouter les oncles de la jeune fille, les noms les plus souvent cités étant ceux d'Alexandre et de Heinrich Baltazzi. Ayant appris que le prince héritier avait enlevé leur nièce à Mayerling, ils s'y seraient rendus dans l'espoir de le ramener à la raison. L'explication aurait dégénéré; les esprits se seraient échauffés; pour finir, on en serait venu aux mains et Rodolphe aurait succombé sous les coups, soit qu'il ait été frappé à l'aide de la fameuse bouteille de champagne, soit qu'un des oncles de Mary l'ait tué avec une arme à feu.

Pour que cette hypothèse ait un minimum de crédibilité, encore faudrait-il que les suspects aient eu la possibilité matérielle d'être présents à Mayerling dans la nuit du 29 au 30 janvier. Pour trois d'entre eux, aucun doute n'est permis : Heinrich Baltazzi ne rentre d'un voyage à Madère que le 5 février; pour leur part, Hector et Aristide Baltazzi séjournent, au moment du drame, sur leurs domaines de Jaispitz et de Napajdel. Reste le cas d'Alexandre Baltazzi dont la présence à Vienne, dans les derniers jours de janvier, est attestée. A diverses reprises, il est même intervenu dans ce récit, d'abord pour représenter sa sœur auprès du baron Krauss, puis pour identifier le corps de sa nièce à Mayerling, avant d'assister à son inhumation dans le cimetière d'Heiligenkreuz. Faut-il pour autant penser qu'il s'est rendu à Mayerling après que la disparition de Mary eut été constatée? Le projet en a certes été discuté entre Hélène Vetsera et son frère, mais il a été vite abandonné, probablement par souci de ne rien entreprendre qui fût de nature à placer la famille dans une situation délicate vis-à-vis des autorités.

Une autre version veut trouver la cause du drame dans un avortement. Celui-ci aurait été pratiqué dans le court laps de temps passé par Mary Vetsera à la Hofburg, dans la matinée du 28 janvier. Aussitôt après, et malgré l'état où elle se trouvait, elle aurait été transportée à Mayerling pour s'y remettre de cette opération. Ce voyage aurait eu l'effet contraire : une hémorragie se serait bientôt déclarée à laquelle la jeune fille aurait succombé. Accablé sous le poids du remords, Rodophe n'aurait alors vu d'autre issue que le suicide. Son sens de l'honneur lui aurait interdit de survivre à Mary. Cette explication se heurte à une première impossibilité. La lettre déjà citée de Mary Vetsera à Hermine Tobis établit qu'il faut dater du 13 janvier la première relation sexuelle entre les amants. Le délai est donc trop court pour qu'une grossesse ait pu être constatée. A supposer cependant que Mary ait effectivement été enceinte, cette version ne tiendrait pas davantage. Outre qu'il existait des moyens moins dangereux pour régler un tel problème, peut-on vraiment supposer que Mary se serait prêtée à cette opération? Son amour pour Rodophe se serait révolté contre une combinaison qui l'aurait privée d'un enfant de l'être aimé.

Le thème de l'honneur est encore au cœur de la théorie du duel américain. Cette version figure parmi les rumeurs qui circulent, dès les premiers jours, dans Vienne. Les agents du baron Krauss l'inscrivent dans leur inventaire des versions les plus répandues dans l'opinion. Sur la base d'une information parue dans un journal de Hambourg, les *Münchner Neuesten Nachrichten* s'en font également l'écho dans le fameux article du 8 février. Selon cette thèse, Rodolphe aurait noué, vers le printemps de l'année précédente, une liaison avec la princesse Aglae Auersperg qu'il pouvait rencontrer à la Cour, car elle comptait parmi les proches amies de sa sœur Marie-Valérie. L'aventure aurait été poussée si loin que la pauvre princesse se serait bientôt trouvée enceinte. Devant le déshonneur qui la menaçait, la famille Auersperg aurait demandé réparation. L'affaire aurait été portée jusque devant l'Empereur par le père de la jeune fille, le prince Adolf Auersperg, un de ses anciens Premiers ministres. François-Joseph aurait tranché dans le sens souhaité par la famille : il aurait fait savoir à son fils que l'honneur lui interdisait de se soustraire à ce duel. La formule retenue aurait été celle du duel américain. Entre les boules blanche et noire, Rodolphe aurait tiré la noire, celle qui l'obligeait à se suicider dans les six mois à venir. A l'approche du terme fatidique, il aurait obtenu l'accord de Mary pour l'accompagner dans la mort. Pour habilement montée qu'elle soit, cette version ne résiste pas davantage à l'analyse. Il faut en effet tenir pour exclu que François-Joseph ait pu consentir à une combinaison qui aurait livré aux jeux du hasard la vie de son fils et, par conséquent l'avenir de la Monarchie. Comme père et comme souverain, il lui était impossible d'acquiescer à une telle demande.

A mi-chemin entre les thèses centrées sur la liaison entre Rodolphe et Mary Vetsera et les versions voulant expliquer le drame par un assassinat politique, il faut signaler l'hypothèse selon laquelle Rodolphe aurait été tué, au cours d'une rixe, par Johann Salvator. Celui-ci aurait-il été, à son tour, subjugué par la beauté de Mary? On serait pourtant tenté de chercher à cette dispute des causes politiques. Puisque la rumeur associe les deux hommes dans un complot contre François-Joseph, Johann Salvator aurait reproché à son cousin de s'en être retiré et d'en avoir provoqué l'échec. Les esprits s'étant échauffés, ce face-à-face aurait connu une issue tragique. Cette théorie est caractéristique de la littérature d'imagination qui a fleuri sur l'affaire de Mayerling dans la période de l'entre-deux-guerres. Reposant sur une donnée de départ inexacte, tout l'édifice s'écroule. Dans ce cas précis, Johann Salvator possède un alibi inattaquable : au moment du drame, il se trouve à Fiume, soit à plusieurs centaines de kilomètres de Vienne!

Le mythe de l'assassinat politique

Avec les versions prétendant expliquer le mystère de Mayerling par un assassinat politique, on entre dans des zones encore plus ténébreuses. Raison de plus pour qu'elles fascinent. Aux jeux tragiques de l'amour et du hasard, elles associent des intrigues de grands de ce monde, de sombres complots, l'action de forces occultes. Avec le sexe, la politique est au rendez-vous de Mayerling.

On sait déjà ce qu'il faut penser de la piste hongroise. *Le Secret de Mayerling*, le film de Jean Delannoy, d'après un scénario de Philippe Hériat, offre un excellent exemple de l'exploitation romanesque faite de ce thème. Pour ces auteurs, Rodolphe s'est bien compromis avec Johann Salvator et le comte Károlyi dans un complot qui vise à détrôner François-Joseph, mais ses plans tombent entre les mains de la police, curieusement placée sous les ordres de François-Ferdinand. Celui-ci apparaît à Mayerling pour communiquer à Rodolphe les décisions arrêtées par l'Empereur. Bien que son fils se soit rendu coupable d'un crime de haute trahison, François-Joseph retient les foudres dont il pourrait le frapper. Toutefois Rodolphe ne sera assuré de la clémence de son père qu'à la condition de renoncer au trône. Commençant par refuser, il songe à se suicider, puis, s'étant ravisé, il se résout à accepter ce marché, signe l'acte de renonciation, et donne les ordres pour son départ, le lendemain, avec Mary. On semble s'acheminer vers un *happy end*. Erreur! Tapi dans l'ombre, un officier allemand attend sa proie. Agissant sur ordre de Bismarck, il abat, au petit matin, les amants, au moment où ils s'apprêtaient à quitter Mayerling. Les libertés prises avec l'histoire laissent certes pantois, mais, au-delà d'un certain seuil, quelle importance! L'intérêt est ailleurs. Avec cette habile combinaison de plusieurs versions, ce film illustre de façon exemplaire le passage de l'histoire au mythe.

Selon cette œuvre de fiction – c'est bien le mot – le bras qui a tué Rodolphe aurait été armé à Berlin. Elle ne fait cependant que reprendre une théorie qui se murmure ici ou là. Redoutant que Rodolphe ne détachât l'Autriche-Hongrie de l'alliance allemande, lorsque le destin l'aurait élevé sur le trône, Bismarck aurait pris les devants, en décidant de le faire éliminer physiquement. Il est exact qu'il s'inquiétait des plans du prince héritier de la Maison d'Autriche. De plus, s'il n'avait aucune raison de soupçonner la loyauté de François-Joseph, tout pouvait, en revanche, basculer du jour au lendemain. Ces craintes ne suffisent pourtant pas à transformer Bismarck en commanditaire d'un assassinat de

Rodolphe. C'est peu de dire que Bismarck n'a pas bonne presse en France. La mémoire ayant gardé le souvenir de la guerre de 1870-1871 et de ses conséquences, l'imagerie populaire voit volontiers en lui un être diabolique, prêt à user de tous les moyens, fût-ce « le fer et le sang », pour parvenir à ses fins. Mais, si Bismarck a sûrement appliqué avec un talent consommé les principes et les méthodes de la *Realpolitik*, faut-il pour autant en faire un adepte du terrorisme international?

Aux différents arguments excluant l'assassinat comme explication de la mort de Rodolphe s'ajoutent, dans le cas présent, les données propres à Bismarck. C'est méconnaître sa personnalité et les ressorts de son action que d'imaginer qu'il ait pu ordonner une semblable opération. Celle-ci serait déjà en contradiction avec l'éthique chrétienne, puisée aux sources du luthéranisme, qu'il partage avec les hobereaux de la vieille Prusse. De plus, ses convictions monarchistes interdiraient à Bismarck de concevoir une entreprise qui se fixerait pour objectif l'élimination d'un prince. Si le destin lui avait réservé d'avoir Rodolphe pour partenaire, nul doute qu'il n'aurait cherché à le neutraliser, mais en usant pour cela de moyens qui auraient exclu l'assassinat.

On reprendra enfin ceux des arguments qui avaient conduit à écarter la piste hongroise. En admettant, contre toute vraisemblance, que Bismarck ait effectivement ourdi un plan visant à l'élimination de Rodolphe, il en subsisterait inévitablement des traces, quelque soin qu'on eût pris, par la suite, pour les effacer. Or, une fois encore, on les cherche en vain : les archives sont muettes; aucun témoignage ni aucune confession ne peut être invoqué à l'appui de cette théorie.

La même remarque s'applique à la version qui croit voir l'ombre de Clemenceau rôder autour de Mayerling. Celui-ci aurait essayé d'entraîner Rodolphe dans un complot destiné à renverser François-Joseph, en vue de détacher l'Autriche-Hongrie de l'alliance allemande. S'étant heurté à un refus, il aurait choisi de le faire disparaître. Cette théorie ne résiste pas à la critique historique. Il est certes établi que Rodolphe a été en rapports avec Clemenceau. La rencontre de décembre 1886 en fait foi. Mais rien ne permet, à partir de ces faits, de soutenir que Clemenceau ait cherché à l'attirer dans une conspiration, puis, devant son refus, l'ait éliminé. Faut-il rappeler qu'au moment du drame, il n'occupe aucune fonction officielle? S'il compte parmi les acteurs en vue de la scène politique française, s'il est l'inspirateur du courant radical, il ne détient alors aucune parcelle de pouvoir. Pour cela, il devra attendre de devenir président du Conseil en 1906. En conséquence, en janvier 1889, Clemenceau n'est pas en situation d'utiliser les services français pour une opération de ce style. Dans l'hypothèse où il aurait été compromis dans l'assassinat de Rodolphe, peut-on imaginer que les relations franco-autrichiennes n'en auraient pas été affectées? Or aucune crise ou secousse ne vient les perturber après ce drame. On ajoutera que, suite à un tel forfait, Clemenceau aurait été, pour le moins, *persona non grata* en Autriche. Pourtant les frontières de la Monarchie lui restent ouvertes, comme en témoignent, de 1891, à 1913, ses vingt-deux voyages à Carlsbad pour y prendre les eaux [13].

Cette liste des suspects serait incomplète si on omettait d'y faire figurer ces groupes religieux, idéologiques, raciaux, boucs émissaires traditionnels sur lesquels se fixent régulièrement les obsessions de larges fractions de nos sociétés. Comment s'étonner d'y trouver les Jésuites en bonne place? Les hommes en noir attendaient, on l'aura compris, l'occasion de se débarrasser de ce prince dans lequel ils voyaient leur ennemi mortel. Afin de l'empêcher de se mettre, le moment venu, en travers de leur influence, ils l'auraient enlevé et détenu dans un couvent. Là où les Jésuites sont mis au ban des accusés, la justice distributive veut que l'autre camp inflige le même sort aux francs-maçons. Comme Rodolphe en comptait beaucoup parmi ses proches, il est évidemment conforme aux lois de l'amitié qu'il se soient défaits de lui! Reste le cas des Juifs qui ne pouvaient pas ne pas être livrés à leur tour à la vindicte publique. Les antisémites ne se privent pas du plaisir de dénoncer leurs menées criminelles dans cette affaire. Avec la même logique qui inspiraient les accusations portées contre les francs-maçons, des écrivassiers du Troisième Reich imputent sans vergogne la responsabilité du drame aux amis juifs du prince héritier.

Avant de clore ce long catalogue, et pour notre divertissement, nous nous garderons d'oublier de mentionner les versions, inévitables dans ce genre d'affaires, qui refusent de croire à la mort de Rodolphe. Esquissé dans le scénario de Philippe Hériat, cette thèse apparaît, en fait, dès les semaines qui suivent le drame. Il ne faut pas attendre longtemps pour que Rodolphe soit reconnu en divers lieux du globe; par la suite, les fils ne lui manqueront pas de par le monde; enfin, tel un phénix, il ressuscite beaucoup plus tard. Voyant passer, en 1915, le général allemand von Mackensen, des paysans hongrois, médusés par la ressemblance, auraient cru à une réincarnation de Rodolphe!

Refusant de rompre avec Mary Vetsera, comme son père l'avait exigé de lui, Rodolphe aurait donc choisi de fuir pour commencer avec elle une nouvelle vie. Plus fort encore, ce parti aurait été arrêté en accord avec François-Joseph, ce qui revient à dire que les corps enterrés dans la crypte des Capucins et à Heiligenkreuz seraient ceux d'autres défunts utilisés pour donner le change. Si elle peut satisfaire les amateurs de bleuettes, cette solution relève de la pure fiction. Elle est en contradiction complète avec les sentiments et les principes de François-Joseph. Jamais celui-ci n'aurait accepté de se prêter à cette comédie macabre; jamais il n'aurait toléré cette insulte à l'Église ni cette profanation de la dernière demeure des Habsbourg. Faut-il encore ajouter que ses proches, puis des milliers de Viennois ont défilé devant la dépouille mortelle de Rodolphe sans qu'aucun d'entre eux ait soupçonné une substitution de cadavre?

De l'histoire au mythe

Par-delà leurs divergences, toutes ces théories ont en commun de se concentrer sur les derniers moments de la vie de Rodolphe. Ce faisant, elles mettent entre parenthèses les divers facteurs à l'origine du drame et négligent le processus de maturation qui y conduit. Pas davantage elles ne prennent en compte le plan mis au point par Rodolphe. Aussi, pour expliquer ce dénouement tragique, n'ont-elles d'autres ressources que de faire appel à une intervention extérieure brutale, quand elles ne mettent pas à contribution la pauvre Mary ou les compagnons de chasse de Rodolphe.

On ne reviendra pas sur la somme des faits qui démentent

ces théories. On soulignera cependant qu'elles se heurtent toutes au même obstacle insurmontable : les lettres laissées par Rodolphe et Mary Vetsera. Encore si elles avaient été toutes écrites à la Hofburg, la porte resterait-elle entrouverte à l'irruption d'un facteur inattendu. Mais plusieurs d'entre elles, notamment celles de Mary, l'ont été à Mayerling. Au total, l'existence comme le contenu de ces lettres n'autorisent aucun doute sur la volonté des amants de mourir ensemble et excluent toute agression venue de l'intérieur ou de l'extérieur.

Outre les faits, il y a les réalités humaines. Or, les réactions tant de François-Joseph que d'Élisabeth ne se comprennent que par rapport à un suicide. Dans les semaines suivant le drame, François-Joseph est à la recherche de la clef qui lui permettrait de l'expliquer, comme le montre cet aveu à Katharina Schratt : « Widerhofer est resté l'après-midi près d'une heure avec moi. Nous avons parlé à nouveau de ces tristes événements, nous leur avons cherché un fil directeur, des causes [14]. » S'il s'agissait d'un meurtre, il n'aurait pas à se poser ces questions. Sa perplexité prend en revanche tout son sens face aux interrogations auxquelles le geste de son fils le confronte.

Quant à Élisabeth, le diagnostic des médecins l'obsède. Puisqu'ils ont conclu à un état d'aliénation mentale, elle s'accuse d'avoir communiqué à son fils la malédiction des Wittelsbach. C'est d'elle que son fils a hérité sa prédisposition à la folie. Observateur lucide, le prince Reuss note dans une dépêche : « L'Impératrice s'abandonne à une constante rumination sur cet événement. Elle s'adresse des reproches et attribue au sang des Wittelsbach l'aliénation mentale de son malheureux fils [15]. » Ce sentiment de culpabilité ne peut se comprendre que dans le cas d'un suicide. Si Rodolphe avait été assassiné, quelles raisons aurait-elle de s'accuser?

Il est vrai qu'on prête à François-Joseph ce propos : « Tout plutôt que la vérité. » De nouveau l'imagination s'enflamme. Ce vœu ne va-t-il pas dans le sens de ceux qui veulent croire à des vérités plus terribles? Ce serait pourtant commettre un contresens que de lui donner cette interprétation. Loin de lui opposer un démenti, il confirme la réalité du suicide. On ne dira, en effet, jamais assez que François-Joseph ne pouvait concevoir de vérité plus terrible : un fils, prince héritier de la plus vieille monarchie d'Europe, convaincu d'adultère, d'homicide et de suicide. Cette triple culpabilité au regard des lois de la morale, de l'État et de l'Église exposait la dynastie au risque d'une catastrophe si elle ne forgeait des événements une version qui disculperait Rodolphe de ces crimes. A quoi s'ajoute que François-Joseph a peut-être alors appris la gravité du mal dont son fils était atteint. D'après une confidence de l'Impératrice à Katharina Schratt, l'autopsie aurait découvert que Rodolphe était condamné à terme à la paralysie. Ainsi s'expliquerait que du rapport d'autopsie n'ait été publié que l'extrait établissant l'état d'aliénation mentale dans lequel le prince héritier avait accompli son geste et que le document lui-même ait disparu par la suite. De même cette révélation éclairerait un autre propos de François-Joseph pour qui, par cette épreuve, la miséricorde divine lui en aurait épargné d'encore plus terribles.

Si elles ne résistent pas à l'analyse critique, ces diverses théories n'en doivent pas moins retenir l'attention, en ce qu'elles expriment la permanence et la force du mythe. Les conditions dans lesquelles la légende a pris naissance sont tout à fait claires. Les maladresses, contradictions et silences de la Cour ont répandu dans l'opinion un sentiment d'incrédulité qui l'a conduite à chercher au drame d'autres explications que la vérité officielle. Sans compter des articles parus dans la presse étrangère dès février 1889, voici bien longtemps, avec la biographie de Rodolphe par Oskar von Mitis, parue en 1928, que la recherche historique a établi la trame générale des événements.

Il n'empêche que toutes ces versions, si peu crédibles qu'elles soient, resurgissent immanquablement, dès qu'il est question de cette affaire. Peut-être une partie du public n'est-elle pas suffisamment armée pour distinguer entre les travaux inspirés par les règles de la méthode historique et les autres. Mais la persistance du mythe s'explique surtout parce qu'il répond à un besoin. L'affaire de Mayerling réunit tous les éléments nécessaires pour captiver l'imagination populaire : des relations conflictuelles entre un père et un fils, des arrière-plans politiques, une intrigue amoureuse, des manipulations de la vérité. Chargée de ces ingrédients, elle parle aux zones irrationnelles de l'être qui seront toujours fascinées par le drame et le mystère. Le cas de Mayerling éclaire ainsi les rapports entre l'histoire et le mythe.

Celui-ci prend certes appui sur l'histoire, mais, après l'avoir déjà déformée, il s'en détache pour acquérir finalement une existence autonome et se développer alors selon sa propre logique. Au total, le mythe est moins important par son contenu que par ce qu'il apprend sur ceux qui y succombent.

Conclusion

Le drame de Mayerling plonge Vienne, l'Autriche et l'Europe dans la stupeur. L'histoire des familles princières n'offre pas d'autre exemple d'une pareille fin. D'autre part, la mort de Rodolphe soulève des interrogations, nourrit des inquiétudes sur l'avenir de la Monarchie. L'écho de ces événements est encore prolongé par la légende qui prend bientôt naissance. Pourtant, en dehors de ce mythe, toujours vivant un siècle plus tard, il n'est pas certain que les conséquences de cette tragédie soient à la mesure de l'émotion qu'elle a provoquée.

S'il oppose son habituel stoïcisme à ce nouveau malheur, François-Joseph n'en est pas moins bouleversé jusqu'au plus profond de son être. Quelque application qu'il mette à ne rien changer à l'organisation de son temps, l'accomplissement méthodique de son métier de souverain ne suffit pas à le distraire de sa douleur. La mort de son fils occupe encore longtemps ses pensées, dès qu'il se retrouve seul avec lui-même. De Budapest où il s'est rendu aussitôt après les obsèques, il confie à Katharina Schratt : « La masse de travaux et de soucis [...] ne me laisse pas le temps de m'occuper de ma douleur et c'est bien ainsi. Mais le moment où, après m'être mis au lit, je cherche le sommeil est difficile. Il en est de même au petit matin [1]. » Ses sentiments ne sont certes pas d'un seul tenant. Les conditions dans lesquelles Rodolphe est mort ajoutent à sa blessure, car son code des valeurs le conduit à assimiler le suicide à une désertion. Le drame de Mayerling n'en marque pas moins un tournant dans sa vie. La disparition de son fils ôte à son existence une partie du sens qu'il lui avait donnée. « Jusqu'à la mort du prince héritier, observe avec justesse le comte Hübner, il travaillait pour la Monarchie, mais aussi pour aplanir la route à son fils. Maintenant que le fils a disparu, un grand vide s'est fait dans l'existence du père[2]. » Quelles que doivent être ses relations avec le nouveau prince héritier, celui-ci ne sera plus la chair de sa chair.

François-Joseph ne laisse pas non plus d'être préoccupé par le repos de l'âme de son fils. En témoigne sa décision , prise dès février 1889, de faire construire, à l'emplacement du pavillon de chasse, un couvent où des carmélites prieraient en permanence pour le défunt. Moins d'un an plus tard, la chapelle expiatoire est consacrée en présence de François-Joseph. Afin de bien souligner l'intention qui a inspiré ce choix, le maître-autel a été dressé à la place occupée par le lit où Rodolphe a été retrouvé mort.

Elisabeth supporte encore plus mal cette épreuve. Elle n'a déjà pas la possibilité de chercher un dérivatif à sa douleur dans les astreintes d'une fonction à laquelle son tempérament l'a depuis longtemps poussée à se soustraire. Il lui manque en outre cet esprit d'équilibre, ce sens de la mesure où François-Joseph puise les forces nécessaires pour affronter les circonstances les plus tragiques de son existence. A l'inverse de son époux, Elisabeth est trop fragile pour ne pas être atteinte par la rudesse du choc. Enfin, alors qu'elle était déjà obsédée par la pensée de la folie, que le destin de Louis II l'avait confirmée dans cette hantise, la mort de Rodolphe ne lui laisse plus l'esprit en repos. S'il a commis son geste dans un moment d'aliénation mentale, de qui d'autre a-t-il pu hériter sa prédisposition à la folie? Torturée par ce sentiment de culpabilité, elle s'abîme dans un désespoir illustré par les changements qui interviennent dans son apparence extérieure. Elle prend alors les traits de la *Mater dolorosa* peinte, en 1890, par Horowitz et ne quittera plus le deuil jusqu'à sa mort.

Les conséquences politiques de la disparition de Rodolphe, sont, en revanche, relativement minimes. Il est vrai que, pris par l'émotion soulevée par le drame, beaucoup d'observateurs commencent par redouter le pire : « La Monarchie ne pouvait être atteinte par un coup plus terrible », annonce, aussitôt après, l'ambassadeur de France à son ministre[3]. Cette inquiétude se nourrit de l'image très médiocre que le nouvel héritier du trône donne de lui-même. En vertu de l'ordre de succession, ce titre devrait revenir à Charles-Louis, le frère cadet de François-Joseph, mais chacun s'accorde à penser qu'il s'effacera devant son fils aîné, l'archiduc François-Ferdinand, alors âgé de vingt-cinq ans. Or, de toute évidence, celui-ci n'a pas bonne presse : « François-Ferdinand n'est qu'un homme de plaisir, avec une hauteur insupportable, souligne Albert Decrais. L'antipathie qu'il s'est attiré est universelle[4]. Il faut donc prévoir un avenir chargé d'incertitudes quand le destin l'appellera à succéder à François-Joseph. Cet affaiblissement de l'Autriche-Hongrie risquerait en particulier d'affecter gravement les rapports des puissances en Europe. Et le représentant de la France à Vienne de redouter que l'Allemagne ne soit le bénéficiaire des « malheurs » et des « déchéances » de sa voisine. « Quand l'astre des Habsbourg décline, celui des Hohenzolern monte », poursuit-il, usant d'une formule imagée qui montre que, malgré le traité de 1879, la diplomatie française continue à voir dans l'Autriche-Hongrie un facteur d'équilibre face à la puissance allemande[5].

Encore sous l'impression du drame qui vient de frapper la dynastie et la Monarchie, ces jugements ont la fragilité des réactions à chaud. Au reste, une fois retombée l'émotion des premiers moments, ces commentaires sont vite dépassés. Le stoïcisme opposé par François-Joseph à cette épreuve rassure. La robustesse de sa santé produit le même effet. Ce n'est pas que la situation intérieure de la Double Monarchie ne suscite plus de doutes ou d'interrogations sur son avenir, mais ceux-ci s'expriment désormais hors de toute référence à Rodolphe.

En réalité, si dur qu'ait été le choc pour la famille impériale, si grand qu'ait été le retentissement du drame dans l'opinion, la disparition du prince héritier n'a pas, dans l'histoire du règne, la valeur d'une césure. A cela rien d'étonnant, puisque Rodolphe n'était pas associé aux décisions, que ce fût en matière de politique intérieure, de diplomatie ou de défense. La continuité est donc la règle sur ces différents fronts. La politique intérieure de l'Autriche ne subit aucun bouleversement; les rapports avec la Hongrie ne sont pas modifiés; la politique extérieure garde le même cap. Bref, tout se passe comme si le drame de Mayerling n'avait pas eu de conséquence sur le cours des événements.

La disparition prématurée de Rodolphe n'aurait-elle pas cependant privé la Monarchie du seul prince qui eût été capable de la sauver du désastre? Cette opinion est largement répandue. Pourtant, poser le problème en ces termes, c'est une autre manière de succomber au mythe. Sa fin tragique a grandi la figure de Rodolphe dans la mémoire collective. Elle a contribué à imposer l'image d'un prince paré de toutes les vertus de l'esprit et ayant pris une juste mesure des besoins de la Monarchie. Il correspond encore à la logique de ce cliché de faire de Rodolphe la victime d'un système sclérosé.

La vérité est beaucoup plus complexe. C'est la simplifier à l'excès que de réduire la situation d'échec où Rodolphe se trouve, à la veille du drame, au fait qu'il est tenu à l'écart des centres de décision. Il est frappant d'observer comment il s'est, au fil des ans, isolé, non seulement de la Cour, mais encore d'une grande partie de la société. S'il s'engage pour des causes estimables, s'il défend parfois des idées prémonitoires, il ne parvient jamais à s'assurer le soutien de forces structurées qui lui permettrait, le moment venu, de faire prévaloir ses vues. Pis, il est progressivement entraîné dans un processus de marginalisation. Le sentiment d'être condamné à jouer les Cassandre précipite la crise dans laquelle il finit par s'abîmer. Au même rythme, elle est accélérée par la maladie qui s'est emparée de son corps et a posé sa griffe sur son esprit. Symétrique de sa perception du déclin de la Monarchie, sa hantise de la déchéance physique l'enfonce dans le sentiment d'échec qui, dans la nuit de Mayerling, arme son bras.

Mais, surtout, cette interrogation est le type de la fausse question. Il faut en effet tenir pour acquis que, même sans cette fin tragique, Rodolphe n'aurait pas succédé à son père. Il avait, en ce début de 1889, atteint un tel point d'épuisement physique et moral qu'il n'aurait, de toute évidence, pas vécu jusqu'en 1916.

En outre, soutenir que Rodolphe aurait été en mesure de sauver la Monarchie, si la mort n'avait brisé cette espérance, revient à dire que, sous réserve d'une intervention quasi miraculeuse, celle-ci était condamnée à l'éclatement. C'est là une reconstruction a posteriori et donc largement mythique de l'histoire, car, même à la veille du premier conflit mondial, le destin de l'ensemble habsbourgeois n'est pas scellé. Sans doute le corps de la Monarchie est-il travaillé par des forces de désintégration. La poussée des mouvements nationaux ébranle l'édifice. Le développement des antagonismes qui, sur divers points de la Monarchie, opposent des peuples les uns aux autres (Allemands et Tchèques, Polonais et Ukrainiens, Allemands et Slovènes, Italiens et Croates), la résistance obstinée des dirigeants de Budapest aux revendications des nationalités non-magyares de Hongrie menacent la cohésion de l'ensemble. Son intégrité est encore mise en péril par les appétits annexionnistes de voisins, notamment de la Serbie sur son flanc sud, qui brûlent d'achever leur unité à son détriment. De manière plus générale, un empire multinational n'est-il pas un anachronisme en cette fin du XIXe siècle qui a vu le triomphe de l'État-Nation?

Pourtant, encore en 1914, le pire n'est pas inéluctable. Au moins dans la partie autrichienne de la Monarchie, une certaine détente se manifeste dans les rapports entre les groupes nationaux. Des compromis locaux ont été négociés qui pourraient annoncer un règlement global de l'organisation de l'ensemble habsbourgeois. Cette amélioration est inséparable de la croissance économique dont l'Autriche-Hongrie bénéficie depuis la fin du XIXe siècle. Bien que participant d'un mouvement général dans l'Europe de ces années, ce phénomène renvoie d'abord au fait que, malgré des disparités régionales, l'espace austro-hongrois forme un ensemble économique et commercial intégré. Pour les peuples réunis sous le sceptre des Habsbourg, cette solidarité représente un important facteur d'unité.

D'ailleurs les partisans de solutions séparatistes restent, en 1914, très minoritaires. Même certains de ceux qui compteront bientôt parmi ses ennemis les plus acharnés ne croient pas que la Monarchie danubienne soit promise à la dislocation dans un proche avenir. Edouard Beneš qui, sous peu, inventera le slogan « Détruisez l'Autriche-Hongrie » doit admettre : « On parle fréquemment d'un éclatement de la Monarchie. Pour moi, je n'y crois pas. Les liens historiques et économiques qui enchaînent les peuples autrichiens sont beaucoup trop forts pour que l'on puisse provoquer et éclatement[6]. » Enfin – et ce n'est pas le moins important – les chancelleries européennes n'intègrent pas la disparition de la Double Monarchie dans leurs calculs.

Pas même celles qui envisagent des révisions territoriales dont elle ferait les frais. Malgré les crises qui l'ont secouée, en dépit des vicissitudes qui l'ont affectée, les puissances continuent à lui reconnaître la mission de fédérer les petits peuples de l'Europe centrale.

Plutôt que de s'interroger sur l'hypothétique capacité de Rodolphe de sauver la Monarchie, il paraît légitime de s'intéresser à une autre piste. Le suicide de Rodolphe ne doit pas uniquement s'interpréter comme le point d'aboutissement d'un échec individuel. Il illustre aussi la crise du libéralisme autrichien, coincé entre l'hostilité de la Cour, le regain d'influence des milieux conservateurs et l'émergence de forces nouvelles. Qu'il s'agisse de la social-démocratie, du christianisme-social ou du pangermanisme, tous ces courants de pensée et d'action procèdent, pour partie, du libéralisme, mais, après s'en être émancipés, ils se sont maintenant retournés contre lui. Ces assauts mettent à nu sa véritable nature, longtemps masquée, celle d'un mouvement élitaire qui, minoritaire dans la société, se retrouve, avec l'élargissement du corps politique, acculé à des positions défensives.

L'échec de Rodolphe est symétrique de ce recul. A son isolement répond la perte d'influence des libéraux. L'itinéraire de sa vie ne se borne cependant pas à illustrer le déclin du système de pensée dont il se sent proche. Le pessimisme dans lequel il finit par s'abîmer signifie que Rodolphe a acquis une conscience aiguë du phénomène. Celle-ci le conduit à dresser un bilan qui dépasse sa personne. Son geste prend alors la valeur d'un signe. Indissociable de l'ébranlement des valeurs phares de la culture libérale, il annonce la crise d'où la nouvelle modernité émergera à la fin du siècle.

Notes

Chapitre premier : les années de formation

1. *Wiener Zeitung*, 23 août 1858.
2. Cité in H. Elmer, *Franz Josephs I. von 1830-1859 im Urtheil von Zeitgenossen und Nachwelt*, Diss. dact., Vienne, 1948, p. 15.
3. Cité in Brigitte Hamann, *Elisabeth. Kaiserin wider Willen*, Vienne, 1982, p. 183; trad. française, *Elisabeth d'Autriche*, Paris, 1985.
4. Cité in Baron Oskar von Mitis, *Das Leben des Kronprinzen Rudolf*, Leipzig, 1928, nouv. éd. Munich, 1971, p. 36.
5. *Id.*, p. 38.
6. Rapport de Heinrich von Zeissberg au général Josef. Latour, 1872, HHStA, Rudolf Selekt, Karton 1, fol. 437-442.
7. Cité in Viktor Bibl, *Kronprinz Rudolf. Die Tragödie eines sinkenden Reiches*, Leipzig-Budapest, 1938, p. 191.
8. Cité in Friedrich Egger-Fabritius, *Kronprinz Erzherzog Rudolf von Österreich als Journalist und Schrifsteller*, Diss. dact., Vienne, 1954, p. 24.
9. *Id.*, p. 15-16.
10. Cité in O. v. Mitis, *op. cit.*, p. 224.
11. *Einzelne Gedanken über Kaiser Joseph und seine Zeit*, 28 février 1876, HHStA, Nachlass Albrecht, Rolle 31, Vienne, 28 février 1876.
12. Cité in V. Bibl, *op. cit.*, p. 194.
13. Cité in B. Hamann, *Rudolf. Kronprinz und Rebell*, Vienne-Munich, 1978, nouv. éd., *Kronprinz Rudolf. Der Weg nach Mayerling*, p. 57.
14. Cité in V. Bibl, *op. cit.*, p. 193.
15. Cité in O. v. Mitis, *op. cit.*, p. 27.
16. Cité in V. Bibl, *op. cit.*, p. 194.
17. Cité in Werner Richter, *Kronprinz Rudolf von Österreich*, Zurich-Leipzig, 1941, p. 76.
18. Cité in V. Bibl, *op. cit.*, p. 193.
19. *Id.*, p. 196.
20. Edmund von Glaise-Horstenau, *Franz Josephs Weggefährte. Das*

Leben des Generalstabschefs Graf Beck. Nach seinen Aufzeichnungen und hinterlassenen Dokumenten, Zurich-Leipzig-Vienne, 1930, p. 230.

21. Friedrich HEER, *Der Kampf um die österreichische Identität*, Vienne-Cologne-Graz, 1981, p. 256.

22. Cité in John T. SALVENDY, *Rudolf. Psychogramm eines Kronprinzen*, Vienne, 1987, p. 81.

23. *Id.*, p. 62-65.

24. Dépêche du comte Beust au comte Andrássy, Londres, 23 février 1878, HHStA, P. A. VIII England, 1878, 1-VII, Nr. 16.

25. *Der österreichische Adel und sein konstitutioneller Beruf. Mahnruf an die aristokratische Jugend von einem Österreicher*, brochure anonyme, Munich, 1878, p. 10.

26. *Ibid.*

27. Christoph THIENEN-ADLERFLYCHT, *Graf Leo Thun im Vormärz. Grundlagen des böhmischen Konservatismus im Kaisertum Österreich*, Graz-Vienne-Cologne, 1967, p. 169.

28. Jaromir BOCEK, *Z Deniku moravskeho politicka v Ere Bachove (Egbert Belcredi 1850-1859)* (« *Un Journal sur la politique morave sous l'ère Bach : Egbert Belcredi 1850-1859* »), Brno, 1976, p. 30, 26 novembre 1851.

CHAPITRE II : L'AMI DES SCIENCES

1. Princesse Catherine RADZIWILL, *The Austrian Court from within*, Londres, 1916, p. 121.

2. Cité in O. v. MITIS, *op. cit.*, p. 51.

3. Lettre de Rodolphe à Latour, Prague, 5 avril 1880, HHStA, Rudolf Selekt, Karton 16.

4. Cité in O. v. MITIS, *op. cit.*, p. 73.

5. Cité in Oskar REGELE, *Feldzeugmeister Benedek. Der Weg nach Königgrätz*, Vienne-Munich, 1960, pp. 209-210.

6. Lettre de Rodolphe à Latour, Prague, 22 octobre 1879.

7. *Ibid.*

8. Lettre de Rodolphe à Theodor Billroth, Prague, 29 mars 1879, citée in O. v. MITIS, *op. cit.*, p. 367.

9. *Ibid.*

10. Cité in Jacques DROZ, *L'Europe centrale. Évolution historique de l'idée de Mitteleuropa*, Paris, 1960, p. 67.

11. Cité in Alphons LHOTSKY, *Geschichte des Instituts für österreichische Geschichtsforschung 1854-1954*, Graz-Cologne, 1954, pp. 21-22.

12. *Die österreichisch-ungarische Monarchie in Wort und Bild*, 24 vol., Vienne 1886-1902, t. 1, 1886, p. 12.

13. *Id.*, p. 13.

14. *Id.*, p. 14.

15. Cité in Friedrich WEISSENSTEINER, *Ein Aussteiger aus dem Kaiserhaus : Johann Orth*, Vienne, 1985, p. 107.

16. Cité in B. HAMANN, *Kronprinz Rudolf*, p. 210.

17. Lettre de Rodolphe à Theodor Billroth, Prague, 29 janvier 1882, citée in O. v. MITIS, *op. cit.*, p. 372.

18. Lettre de Rodolphe à Theodor Billroth, 17 octobre 1880, citée in *id.*, p. 370.

Chapitre III : un prince contestataire

1. Lettre de Rodolphe à Latour, 16 avril 1880.
2. Cité in Leopold von Chlumecky, *Erzherzog Franz Ferdinands Wirken und Wollen*, Berlin, 1929, p. 30.
3. Lettre de Rodolphe à Latour, Prague, 2 décembre 1881.
4. Lettre de Rodolphe à Moritz Szeps, Prague, 24 novembre 1882, Rudolf Selekt, Karton 17.
5. Lettre de Rodolphe à Latour, Prague, 18 janvier 1881.
6. *Ibid.*
7. Lettre de Rodolphe à Moritz Szeps, Prague, 28 février 1883.
8. Cité in Gustav Kolmer, *Parlament und Verfassung in Österreich*, 8 vol., Vienne, 1902-1914, t. II, p. 236.
9. Rodolphe à Latour, Prague, 8 octobre 1878.
10. *Ibid.*
11. *Ibid.*
12. Cité in O. v. Mitis, *op. cit.*, p. 297.
13. Lettre de Rodolphe au comte Bombelles, Vienne, 2 juin 1886, HHStA, Ruddolf Selekt, Karton 16.
14. Lettre de Rodolphe au comte Gustav Kálnoky, Vienne, 20 décembre 1886, Rudolf Selekt, Karton 16.
15. Cité in O. v. Mitis, *op. cit.*, p. 314.
16. *Id.* p. 119.
17. Brigitte Hamann (ed. par), *Kronprinz Rudolf « Majestät, ich warne Sie »*, Vienne-Munich, 1979, nouv. éd. Munich, 1987, p. 170.
18. Lettre de Rodolphe à Moritz Szeps, Vienne, 29 août 1883.
19. *Neues Wiener Tagblatt*, 19 janvier 1884.
20. *Pester Lloyd*, 11 juin 1888.
21. B. Hamann, *« Majestät, ich warne Sie »*, p. 170.
22. Lettre de Rodolphe à Moritz Szeps, Vienne, 29 mai 1886.
23. Lettre de Rodolphe à Moritz Szeps, Bruck, 29 août 1886.
24. Cité in O. v. Mitis, *op. cit.*, p. 148.
25. Cité in B. Hamann, *« Majestät, ich warne Sie »*, p. 159.
26. Dépêche du comte Gustav Kálnoky au baron Heinrich von Haymerle, 18 février 1881, HHStA, Politisches Archiv, Geh. At. IV/45.
27. Lettre de Rodolphe à Latour, Laxenburg, 13 juillet 1885.
28. Lettre de Rodolphe à Latour, Laxenburg, 23 juillet 1885.
29. Lettre de Rodolphe à Moritz Szeps, Abbazia, 2 janvier 1887.
30. Lettre de Rodolphe au comte Kálnoky, Vienne, 22 décembre 1886, HHStA, Rudolph Selekt, Karton 16.
31. Lettre de Rodolphe à Moritz Szeps, Prague, 19 novembre 1882.
32. *Ibid.*
33. Lettre de Rodolphe à Moritz Szeps, Prague, 2 juin 1882.
34. Lettre de Rodolphe à Moritz Szeps, Prague, 13 janvier 1883.
35. *Ibid.*
36. Cité in B. Hamann, *« Majestät, ich warne Sie »*, p. 157.
37. Cité in B. Hamann, *Kronprinz Rudolf*, pp. 317-318.
38. Baron Robert Lucius von Ballhausen, *Bismarcks Erinnerungen*, Stuttgart, 1920, pp. 377 et suiv.
39. Lettre de Rodolphe à Moritz Szeps, Alland, 28 septembre 1886.
40. Cité in B. Hamann, *Kronprinz Rudolf*, p. 184.
41. Lettre de Rodolphe à Moritz Szeps, Prague, 13 janvier 1883.
42. Cité in W. Richter, *op. cit.*, pp. 182-183.

CHAPITRE IV : NAUFRAGE DU MARIAGE

1. Cité in O. v. MITIS, *op. cit.*, p. 51.
2. Princesse Louise DE COBOURG, *Throne, die ich stürzen sah*, Vienne, 1926, p. 141.
3. Comte Egon Caesar CORTI, *Elisabeth. Die seltsame Frau*, Vienne, 1932, p. 312.
4. B. HAMANN, *Kronprinz Rudolf*, p. 114.
5. Cité in Irmgard SCHIEL, *Stephanie. Kronprinzessin im Schatten von Mayerling*, Stuttgart, 1978, p. 48.
6. Lettre de Rodolphe à Latour, Vienne, 2 février 1880.
7. Cité in I. SCHIEL, *op. cit.*, p. 76.
8. *Id.*, p. 80.
9. Princesse STÉPHANIE DE BELGIQUE, *Ich sollte Kaiserin werden*, Leipzig, 1935, p. 65.
10. Lettre de Rodolphe à Latour, Bruxelles, 7 mars 1880.
11. Lettre de Rodolphe à Latour, Bruxelles, 11 mars 1880.
12. Princesse STÉPHANIE, *op. cit.*, p. 65.
13. Cité in I. SCHIEL, *op. cit.*, p. 77.
14. Cité in J. T. SALVENDY, *op. cit.*, p. 127.
15. Lettre de Rodolphe à Latour, Bruxelles, 25 janvier 1881.
16. Cité in I. SCHIEL, *op. cit.*, p. 109.
17. *Id.*, p. 121.
18. Princesse STÉPHANIE, *op. cit.*, pp. 82-83.
19. *Ibid.*
20. *Ibid.*
21. Cité in I. SCHIEL, *op. cit.*, p. 129.
22. Lettre de Rodolphe à Latour, Prague, 2 décembre 1881.
23. *Ibid.*
24. Cité in I. SCHIEL, *op. cit.*, p. 138.
25. Cité in J. T. SALVENDY, *op. cit.*, p. 140.
26. *Hoyos Denkschrift*, Rudolf Selekt, Karton 21. Le texte du mémoire du comte Hoyos est reproduit dans O. v. MITIS, *op. cit.*, pp. 341-353.
27. Princesse STÉPHANIE, *op. cit.*, p. 214.
28. Cité in I. SCHIEL, *op. cit.*, p. 142.
29. Princesse STÉPHANIE, *op. cit.*, p. 117.
30. Cité in I. SCHIEL, *op. cit.*, p. 170.
31. *Hoyos Denkschrift.*
32. Cité in J. T. SALVENDY, *op. cit.*, p. 163.
33. Cité in I. SCHIEL, *op. cit.*, p. 174.
34. *Id.*, p. 227.

CHAPITRE V : « LA TORPEUR DE L'ORAGE AVANT LA TEMPÊTE »

1. B. HAMANN, « *Majestät, ich warne Sie* », pp. 225-226.
2. *Id.*, p. 219.
3. *Id.*, p. 221.
4. *Id.*, p. 220.
5. Cité in O. v. MITIS, *op. cit.*, pp. 264-265.
6. B. HAMANN, « *Majestät, ich warne Sie* », p. 198.
7. *Id.*, pp. 222-223.
8. Lettre de Rodolphe à Moritz Szeps, Vienne, 24 août 1888.

9. Lettre de Rodolphe au comte Gustav Kálnoky, Vienne, 29 septembre 1888.
10. Correspondance politique, Autriche, t. 547, ministère des Affaires étrangères, dépêche diplomatique d'Albert Decrais à René Goblet, Vienne, 11 octobre 1888.
11. Cité in Egon Caesar CORTI-Hans SOKOL, *Der alte Kaiser. Franz Joseph I. bis zu seinem Tode*, Graz-Vienne-Cologne, 1955, p. 92.
12. *Schwarzgelb*, Nr. 1, 31 octobre 1888.
13. *Ibid.*
14. *Schwarzgelb*, Nr. 4, 10 novembre 1888.
16. *Schwarzgelb*, Nr. 1, 31 octobre 1888.
17. *Ibid.*
18. *Schwarzgelb*, Nr. 6, 17 novembre 1888.
19. *Schwarzgelb*, Nr. 9, 5 décembre 1888.
20. Cité in Princesse STÉPHANIE, *op. cit.*, p. 167.
21. *Ibid.*
22. Leopold WÖLFLING, *Habsburger unter sich; freimütige Aufzeichnungen eines ehemaligen Erzherzogs*, Berlin, 1921, nouv. éd., *Als ich Erzherzog war*, Vienne, 1988, p. 31.
23. Princesse STÉPHANIE, *op. cit.*, p. 197.
24. Lettre de Rodolphe à Moritz Szeps, Laxenbourg, 21 août 1888.
25. *Ibid.*
26. Princesse STÉPHANIE, *op. cit.*, p. 199.
27. Lettre de Rodolphe à Moritz Szeps, Vienne, 27 décembre 1888.

CHAPITRE VI : MARY VETSERA

1. Cité in Hermann SWISTUN, *Mary Vetsera. Gefährtin für den Tod*, Vienne, 1983, p. 53.
2. Cité in Brigitte SOKOL, *Jene Gräfin Larisch...*, Vienne, 1985, p. 59.
3. Baronne Maria VON WALLERSEE, *Meine Vergangenheit*, Berlin, 1913, p. 130.
4. Cité in H. SWISTUN, *op. cit.*, p. 88.
5. *Id.*, p. 87.
6. Baronne Marie VON REDWITZ, *Hofkronik 1888-1921*, Munich, 1924, p. 47.
7. Cité in H. SWISTUN, *op. cit.*, p. 88.
8. Baronne Marie VON REDWITZ, *op. cit.*, p. 47.
9. Princesse Nora FUGGER, *Im Glanz der Kaiserzeit*, Vienne-Zurich, 1932, p. 251.
10. Cité in H. SWISTUN, *op. cit.*, p. 100.
11. *Id.*, p. 98.
12. *Id.*, p. 99.

CHAPITRE VII : « UNIS DANS L'AMOUR JUSQUE DANS LA MORT »

1. Cité in H. SWISTUN, *op. cit.*, p. 103.
2. *Id.*, pp. 109-110.
3. *Ibid.*
4. *Ibid.*
5. *Id.*, p. 117.
6. *Id.*, p. 118.
7. *Id.*, p. 121.

8. St BW Nachlass Friedjung, entretien avec la comtesse Festetics du 23 mars 1909. La scène est décrite dans B. HAMANN, *Elisabeth d'Autriche*, p. 555.
9. *Ibid.*
10. Cité in H. SWISTUN, *op. cit.*, pp. 109-110.
11. *Vetsera-Denkschrift* (Mémoire de la baronne Hélène Vetsera), copie en dépôt dans les Archives Vetsera-Swistun.
12. Cité in B. SOKOP, *op. cit.*, p. 181.
13. *Ibid.*
14. *Pressburger Zeitung*, 16 février 1889.
15. Cité in H. SWISTUN, *op. cit.*, p. 131.
16. *Ibid.*
17. M. v. WALLERSEE, *op. cit.*, pp. 174-175.
18. *Id.*, pp. 238-243.
19. Cité in Fritz JUDTMANN, *Mayerling ohne Mythos. Ein Tatsachenbericht*, Vienne, 1968, nouv. éd. 1982, p. 42.
20. *Id.*, p. 44.
21. M. v. WALLERSEE, *op. cit.*, p. 169.
22. Correspondance politique, Autriche, t. 548, ministère des Affaires étrangères, dépêche diplomatique VIII d'Albert Decrais à René Goblet, Vienne, 28 janvier 1889.
23. Cité in F. JUDTMANN, *op. cit.*, p. 47.
24. *Ibid.*
25. Cité in F. JUDTMANN, *op. cit.*, p. 51.

CHAPITRE III : LE DRAME

1. M. v. WALLERSEE, *op. cit.*, p. 196.
2. *Id.*, p. 199.
3. *Das Mayerling Original. Offizieller Akt des k.k. Polizeipräsidiums*, Munich-Stuttgart-Vienne-Zurich, 1955, p. 14.
4. *Id.*, p. 16.
5. *Ibid.*
6. *Id.*, p. 26.
7. *Id.*, pp. 26 et 28.
8. *Id.*, pp. 32 et 34.
9. *Id.*, p. 28.
10. *Vetsera-Denkschrift*, pp. 41-43.
11. Cité in F. JUDTMANN, *op. cit.*, p. 118.
12. *Hoyos Denkschrift*, cit. in O. V. MITIS, *op. cit.*, p. 344.
13. *Ibid.*
14. Cité in F. JUDTMANN, *op. cit.*, p. 140.
15. *Hoyos Denkschrift*, cité in O. v. MITIS, *op. cit.*, p. 348.
16. *Id.*, p. 346.
17. Cité in F. JUDTMANN, *op. cit.*, p. 134.
18. *Id.*, p. 135.
19. La scène est décrite dans E. C. CORTI - H. SOKOL, *op. cit.*, p. 123.
20. *Mayerling Original*, p. 50.
21. *Id.*, p. 58.
22. *Id.*, p. 60.
23. Baron Heinrich VON SLATIN, *Aufzeichnungen*, copie en dépôt dans les Archives Vetsera-Swistun, p. 57.
24. *Vetsera-Denkschrift*, p. 56.
25. Baron SLATIN, *Aufzeichnungen*, p. 11.
26. *Id.*, p. 9.

27. Cité in F. JUDTMANN, *op. cit.*, p. 152.
28. *Id.*, pp. 152-153.
29. Baron SLATIN, *Aufzeichnungen*, p. 7.
30. *Ibid.*
31. *Ibid.*
32. J. T. SALVENDY, *op. cit.*, pp. 268-269.
33. Rudolf NECK, « Über die Abschiedsbriefe des Kronprinzen Rudolf », *Mitteilungen des österreichischen Staatsarchivs*, t. 11, 1958, p. 501.
34. Cité in F. JUDTMANN, *op. cit.*, p. 151.
35. *Id.*, p. 159.
36. Le contenu de cette lettre nous a été aimablement communiqué par le professeur Adam WANDRUSZKA.
37. Lettre de l'archiduc François-Ferdinand à Rodolphe, Enns, 7 février 1888, Kronprinz Rudolf Selekt, Karton 18.
38. Cité in R. NECK, *op. cit.*, pp. 501-502.
39. Cité in Princesse STÉPHANIE, *op. cit.*, fac-similé reproduit entre les pages 204 et 205.
40. Lettre de Feri Vetsera à Gabriel Dubray, Venise, 19 février 1889, Archives Vetsera-Swistun.
41. Vetsera-Denkschrift, p. 72.
42. *Id.*, p. 73.
43. Cité in F. JUDTMANN, *op. cit.*, pp. 152-153.
44. Cité in Adam WANDRUSZKA, « Mayerling : nach 100 Jahren noch immer ein Rätsel », *Die Presse*, 28/29 janvier 1889.
45. Cité in F. JUDTMANN, *op. cit.*, p. 199.
46. *Id.*, p. 200.
47. Correspondance politique, Autriche, t. 548, ministère des Affaires étrangères, annexe à la dépêche diplomatique nº X du 2 février 1889.
48. Dépêche nº XV d'Albert Decrais à René Goblet, Vienne, 13 février 1889.
49. Friedrich ENGEL-JANOSI, « Einige Dokumente zum Tode des Kronprinzen Rudolf », *Mitteilungen des österreichischen Staatsarchivs*, t. 17/18, 1964/1965, pp. 312-321.
50. Cité in F. JUDTMANN, *op. cit.*, p. 258.
51. *Id.*, p. 264.
52. *Id.*, p. 265.
53. *Id.*, p. 268.
54. Dépêche du comte de Jonghe au prince de Chimay, 6 février 1889, dépêche 20, Archives du ministère des Affaires étrangères, Direction politique, Bruxelles.

CHAPITRE IX : L'AFFAIRE

1. Correspondance politique, Autriche, t. 548, ministère des Affaires étrangères, dépêche diplomatique IX d'Albert Decrais à René Goblet, 31 janvier 1889.
2. Dépêche du comte de Jonghe au prince de Chimay, 30 janvier 1889, dépêche nº 13, Archives du ministère des Affaires étrangères, Direction politique, Bruxelles.
3. Dépêche du comte de Jonghe au prince de Chimay, 2 février 1889, dépêche nº 16.
4. Dépêche de M. de Laboulaye à René Goblet, 6 février 1889.
5. *Neue Freie Presse*, 30 janvier 1889 (édition du soir).
6. *Wiener Tagblatt*, 30 janvier 1889 (édition du soir).
7. *Mayerling Original*, p. 168.

8. *Münchner Neuesten Nachrichten*, 2 février 1889.
9. *Id.*, 8 février 1889 (édition du soir).
10. *Id.*, 8 février 1889.
11. Baron Albert MARGUTTI, *La Tragédie des Habsbourg*, Paris, 1924.
12. Baron LAFAURIE, *Mes Souvenirs. La Vérité sur Mayerling*, Paris, 1937.
13. Jean-Baptiste DUROSELLE, *Clemenceau*, Paris, 1988, p. 549.
14. Jean de BOURGOING (éd. par), *Briefe Kaiser Franz Josephs an Katharina Schratt*, Vienne, 1949, nouv. éd., 1964, p. 121, 16 février 1889.
15. Archives des Affaires étrangères, Bonn, Österreich 86, secret, 6 mars 1889.

CONCLUSION

1 à 6.

Tableau chronologique

1848 *2 décembre :* montée de François-Joseph sur le trône

1854 *24 avril :* mariage de François-Joseph et d'Élisabeth

1856 *15 juillet :* naissance de l'archiduchesse Gisèle

1858 *21 août :* naissance de l'archiduc Rodolphe

1859 *4 juin :* défaite de Magenta
26 juin : défaite de Solférino
11 juillet : armistice de Villafranca

1860 *20 octobre :* diplôme d'octobre

1861 *28 février :* Patente de février

1865 *27 août :* ultimatum d'Élisabeth après lesquel le comte Gondrecourt est dessaisi de la responsabilité de l'éducation de Rodolphe au profit du colonel Latour

1866 *3 juillet :* désastre de Sadowa
23 août : Traité de Prague

1867 *1er février :* arbitrage de François-Joseph en faveur du dualisme
29 mai : ratification du Compromis par la Diète de Hongrie
8 juin : couronnement de François-Joseph roi de Hongrie à Buda

1868 *22 avril :* naissance de l'archiduchesse Marie-Valérie

1870 *19 juillet :* début de la guerre franco-allemande

1871 *18 janvier :* proclamation de l'Empire allemand à Versailles
19 mars : naissance de Mary Vetsera
10 mai : traité de Francfort
20-22 octobre : échec du Compromis de Bohême
13 novembre : le comte Gyula Andrássy devient ministre des Affaires étrangères

1872 *28 mai :* mort de l'archiduchesse Sophie

1873 *20 avril :* mariage de l'archiduchesse Gisèle et du prince Léopold de Bavière

1er mai: inauguration de l'Exposition universelle de Vienne
8 mai: krach boursier de Vienne

1875 *20 octobre:* Koloman Tisza devient Premier ministre de Hongrie

1877 *Juillet:* fin des études de Rodolphe

1878 *Janvier-février:* voyage de Rodolphe suivi de la parution, à Munich, du pamphlet anonyme « La noblesse autrichienne et sa mission constitutionnelle »
Parution la même année de « Quinze jours sur le Danube »
13 juin-13 juillet: Congrès de Berlin
Juillet: nomination de Rodolphe au 36e de ligne à Prague
20 juillet - 20 octobre: occupation de la Bosnie-Herzégovine

1879 *27 avril:* défilé du jubilé du mariage du couple impérial
Août: Rodolphe reçoit le commandement du 36e de ligne
12 août: formation du cabinet Taaffe
7 octobre: signature du traité d'alliance entre l'Autriche-Hongrie et l'Empire allemand

1880 *5 mars:* rencontre de Rodolphe et de Stéphanie à Bruxelles
Septembre: promotion de Rodolphe au grade de général de brigade

1881 Publication d'*Un voyage en Orient*
Avril: Rodolphe reçoit le commandement de la 6e brigade d'infanterie à Prague
10 mai: mariage de Rodolphe et de Stéphanie à Vienne
18 juin: Entente des trois empereurs
28 juin: Traité secret austro-serbe
28 octobre: première rencontre avec Moritz Szeps
20 novembre: le comte Gustav Kálnoky devient ministre des Affaires étrangères

1882 *20 mai:* Traité d'alliance avec l'Italie. Naissance de la Triplice

1883 *Février:* entretien avec Bismarck
16 août: « Un océan de lumière... », discours prononcé lors de l'inauguration de l'Exposition consacrée à l'électricité.
2 septembre: naissance d'Élisabeth, la fille de Rodolphe et de Stéphanie
Octobre: installation à Vienne
30 octobre: Traité secret d'alliance entre l'Autriche-Hongrie et la Roumanie

1884 *Avril:* voyage dans plusieurs États balkaniques
Septembre: rencontre de Skierniewice

1885 *Août:* rencontre de Kremsier
Septembre: début de la crise bulgare
Décembre: parution du premier tome de *Die österreichisch-ungarische Monarchie in Wort und Bild*

1886 *Août:* enlèvement du prince Alexandre de Battenberg
22 décembre: entretien avec Clemenceau à la Hofburg

1887 *Février :* diagnostic d'une gonorrhée chez Rodolphe
Mars : entretien avec Bismark à Berlin
Avril : Stéphanie est reconnue stérile
7 juillet : élection du prince Ferdinand de Saxe-Cobourg prince de Bulgarie

1888 *Mars-mai :* règne de Frédéric III
Mai : Guillaume II devient empereur allemand
Début octobre : visite de Guillaume II à Vienne
31 octobre : lancement de *Schwarzgelb*
5 novembre : première rencontre de Rodolphe et de Mary Vetsera à la Hofburg

1889 *13 janvier :* « Merci au destin »
30 janvier : Rodolphe se suicide à Mayerling après avoir tué Mary Vetsera
1er février : inhumation de Mary Vetsera à Heiligenkreuz
5 février : obsèques de Rodolphe

Bibliographie

Sources

Le Fonds Rodolphe (*Rudolph Selekt*), en possession du Haus-, Hof- und Staatsarchiv (HHStA) de Vienne, est la source la plus précieuse pour la connaissance de la personnalité et des idées de Rodolphe. Il contient 22 cartons. Les douze premiers concernent l'enfance et la jeunesse du prince héritier jusqu'à la fin de ses études. La correspondance de Rodolphe est rassemblée dans les cartons 16, 17, 18 et 19.

Pour le drame de Mayerling, trois sources sont à privilégier :

Le mémoire du comte Josef Hoyos (*Hoyos-Dentkschrift)* déposé dans le carton 21 du *Rudolph Selekt*.

Les notes du baron Heinrich von Slatin (*Aufzeichnungen*), complétées de commentaires, en possession de la famille Slatin. Les Archives Vetsera-Swistun en possèdent une copie.

Le mémoire de la baronne Hélène Vetsera (*Vetsera-Denkschrift*). Une copie a été mise aimablement à notre disposition par M. Hermann Swistun.

Pour les sources diplomatiques, on a ajouté aux dépêches des ambassadeurs allemand et italien les plus communément utilisées, celles des ambassadeurs de France et de Belgique à Vienne :

– Ministère des Affaires étrangères, Paris, Archives diplomatiques, correspondance politique, Autriche, t. 547 et 548 (octobre 1888-mars 1889).

– Ministère des Affaires étrangères, Bruxelles, Archives diplomatiques, Direction politique, dépêches du comte de Jonghe au prince de Chimay (janvier-février 1889).

Rodolphe

Mitis baron Oskar von, *Das Leben des Kronprinzen Rudolf*, Leipzig, 1928, nvelle éd. Munich, 1971, avec une introduction d'Adam Wandruszka. Soixante ans après sa parution, ce livre reste l'ouvrage de référence.

BIBL Viktor, *Kronprinz Rudolf. Die Tragödie eines sinkenden Reiches*, Leipzig-Budapest, 1938.
RICHTER Werner, *Kronprinz Rudolf von Österreich*, Zurich-Leipzig, 1941.
BARKELEY Richard, *The Road to Mayerling. Life and Death of Crown Prince Rudolf of Austria*, Londres, 1959.
FRANZEL Emil, *Kronprinzen-Mythos und Mayerling-Legenden*, Vienne-Munich, 1963.
HAMANN Brigitte, *Rudolf. Kronprinz und Rebell*, Vienne-Munich, 1978, paru en édition de poche sous le titre *Kronprinz Rudolf. Der Weg nach Mayerling*.
SALVENDY John T., Rudolf, *Psychogramm eines Kronprinzen*, Vienne, 1987.

Les écrits de Rodolphe sont publiés par Brigitte HAMANN dans *Kronprinz Rudolf «Majestät, ich warne Sie»*, Vienne-Munich, 1979 nvelle éd. Munich, 1987.

Les lettres de Rodolphe à Moritz Szeps ont été publiées par Julius SZEPS, *Kronprinz Rudolf. Briefe an einen Freund*, Vienne, 1922.

L'activité de Rodolphe comme journaliste et écrivain a été étudiée par Friedrich EGGER-FABRITIUS dans *Kronprinz Erzherzog Rudolf von Österreich als Journalist und Schrisfsteller*, diss. dact., Vienne, 1954.

LA FAMILLE IMPÉRIALE ET LA COUR

CORTI Egon Caesar, *Mensch und Herrscher. Wege und Schicksale Kaiser Franz Joseph I. zwischen Thronbesteigung und Berliner Kongress*, Graz-Vienne, 1952.
CORTI Egon Caesar - SOKOL Hans, *Der alte Kaiser. Franz Joseph I. bis zu seinem Tode*, Graz-Vienne-Cologne, 1955.
BLED Jean-Paul, *François-Joseph*, Paris, 1987.
BOURGOING Jean de (ed. par), *Briefe Kaiser Franz Josephs an Katharina Schratt*, Vienne, 1949.
HASLIP Joan, *The Emperor and the Actress*, Londres, 1982, trad. française : *L'Empereur et la Comédienne*, Paris, 1985.
CORTI Egon Caesar, *Elisabeth. Die seltsame Frau*, Vienne, 1934.
HASLIP Joan, *The Lonely Empress*, Londres, 1965.
HAMANN Brigitte, *Elisabeth. Kaiserin wider Willen*, Vienne, 1982. trad. française : *Elisabeth d'Autriche*, Paris, 1985.
CARS Jean des *Elisabeth d'Autriche ou la fatalité*, Paris, 1983.
SCHIEL Irmgard, *Stéphanie. Kronprinzessin im Schatten von Mayerling*, Stuttggart, 1978.
SOKOP Brigitte, *Jene Gräfin Larisch...*, Vienne, 1985.
WEISSENSTEINER Friedrich, *Ein Aussteiger aus dem Kaiserhaus : Johann Orth*, Vienne, 1985.

MARY VETSERA

BALTAZZI-SCHARSCHMIDT Heinrich - SWISTUN Hermann, *Die Familien Baltazzi-Vetsera im kaiserlichen Wien*, Vienne-Cologne-Graz, 1980.
SWISTUN Hermann, *Mary Vetsera. Gefährtin für den Tod*, Vienne, 1983.

Mayerling

PLANITZ Ernst Edler von der, *Die volle Wahrheit über den Tod des Kronprinzen Rudolf von Österreich*, Berlin, 1889.
SLATIN baron Heinrich von, « Die Wharheit über Mayerling », *Neues Wiener Tagblatt, Sonntagsbeilage*, 15 juillet 1931 au 13 septembre 1931.
POLZER Wilhelm, *Licht über Mayerling*, Graz, 1954.
Das Mayerling Original. Offizieller Akt des k.k. Polizeipräsidiums, Munich-Stuggart-Vienne-Zurich, 1955.
NECK Rudolf, « Über die Abschiedsbriefe des Kronprinzen Rudolf », *Mitteilungen des österreichischen Staatsarchivs*, t. 11, 1958.
ENGEL-JANOSI, Friedrich, « Einige Dokumente zum Tod des Kronprinzen Rudolf », *Mitteilungen des österreichischen Staatsarchivs*, t. 17/18, 1964/1965, pp. 312-321.
JUDTMANN Fritz, *Mayerling ohne Mythos. Ein Tatsachenbericht*, Vienne, 1968, nvelle éd. 1982. Mené comme une enquête policière, ce livre est le plus détaillé et le plus minutieux sur le sujet.
LOEHR Clemens, *Mayerling. Eine wahre Legende*, Vienne-Munich-Zurich, 1968.
SCHAEFER Camillo, *Mayerling. Die Tragödie und ihre Deutungen*, Vienne, 1987.

Le mythe de Mayerling

MARGUTTI baron Albert, *La Tragédie des Habsbourg*, Paris, 1924.
LAFAURIE baron, *Mes Souvenirs. La vérité sur Mayerling, Paris, 1937.*
HERIAT Philippe, *Le Secret de Mayerling*, Paris, 1949.
NIEBODA Albert, *Die Legendenbildung um den Tod des Kronprinz Rudolf im Spiegel der Presse*, diss. dact., Vienne, 1950.

Souvenirs et témoignages

HANSLICK Eduard, *Aus meinen Leben*, 2 vol., Berlin, 1894.
WALLERSEE baronne Maria von, *Meine Vergangenheit*, Berlin, 1913.
WÖLFLING Leopold, *Hasburger unter sich ; freimütige Aufzeichungen eines ehemaligen Erzherzogs*, Berlin, 1921, nvelle éd. *Als ich Erzherzog war*, Vienne, 1988.
REDWITZ baronne Marie von, *Hofkronik 1888-1921*, Munich, 1924.
COBURG princesse Louise de, *Throne, die ich stürzen sah*, Vienne, 1932.
FUGGER princesse Nora, *Im Glanz der Kaiserzeit*, Vienne-Zurich, 1932.
STÉPHANIE, princesse de Belgique, *Ich sollte Kaiserin werden*, Leipzig, 1935.
ZUCKERKANDL-SZEPS Berta, *Ich erlebte 50 Jahre Weltgeschichte*, Stockholm, 1939.
KINSKY-WILCZEK Elisabeth, *Hans Wilzczek erzählt seinem Enkeln Erinnerungen aus seinem Leben*, Graz, 1953.
PÜCHEL Rudolf, *Meine Jagderlebnisse mit Kronprinz Rudolf*, St. Pölten, 1978.

DIVERS

GLAISE-HORSTENAU Edmund von, *Franz Josephs Weggefährte. Das Leben des Generalstabschefs Grafen Beck*, Zurich-Leipzig-Vienne, 1930.
EDER Karl, *Der Liberalismus in Altösterreich. Geisteshaltung, Politik und Kultur*, Vienne-Munich, 1985.
JENKS William, *Austria under the iron Ring*, Charlottesville, 1965.
MORTON Frederic, *A Nervous Splendour-Vienna 1888-1889*, Boston-Toronto, 1979.
SPRINGER Elisabeth, *Geschichte und Kulturleben der Wiener Ringstrasse*, Wiesbaden, 1979.
SCHORSKE Carl E., *Fin de Siècle Vienne. Politics and Culture*, New York, 1980.
GALL Lothar, *Bismarck. Der weisse Revolutionär*, Francfort-Berlin-Vienne, 1980, trad. française : *Bismarck*, Paris, 1984.
MEYSELS Lucian O., *In meinem Salon ist Österreich. Berta Zuckerkandl und ihre Zeit*, Vienne-Munich, 1985.
BURGER Hilde, « Marie-Gabriel Dubray (1846-1915), professeur de français de Hofmannsthal », *Etudes danubiennes*, t. II/1, 1986, pp. 49-62.
BLED Jean-Paul, *Les Fondements du conversatisme autrichien 1859-1879*, Paris, 1988.
DUROSELLE Jean-Baptiste, *Clemenceau*, Paris, 1988.

Index

Table des illustrations

4. Le comte Eduard Taaffe (1833-1895), *Bild-Archiv der Österreichischen Nationalbibliothek.*

Planche 5

1. La passion de l'ornithologie, *Bild-Archiv der Österreichischen Nationalbibliothek.*
2. « Comme un océan de lumière », *Bild-Archiv der Österreichischen Nationalbibliothek.*
3. Une délégation de l'Université de Vienne remet à Rodolphe le diplôme de docteur, *Bild-Archiv des Österreichischen Nationalbibliothek.*

Planche 6

1. Mizzi Caspar (1861-1907), *Archives Vetsera-Swistun.*
2. La baronne Hélène Vetsera, *Archives Vetsera-Swistun.*
3. Mary Vetsera (hiver 1888), *Archives Vetsera-Swistun.*
4. La dernière photo de Mary Vetsera (janvier 1889), *Archive Vetsera-Swistun.*

Planche 7

1. Le salon turc, *Bild-Archiv der Österreichischen Nationalbibliothek.*
2. Le pavillon de chasse de Mayerling, *Bild-Archiv der Österreichischen Nationalbibliothek.*

Planche 8

1. Les obsèques (5 février 1889), *Bild-Archiv der Österreichischen Nationalbibliothek.*
2. La descente du cercueil dans la crypte des Capucins, *Bild-Archiv der Österreichischen Nationalbibliothek.*

Table des matières

Cet ouvrage a été réalisé sur
Système Cameron
par la SOCIÉTÉ NOUVELLE FIRMIN-DIDOT
Mesnil-sur-l'Estrée
pour le compte des Éditions Fayard
en avril 1989

Dépôt légal : avril 1989
N° d'édition : 2998 – N° d'impression : 11659

35-14-8070-01
ISBN : 2-213-02298-4
Imprimé en France

35.8070.1